Les finances publiques vues d'Afrique et de France

Revue Africaine de Finances Publiques

L'espace africain francophone est incontestablement riche en revues juridiques, soit généralistes, soit spécialisées. Alors que les réformes des finances publiques ont cours dans plusieurs États africains, l'on constate curieusement un déficit d'études financières et fiscales ; d'où la nécessité d'un support scientifique dédié spécialement à celles-ci.

La *Revue Africaine de Finances Publiques* a pour co-fondateurs les Professeurs Etienne Charles LEKENE DONFACK, et Gérard Martin PEKASSA NDAM, agrégés des facultés de droit de l'université de Yaoundé-II (Cameroun).

Revue Africaine de Finances Publiques

Les finances publiques vues d'Afrique et de France

N°1, premier semestre 2015

L'Harmattan

5-7, rue de l'Ecole-Polytechnique, 75005 Paris

http://www.harmattan.fr
diffusion.harmattan@wanadoo.fr

ISBN : 978-2-343-06160-3
EAN : 9782343061603

POLITIQUE ÉDITORIALE

L'espace africain francophone est incontestablement riche en revues juridiques, rattachées ou non aux institutions universitaires. Ces revues sont soit généralistes, soit spécialisées. Alors que les réformes des finances publiques ont cours dans plusieurs États africains, l'on constate curieusement un déficit d'études financières et fiscales ; d'où la nécessité d'un support scientifique dédié spécialement à celles-ci.

La *Revue Africaine de Finances Publiques* (RAFIP) accepte les contributions inédites dans les différentes branches du droit public financier. Cette revue spécialisée vise un public d'universitaires et de praticiens. De périodicité semestrielle, elle fonctionne selon le système combiné d'appel à contributions et de proposition spontanée d'articles.

Les articles publiés dans la RAFIP deviennent la propriété de cette revue ; la reproduction partielle ou intégrale desdits articles est soumise à l'autorisation expresse de leurs auteurs et de la direction de la revue. Les auteurs conservent la responsabilité du contenu de leurs articles.

La RAFIP comprend quatre rubriques, à savoir : « Études » : pour les articles et les commentaires des décisions de justice ; « Éclairage » : dédié à l'éclairage juridique sur un point pratique donné par un praticien des finances publiques ; « Chroniques » : pour l'analyse rapide des questions d'actualité et la présentation commentée de nouvelles législations ou réglementations ; « Législation, Bibliographie et Informations » : pour la publication des textes juridiques financiers (nationaux et communautaires), la recension bibliographique et les annonces de manifestations scientifiques.

L'envoi des articles se fait par mail à (rafip2014@gmail.com). Les articles devront être accompagnés d'un court curriculum vitae de l'auteur (incluant la qualité académique ou professionnelle, le domaine de recherche et l'e-mail pour le contact) et d'un résumé (en français et en anglais) de dix (10) lignes maximum avec quatre à six mots-clés.

La taille des articles devra être de 20 pages au maximum pour les articles proprement-dits et de 15 pages au maximum pour les chroniques et commentaires. Tout article soumis pour publication doit être envoyé sous le format Word (.doc ou .docx), interligne simple, police d'écriture Times New Roman, taille de police 12, paragraphe aligné, marges de 2,5cm.

Les références bibliographiques seront citées comme suit : a) Pour les livres : Nom et prénom de l'auteur, Titre et sous-titre du livre en italique, lieu de publication, maison d'édition et année de publication. b) Pour les articles des revues : Nom et prénom de l'auteur, Titre de l'article entre guillemets doubles, Titre de la revue en italique, numéro du volume, page précise ou pages initiale et finale de l'article.

TABLE DES MATIERES

ÉDITORIAL

Par **Pr. Gérard PEKASSA NDAM**
Directeur de la RAFIP

Vous tenez entre vos mains le tout premier numéro de la *Revue Africaine de Finances Publiques (RAFIP).* Face à une nouveauté plusieurs questions peuvent vous venir à l'esprit dont –probablement- la suivante : une revue de plus ou de trop ? L'interrogation spontanée n'est pas dépourvue de pertinence.

En effet, on sait que l'espace africain francophone est riche en revues juridiques, rattachées ou non aux institutions universitaires. Qu'elles soient généralistes ou spécialisées, ces publications n'affichent manifestement pas un intérêt soutenu pour le domaine des finances publiques. C'est la traduction d'une politique éditoriale voulue ou subie dont nous ne saurions contester la légitimité en même temps que l'existence de la *Revue Africaine de Finances Publiques* ne saurait être frappée d'illégitimité. Publication de trop ? Assurément non ! Publication de plus ? Incontestablement oui !

Il échapperait difficilement à un observateur attentif que, depuis la décennie 90, les réformes des finances publiques ont cours dans plusieurs communautés régionales et États africains. Au niveau de l'Union Économique et Monétaire Ouest-Africaine autant que de la Communauté Économique et Monétaire de l'Afrique Centrale, pour se limiter à ces deux espaces d'intégration, de nombreuses directives ont été élaborées régissant divers domaines des finances publiques ; de même, l'harmonisation fiscale y est dynamique. Dans la sphère nationale, on note ici et là l'adoption (par transposition ou non des normes communautaires) de lois ordinaires ou de lois organiques portant régime financier de l'État ou relatives aux lois de finances ; la gestion axée sur les résultats ou sur la performance et le budget-programme sont les nouveaux paradigmes dont l'expansion est considérable. On n'hésite pas à parler de « *réforme des finances publiques de la deuxième génération* ». Cette législation est soutenue par une abondante réglementation. On ne saurait ignorer la codification en matière fiscale, d'autant plus que cette dernière est soumise à une modification constante.

De plus, le processus de décentralisation ouvre de nouvelles perspectives aux finances et à la fiscalité locales.

Face à ce développement normatif, l'on constate un relatif déficit d'études financières et fiscales ; la création d'un support scientifique de publication dédié spécialement à celles-ci pourrait impulser une nouvelle dynamique sur le continent.

La *Revue Africaine de Finances Publiques* accepte les contributions inédites dans les différentes branches du droit public financier. Cette revue spécialisée vise un public d'universitaires et de praticiens ; de périodicité semestrielle, elle fonctionne selon le système combiné d'appel à contributions et de proposition spontanée d'articles.

Les articles publiés dans la *RAFIP* deviennent la propriété de cette revue ; la reproduction partielle ou intégrale desdits articles est soumise à l'autorisation expresse de leurs auteurs et de la direction de la revue. Les auteurs conservent la responsabilité du contenu de leurs articles.

La *RAFIP* comprend quatre rubriques, à savoir :

- « *Études* » : pour les articles et les commentaires des décisions de justice ;
- « *Éclairage* » : dédié à l'éclairage juridique sur un point donné, par un praticien des finances publiques ;
- « *Chroniques* » : pour l'analyse rapide des questions d'actualité et la présentation commentée de nouvelles législations ou réglementations ;
- « *Législation, Bibliographie et Informations* » : pour la publication des textes juridiques financiers (nationaux et communautaires), la recension bibliographique et les annonces de manifestations scientifiques.

La *Revue Africaine de Finances Publiques* est désormais là. Elle est votre revue. À vous de la faire vivre, pour que vivent les Finances publiques sur notre continent.

PROPOS LIMINAIRE

Par **Michel Bouvier**
Professeur de Finances publiques et fiscalité à l'Université Paris 1 Sorbonne
Directeur de la Revue Française de Finances Publiques
Président de FONDAFIP (www.fondafip.org)

UNE REVUE POUR LE DEVELOPPEMENT DU DROIT PUBLIC FINANCIER EN AFRIQUE : LA REVUE AFRICAINE DE FINANCES PUBLIQUES

C'est un défi difficile qu'entend relever avec beaucoup de courage et de dynamisme *la Revue africaine de finances publiques.* Non seulement son objectif est de faire connaître le droit public financier africain mais encore de susciter et d'encourager la recherche en ce domaine sur un continent où nombre d'États sont engagés dans des réformes d'ampleur. Plus encore, la difficulté s'accroît avec les obstacles que rencontre une branche du droit public qui a toujours eu du mal à trouver sa place au sein de l'université quel que soit le pays considéré, en France comme ailleurs.

En effet, « les questions financières ont toujours eu une importance considérable, mais elles en ont pris, en France, une plus considérable encore depuis une vingtaine d'années. Cette importance s'explique avant tout par l'énormité de nos budgets annuels et de notre dette publique. »[1] Cette remarque, qui date de 1906, peut parfaitement et en tous points être reprise aujourd'hui, toutes proportions gardées bien entendu[2]. On assiste, depuis plusieurs décennies, c'est un fait, à une

[1] E. Bouvier, *La science et la législation financière dans les facultés de droit*, LGDJ, 1906.
[2] Cf M. Bouvier, *État et finances publiques depuis la fin des années 1970*, in Revue Problèmes économiques (septembre 2012)

succession de crises des finances publiques[3]. Celles-ci ont donné lieu à des réformes marquées au coin de la gestion qui ont profondément changé la nature d'une discipline universitaire jusqu'alors relevant du droit public sans pour autant lui conférer la place que l'on pourrait estimer être la sienne.

Identifiées à la législation financière, les finances publiques ont été ***traditionnellement plus soucieuses de régularité des opérations budgétaires que d'efficacité de la gestion***. En France, ce n'est que relativement récemment que ce besoin s'est fait sentir et surtout que des pratiques empruntées au management privé ont été adaptées à la gestion publique. C'est bien une sorte de révolution qui s'est alors produite par rapport à la conception antérieure.

Il faut en effet se rappeler qu'à la suite de la Déclaration des droits de l'homme de 1789 qui avait posé un certain nombre de principes relatifs aux ressources de l'État ainsi qu'au contrôle des deniers publics, un droit budgétaire, comptable et fiscal s'était progressivement constitué au XIXème siècle. Un corpus de normes fut alors bâti que l'on s'est attaché à enseigner, à étudier et à parfaire, dans le but de gérer au mieux les intérêts du pays. Une « commission des études de droit », installée par un arrêté du 1er février 1878, estimait même nécessaire un enseignement des finances publiques. Celui-ci, était-il précisé, « ne pourrait manquer de plaire aux esprits élevés, et à coup sûr, il multiplierait les hommes capables de gérer à un degré quelconque les intérêts du pays » [4] ainsi que de poursuivre un projet politique libéral plaçant au premier plan le rôle du Parlement et rompant avec l'opacité qui caractérisait les finances de l'Ancien Régime. Un enseignement des finances publiques apparaissait d'autant plus indispensable, estimait encore la commission, que la France était « un pays où l'ignorance des questions financières est générale et où pourtant la vie publique est ouverte à tous » [5].On aurait pu être en droit d'attendre de cette entrée des finances publiques dans l'université qu'elle installât solidement la discipline. Or, outre que cette entrée ne se fit pas

---

[3] M. Bouvier, *Crise des finances publiques et refondation de l'État, in* Revue Française de Finances publiques, N° Hors-série Finances publiques au Maroc et en France : enjeux et réponses face à la crise ; avril 2010.

[4] P. Lavigne, in « Le centenaire de l'enseignement des finances publiques dans les facultés de droit », *Revue Française de Finances Publiques*, n° 28-1989.

[5] P. Lavigne, art. cit.

très facilement[6], l'enseignement connut par la suite nombre de vicissitudes qui n'ont fait que se développer jusqu'à nos jours.

En effet, tandis que la toute nouvelle École libre des sciences politiques inscrivait en 1870, quasiment dès sa création, des cours de finances publiques[7] dans ses programmes, il fallut attendre 1889 (décret du 24 juillet 1889) pour que la matière pénètre au sein des facultés de droit[8]. Ce n'est qu'en 1924/1925 que le cours de « législation financière » fut rendu obligatoire. Aujourd'hui si l'enseignement des finances publiques s'est diversifié au sein des universités c'est de manière très inégale. Quoiqu'il en soit des situations particulières, le constat peut être fait que les cours de finances publiques générales et plus encore ceux de comptabilité publique ne cessent de voir se réduire l'espace qui leur est accordé.

Cette place au sein des facultés de droit qui fut attribuée initialement aux finances publiques, même si elle a toujours été mineure, a semble-t-il masqué la tension, déjà présente au 19ème, entre la composante juridique de la matière et sa composante économique qui s'affirmera au fur et à mesure du développement de l'interventionnisme public. Par ailleurs, l'envol des sciences économiques sous leur propre bannière, avec leurs propres facultés, n'a pas pour autant conduit les juristes à s'interroger sur ce qui pouvait faire la spécificité du droit public financier. Et les ouvrages de Science et législation financière, qu'ils soient écrits par des juristes ou par des économistes, ne feront finalement que masquer une confusion et l'incapacité des uns et des autres de constituer une discipline indépendante, autrement dit de réunir la science financière longtemps enseignée par les économistes et la législation financière, affaire des juristes.

Depuis ce rendez-vous manqué, les finances publiques se sont enfoncées dans le quiproquo. Un quiproquo qui s'est trouvé accentué par l'abandon de l'appellation « législation financière » ou plus encore par le refus de s'approprier celle de « droit public financier » et se retrouver ainsi aux côtés du droit administratif, du droit constitutionnel etc….La période « keynésienne » a certainement été pour beaucoup dans cette insouciance quant à l'avenir de la discipline tant l'État et ses finances

[6]Cf. F. Waserman, *Les doctrines financières publiques au XIXe siècle*, LGDJ, coll. Bibliothèque de finances publiques et de fiscalité, 2012.

[7]« Systèmes financiers des principaux États », « Revenus publics et impôts », « Organisation des services financiers et règles de la comptabilité publique ».

[8]Cf. E. Bouvier, *La science et la législation financière dans les facultés de droit*, LGDJ, 1906.

étaient présents dans tous les secteurs de la société. Finalement, nul n'était besoin d'approfondir leur spécificité juridique ou économique, nul ne souhaitait lever l'ambigüité. Or, l'avenir des finances publiques était précaire car lié à la centralisation, à la croissance économique et disons-le à l'optimisme ambiant quant au futur.

C'est avec la crise de l'État-providence, que la question de la tension entre efficacité et régularité, ou encore entre droit et gestion, va se poser de façon cruciale. La nécessaire réduction des déficits publics a ouvert la gestion publique à la culture de la performance. Les finances publiques ont été immédiatement confrontées au changement de conception de l'économie – on veut dire sa libéralisation – qui s'est développé à partir de la seconde moitié des années 1970. Et si leurs aspects économiques ont été considérablement remis en question par une critique sérieuse des interprétations keynésiennes, c'est le droit public financier qui s'est trouvé particulièrement affecté, voire même fondamentalement contesté. En effet, d'une manière générale, le droit public a ressenti les effets d'un changement de modèle économique engendrant un retrait de l'État et une montée en puissance du secteur privé et de la contractualisation. Mais, ***c'est en particulier le droit public financier qui, du fait de sa grande proximité avec les enjeux et les mutations économiques, a été aux avant-postes des mutations du secteur public***

À cela est venue s'ajouter une extension des finances publiques hors des frontières de l'État, vers les collectivités locales, la sécurité sociale, l'Union européenne, voire même hors des frontières du secteur public avec la démultiplication de partenariats public/privé et par conséquent un éclatement de la discipline avec de surcroît un droit fiscal qui tend à prendre son envol.

En fait, le droit public financier, il faut bien le reconnaître, ne jouit pas en général d'une très bonne image, chez les étudiants en particulier, étant trop souvent pour beaucoup synonyme d'aridité, de techniques compliquées, frappées même d'un archaïsme qui le rendrait inutiles ou sans intérêt, ou encore ressentie comme un handicap dans une société et un État modernes. À la sévérité présumée de la matière correspond d'ailleurs bien souvent celle tout autant présumée des personnels et fonctionnaires des administrations financières.

Largement répandue, cette image négative en est venue à constituer une sorte de sens commun, pour ne pas dire d'idée reçue, qui se nourrit d'une ***approche par trop souvent strictement positiviste de la discipline***. En la réduisant à un ensemble de techniques, économiques ou juridiques, cette approche a certainement contribué à renforcer de fausses certitudes ; si bien que l'étudiant débutant dans ce champ et qui l'aborde déjà avec un préjugé défavorable, est vite dérouté par une matière qu'il perçoit *a priori* comme difficile et dont il ne retient qu'un enchevêtrement de règles abstraites, désincarnées, sans lien apparent avec sa vie quotidienne. Peut venir s'ajouter de surcroît le sentiment que le droit budgétaire, du moins celui de l'État, ne constitue peut-être pas le droit le plus utile dans la recherche ultérieure d'un débouché professionnel, cela cependant à la différence du droit fiscal ressenti dans cette perspective comme d'un plus grand intérêt.

De fait, l'image la plus négative est surtout celle des finances de l'État sous leur forme la plus ancienne, celle que l'on qualifiait autrefois en France de ***législation financière*** ; de ce point de vue, l'absence d'approche globale des finances publiques met le néophyte dans l'incapacité d'en comprendre le véritable sens et l'unité d'ensemble ; comme elle prive celui qui néanmoins porte un intérêt à certains aspects (fiscalité, finances communautaires, finances locales, finances sociales) de la possibilité d'en saisir la cohérence et les finalités, et par conséquent de pouvoir conduire des recherches réellement pertinentes.

Plus ou moins caricaturale, cette image du droit public financier a conduit trop souvent à reléguer la matière au rang des disciplines accessoires, voire à la délaisser, alors qu'assurément elle mérite d'être reconsidérée. Sans doute convient-il au préalable d'en ***réhabiliter une conception moins unilatéralement technique*** ce qui, on s'empressera de le dire, ne signifie pas qu'il faut exclure la technique juridique de l'étude des finances publiques, mais qu'il faut s'essayer plutôt à l'intégrer au sein d'une conceptualisation plus générale permettant de mieux en discerner le sens, autrement dit la raison d'être. Car c'est peut-être bien dans une absence d'explication globale et par niveau d'analyse, en d'autres termes dans un défaut d'interprétation, que s'enracine cette image négative. ***Quel attrait éprouver pour des règles lorsque l'on n'est en mesure d'en percevoir ni la raison, ni les enjeux, ni l'intérêt immédiat ou futur pour la vie quotidienne ou professionnelle ?***

Aussi, il importe d'abord de resituer le droit des finances publiques dans le cadre d'un processus de fonctionnement politique entendu au sens large comme la vie et l'organisation d'une société dans son ensemble. Autrement dit, ***c'est le caractère politique des finances publiques qui doit en premier lieu être compris. Celles-ci en effet constituent le noyau dur et la substance des pouvoirs politiques, elles en déterminent la puissance et l'évolution ; plus largement encore, elles sont***

à la source des directions qui sont prises en matière économique et sociale parce qu'elles expriment des choix de société[9]. Par ailleurs, leur organisation, leurs règles, exercent une influence considérable sur l'évolution de la démocratie. Enfin, elles ont été tout de suite confrontées au changement de conception de l'économie – on veut dire à sa libéralisation – qui s'est développé à partir de la seconde moitié des années 1970. Et si les aspects économiques des finances publiques ont été considérablement remis en question par une remise en cause des interprétations keynésiennes, c'est le droit public financier qui s'est trouvé particulièrement affecté, voire fondamentalement contesté. En effet, d'une manière générale, le droit public ressent les effets d'un changement de modèle économique qui engendre un retrait de l'État et une montée en puissance du secteur privé et de la contractualisation. Mais, ***c'est en particulier le droit public financier qui, du fait de sa grande proximité avec les enjeux et les mutations économiques, a été aux avant-postes de la forte poussée du droit privé et des transformations du droit public*** dont nous connaissons bien aujourd'hui les effets, notamment en ce qui concerne le droit administratif.

Droit économique avant la lettre, le droit public financier s'est trouvé en première ligne de cette évolution qui s'est traduite par une confrontation brutale avec une logique économique, une logique de gestion, porteuse d'une culture de la performance. Depuis lors, l'ensemble des branches de ce droit, le droit budgétaire, le droit de la comptabilité publique, le droit fiscal, se reconstruisent et épousent la rationalité d'une logique nourrie de normes souvent produites par des institutions internationales et parfois en contradiction radicale avec l'ordre juridique national. Cette pénétration immédiate des approches économiques libérales au sein des institutions financières publiques a conduit la discipline des finances publiques à s'adapter très tôt au nouveau paradigme et à en intégrer les effets. On peut, à notre sens, estimer que le droit public financier, touché de plein fouet par les différentes formes de privatisation[10], participe pleinement du droit économique tel qu'il se présente aujourd'hui[11].

---

[9] Cf à ce sujet : M Bouvier, MC Esclassan, JP Lassale, Manuel de Finances Publiques, LGDJ 2013, 12ème édition

[10]On entend par là certes la privatisation d'une partie du secteur public, mais également la mise en œuvre d'une gestion publique inspirée des normes et des méthodes du secteur privé.

[11]Une excellente réflexion sur le droit économique est proposée par G. Farjat in *Pour un droit économique*, PUF, 2004.

Au total, une part essentielle de l'attrait des finances publiques réside en ce qu'elles se trouvent ***placées au cœur de toutes les grandes questions qui se posent aux sociétés contemporaines.*** Toutefois, il faut le souligner, cette présence que l'on peut constater dans tous les domaines de la vie publique ou privée ne se traduit pas pour autant par un renforcement de la discipline. Au contraire, celle-ci pourrait bien disparaître en tant que telle du fait d'un éparpillement de ses multiples composantes au sein d'autres champs disciplinaires.

Cette « errance », significative de ses multiples facettes va à contresens de la construction d'une discipline solidement implantée au sein de l'université, et plus largement de la société, comme le sont les sciences juridiques, économiques, ou politiques. On peut même craindre que ne se soit enclenché, ou plutôt accéléré, un irrémédiable processus d'obsolescence. Dans cette hypothèse le droit public financier, parce qu'il est un droit multipolaire, présent dans la vie quotidienne de chacun d'entre nous comme de nos institutions publiques ou privées, sera susceptible de se dissoudre au sein de divers droits.

On peut craindre qu'il n'y tienne qu'une place secondaire, victime d'une image qu'il n'aurait pas su modifier[12] et ce malgré les efforts pour en réhabiliter l'intérêt[13]. Une évolution éminemment paradoxale, on l'a dit, eu égard à la place majeure des finances publiques comme chacun peut s'en rendre compte aujourd'hui.

Par conséquent, que cette jeune revue soit la bienvenue et prenne son essor avec succès sur le continent africain. L'affaire est d'importance et je suis heureux de saluer ici l'excellente initiative de mon ami le Professeur Gérard Pekassa.

---

[12] Cf . M Bouvier, *Tradition et modernité des finances publiques*, in Revue Française de Finances Publiques N°41-1993

[13]On signalera les efforts conjoints depuis quelques années de la part des universitaires, des administrations financières, des juridictions financières pour une meilleure connaissance des finances publiques.

ÉTUDES ET DOCTRINE

L'ADMINISTRATION FISCALE FRANÇAISE ET L'OBTENTION DE DONNÉES SUR LE CONTRIBUABLE À L'ÈRE DU NUMÉRIQUE[14]

Par **Xavier CABANNES**
Professeur à l'université de Picardie - Jules Verne
Secrétaire général de la Société Française de Finances Publiques

L'arrivée et le développement rapide du numérique ont changé nos vies[15]. Le numérique a certes changé notre vie au quotidien mais il a aussi bouleversé la manière de fonctionner de tous les secteurs d'activité, dont le service public ; à tel point qu'existe d'ailleurs un « service public numérique »[16]. L'administration fiscale n'a bien évidemment pas échappé à ce phénomène technologique, puisque s'est développée une véritable *e*-administration fiscale (développement de la télédéclaration, du télépaiement, de la documentation en ligne, de simulateurs de calcul d'impôt, du téléchargement d'imprimés fiscaux, etc.)[17]. De même, la législation et la réglementation fiscales ont été touchées par le bouleversement des pratiques économiques que permet le numérique, aussi a-t-il fallu -et faut-il encore- réfléchir à l'adaptation du régime fiscal

---

[14] Version écrite actualisée d'une communication prononcée dans le cadre du colloque des 17-18 juin 2013, organisé à Paris par l'Institut du Monde et du Développement («www.imodev.org»), sur « Le droit et la gouvernance des données publiques et privées à l'ère du numérique », sous la direction de M. William Gilles et de Mme Irène Bouhadana.

[15] Le Professeur Didier Truchet synthétise parfaitement ce qu'il faut entendre par « données numériques », en ce sens qu'il s'agit de « contenus sous forme de données numérisées », rien n'imposant d'ailleurs « que des données numérisées soient accessibles ou traitées en ligne ». Cependant, à l'ère du numérique, en pratique, les données numériques et la transmission électronique se complètent parfaitement ; v. Didier Truchet, « L'usager du service public numérique », *in* Bernard Teyssié (dir.), *La communication numérique, un droit, des droits*, Editions Panthéon-Assas, 2013, p. 578.

[16] Didier Truchet, « L'usager du service public numérique » précité, pp. 577-592 ; voir aussi, William Gilles, « Le modèle français de l'administration numérique : réalités et enjeux », *Revue de l'Institut du Monde et du Développement*, n° 4, 2013, pp. 49-71.

[17] William Gilles, « Les transformations du droit fiscal à l'ère du numérique », *Revue de l'Institut du Monde et du Développement*, n° 1, 2011, pp. 71-83. Voir, Jean-François Boudet, « Nouvelles technologies et fiscalité : vers un "*e*-contrat fiscal" ? », *RFAP*, 2013, n° 146, pp. 367-379.

à l'économie numérique. La place occupée par le numérique dans notre quotidien privé et professionnel a eu, incontestablement, des effets positifs. Mais, revers de la médaille, le numérique, par le développement d'Internet et des modes de communication, a favorisé un nouveau type de criminalité : la « cybercriminalité », dont, en ce qui nous concerne, la « cyberfraude fiscale »[18].

Tel n'est pas le sujet de cette étude. Mais, il paraît évident que si des êtres malfaisants de toutes sortes (« cybercriminels », « cyberfraudeurs », « cyberterroristes », etc.) ont su profiter des opportunités du numérique pour organiser et faire fructifier leurs activités illégales, ces mêmes moyens doivent pouvoir être utilisés par l'Etat et ses administrations, dont l'administration fiscale, dans la lutte contre les comportements illégaux. Aussi, l'administration fiscale doit pouvoir se servir des outils numériques pour récolter des données sur les contribuables. Cependant, l'administration fiscale -et donc l'Etat de manière générale- doit se garder de se transformer en « Big Brother », agissant à son tour en dehors de la légalité.

Bien évidemment, il ne s'agit pas de reprendre ici toutes les procédures permettant à l'administration fiscale de récolter des données sur le contribuable[19]. Mais il nous faut voir ce que la présence du numérique change, de ce point de vue-là, dans les moyens d'action de l'administration fiscale, qui certes ne doit pas pouvoir tout faire mais ne doit pas, pour autant, se voir interdire certains modes d'action.

I - Il y a des choses que l'État ne peut pas faire

Les spécialistes de politique étrangère ont créé, dans les années 80, le concept d'État voyou (*rogue state*) pour désigner les États ne respectant pas les lois internationales les plus élémentaires. L'expression a fait fortune pour être employée au-delà de sa sphère initiale qui concernait les États soutenant le terrorisme international ou ayant une politique agressive en matière d'armement. L'expression d'État voyou peut être désormais employée dans un contexte économique, financier ou social ; ainsi, certains hommes politiques, en ces temps de lutte contre la fraude

---

18 William Gilles, « Mutations et enjeux de la fraude fiscale face au développement de la cybercriminalité », *in* Irène Bouhadana et William Gilles (dir.), *Cybercriminalité, cybermenaces et cyberfraudes*, Les éditions IMODEV, 2012, pp. 114-123.

19 Voir par exemple, pour l'étude des procédures ouvertes à l'administration fiscale, Jacques Grosclaude et Philippe Marchessou, *Procédures fiscales*, Dalloz, 7ème éd., 2014, 396 p.

fiscale, n'hésitent pas à qualifier de la sorte les États pratiquant le secret bancaire, voyant par exemple dans le Luxembourg un « voyou au cœur de l'Union »[20].

Au-delà des dérapages médiatico-politiques, et compte-tenu de notre concept de l'État, qui est un sujet de droit, celui-ci, en toutes circonstances, ne saurait se comporter comme un voyou dans ses relations certes avec les autres membres de la communauté internationale mais aussi avec les particuliers et les contribuables. Que l'on soit à l'ère du papier ou à l'ère du numérique certaines choses ne changent pas et ne sauraient changer : en matière fiscale, l'administration pour lutter contre des fraudeurs, contre des voyous, ne doit pas à son tour adopter une attitude similaire et tomber de son piédestal.

A- La consécration jurisprudentielle du principe de loyauté de l'administration fiscale

Le « *devoir de loyauté* » de l'administration fiscale envers le contribuable a été consacré par le juge.

Ce principe de bonne foi de l'administration fiscale envers le contribuable a été énoncé clairement pour la première fois par la Cour de cassation en 1996, puisque selon elle, l'administration fiscale dans ses agissements doit garantir « *le principe de la confiance légitime que le contribuable d'une société démocratique doit pouvoir placer dans l'administration fiscale* » ; « *l'administration est tenue, dans ses investigations, au devoir de loyauté* »[21]. La Cour de cassation a eu depuis lors l'occasion de réaffirmer « *que l'administration fiscale est tenue d'un devoir de loyauté à l'égard du contribuable* »[22].

Souvent mis en avant pour les seules décisions du juge judiciaire, le juge administratif a néanmoins lui aussi reconnu expressément, certes un peu plus tard, l'existence d'un tel principe de loyauté de l'administration fiscale. Madame Emmanuelle Mignon, alors commissaire du Gouvernement, en 2000, estimait que la jurisprudence du Conseil d'État « *se double de plus en plus du souci d'une certaine loyauté du débat fiscal, même si le*

---

[20] Déclaration télévisée de M. Nicolas Dupont-Aignan le 23 mai 2013 sur LCP. On peut aussi penser, en dehors de la sphère financière ou fiscale, aux déclarations de l'agence Chine nouvelle, en juin 2013, à propos de la politique agressive de renseignement des Etats-Unis : « les États-Unis, qui ont longtemps essayé de se présenter comme une victime innocente des cyber-attaques, se sont révélés être le plus grand voyou de notre temps ».

[21] Cass. com., 18 juin 1996, n° 94-17.312, *Peysselier*, *Dr. fiscal* 1996, comm. 1128.

[22] Cass. com., 6 novembre 2012, n° 11-26.370.

fondement juridique et la nécessité de cette droiture sont parfois contestés »[23]. Le juge administratif a reconnu sans détour que l'administration fiscale *« est tenue à un devoir de loyauté»*[24] à l'égard du contribuable. Cette loyauté de l'administration fiscale est de mise dans les débats et dans la procédure. Ainsi, le juge administratif peut sanctionner tout manque de loyauté de l'administration, sans d'ailleurs pour autant le dire explicitement. Il en va ainsi lorsque le juge annule une procédure de redressement suite à des menaces de sanction non fondée de la part l'administration : l'administration dans un tel cas « *doit être regardée comme ayant exercé une pression sur le destinataire de la demande de renseignement, susceptible de l'induire en erreur* »[25].

La loyauté doit présider à toutes les relations entre l'administration fiscale et les contribuables. Au sens commun, la loyauté s'entendra d'un comportement droit, sincère, franc et sans détour ; c'est-à-dire plein d'honneur[26]. Au sens juridique strict, la loyauté s'entendra d'un comportement qui est conforme à la loi. La loyauté de l'administration en général et de l'administration fiscale en particulier est justifiée : le fait qu'une administration se doit d'être loyale avec les administrés, et donc de limiter sa propre force à l'égard des autres sujets de droit, n'est nullement surprenant dans un État de droit.

B- Les conséquences du principe de loyauté de l'administration fiscale

À l'ère du numérique la facilité est bien plus grande qu'à l'ère du papier pour accéder à des informations cachées. Un bon informaticien peut pénétrer à distance dans des réseaux et fichiers informatiques ; une simple pression sur une touche permet de copier ou d'envoyer des fichiers. La tentation peut donc être grande dans le cadre de la lutte contre la fraude fiscale de recourir à des informations obtenues par des chemins détournés.

---

[23] Concl. sur CE, 29 décembre 2000, n° 209523, *Rouch*, *Dr. fiscal* 2002, comm. 110.

[24] CE, 26 mai 2010, n° 296808.

[25] CAA Lyon, 17 novembre 2011, n° 11LY00868. Le juge lyonnais, en 1994, avait déjà décidé que « *si l'administration peut établir des redressements sur la base d'éléments de preuve légalement admissibles de toute nature, elle ne peut, en revanche, valablement s'appuyer sur des pièces qu'elle a obtenues ou qu'elle détient de manière manifestement illicite* » ; en l'espèce des documents dérobés par un ancien employé avaient été remis par celui-ci à l'administration fiscale, CAA Lyon, 5 juillet 1994, req. 92LY00392 et 92LY00619.

[26] Sur la question du rapprochement avec le principe de confiance légitime, voir Benoît Delaunay, « Faut-il reconnaître un principe de confiance légitime en droit fiscal ? » *in* Jacques Buisson (dir.), *La sécurité fiscale*, l'Harmattan, 2011, pp. 39-74.

Il convient de rappeler que selon l'article L. 76 B du LPF, « *l'administration est tenue d'informer le contribuable de la teneur et de l'origine des renseignements et documents obtenus de tiers sur lesquels elle s'est fondée pour établir l'imposition faisant l'objet de la proposition prévue au premier alinéa de l'article L. 57 ou de la notification prévue à l'article L. 76. Elle communique, avant la mise en recouvrement, une copie des documents susmentionnés au contribuable qui en fait la demande* ». De son côté, le juge administratif, rappelle qu'il « *incombe à l'administration, quelle que soit la procédure d'imposition mise en œuvre, et au plus tard avant la mise en recouvrement, d'informer le contribuable dont elle envisage soit de rehausser, soit d'arrêter d'office les bases d'imposition, de l'origine et de la teneur des renseignements obtenus auprès de tiers, qu'elle a utilisés pour fonder les impositions, avec une précision suffisante pour permettre à l'intéressé, notamment, de discuter utilement leur provenance ou de demander que les documents qui, le cas échéant, contiennent ces renseignements soient mis à sa disposition avant la mise en recouvrement des impositions qui en procèdent* »[27].

Dès lors que les documents, obtenus de tiers, sont utilisés par elle, l'administration doit, à la demande du contribuable, lui en communiquer le contenu et l'origine. Cependant, le Conseil d'État a précisé que sont exclus du champ de cette obligation d'information du contribuable les documents ou données qui sont librement accessibles au public, comme c'est le cas, par exemple, des données obtenues par un agent des impôts sur un serveur télématique payant[28]. Aussi, le juge précise : « *en ce qui concerne les documents ou copies de documents contenant des renseignements recueillis sur des sites Internet ou sur des serveurs de données et utilisés par l'administration pour établir un redressement, il appartient à celle-ci de les mettre à disposition du contribuable avant la mise en recouvrement des impositions qui en résultent si celui-ci lui indique avant cette mise en recouvrement, en réponse à un refus de communication*

[27] Pour des exemples récents : CE, 22 août 2012, n° 330519, *SARL Groupement Multi Services* ; 30 mai 2012, *SAS Aficom*, n° 345418, *Dr. fiscal* 2012, comm. 437, concl. V. Dumas, note J.-L. Pierre ou encore 16 avril 2012, n° 323592, *Paupardin*, *RJF* 2012, n° 674 ; pour des exemples un peu plus anciens parmi diverses décisions : CE, 27 avril 2009, n° 300760, *Mateu*, *Dr. fiscal* 2009, comm. 379, concl. J. Burguburu ; 7 novembre 2008, n° 300662, *Monsieur*, *Dr. fiscal* 2008, comm. 634, concl. P. Collin, note B. Le Griel ; 20 juillet 2007, n° 288145, *Desille*, *Dr. fiscal* 2007, comm. 1013, concl. L. Olléon, note J.-L. Pierre ou encore (pour une formulation approchante), 10 juin 1998, n° 168322, *SARL « Le Sansa's »*, *Dr. fiscal* 1998, comm. 780.

[28] CE, 30 mai 2012, *SAS Aficom*, précité : « *lorsque le contribuable lui en fait la demande, l'administration est tenue, sauf dans le cas d'informations librement accessibles au public, de lui communiquer les documents ou copies de documents contenant les renseignements obtenus auprès de tiers* ».

fondé sur le caractère librement accessible des informations en cause, qu'il n'a pu y avoir accès »[29].

Ce qui revient à dire que dès lors que l'administration a utilisé régulièrement son droit à obtenir des renseignements auprès de tiers, les rehaussements ou impositions d'office fondés sur les documents récoltés seront, de ce point de vue, réguliers. Il en ira tout autrement si l'administration a obtenu des renseignements de la part de tiers en dehors des voies légales : une information obtenue de manière illicite par l'administration fiscale -c'est-à-dire en commettant une infraction pénale ou du fait d'un exercice irrégulier du droit de communication ou encore d'une atteinte à un droit- ne pourra être reçue par le juge fiscal. Ainsi, par exemple, selon l'article L. 83 du LPF, *« les administrations de l'État, des départements et des communes, les entreprises concédées ou contrôlées par l'État, les départements et les communes, ainsi que les établissements ou organismes de toute nature soumis au contrôle de l'autorité administrative, doivent communiquer à l'administration, sur sa demande, les documents de service qu'ils détiennent sans pouvoir opposer le secret professionnel, y compris les données conservées et traitées par les opérateurs de communications électroniques (…) et les prestataires (…)* ». Mais, l'article L. 96 G du même code prévoit que les agents des impôts peuvent se faire communiquer les données conservées et traitées par les opérateurs de communications électroniques et par les prestataires. Il résulte de ces deux dispositions que la possibilité de demander la communication de renseignements directement aux opérateurs de communications, hébergeurs et fournisseurs d'accès Internet repose sur l'article L. 96 G du LPF. Des renseignements obtenus directement auprès de ces opérateurs économiques sur le fondement de l'article L. 83 sont donc illicites[30]. L'obligation d'informer le contribuable, à sa demande, tant du contenu que de l'origine des documents et des renseignements obtenus participe donc à cet exercice de loyauté de la part de l'administration fiscale[31].

Selon l'article L. 16 B du LPF, lorsque l'autorité judiciaire, saisie par l'administration fiscale, estime qu'il existe des présomptions qu'un contribuable se soustrait à l'établissement ou au paiement des impôts sur le revenu ou sur les bénéfices ou des taxes sur le chiffre d'affaires, elle peut autoriser les agents de l'administration fiscale à rechercher la preuve de tels agissements, en effectuant des visites en tous lieux, y compris

---

[29] *Ibid.*

[30] Cass. com., 7 avril 2010, n° 09-15.122, *Dr. fiscal* 2010, comm. 355, note D. Ravon.

[31] Voir les conclusions précitées de Mme Emmanuelle Mignon sur CE, 29 décembre 2000, *Rouch*.

privés. Chaque visite doit être autorisée par une ordonnance du juge des libertés et de la détention du tribunal de grande instance dans le ressort duquel sont situés les lieux à visiter. Selon une jurisprudence bien établie, le juge ne peut, pour autoriser une visite, que se référer à des documents produits par l'administration fiscale détenus de manière licite[32].

La Chambre commerciale de la Cour de cassation, dans l'affaire des fichiers informatiques volés à la banque HSBC (la « liste des 3000 »), est venue préciser, avec force, que la licéité des renseignements détenus pas l'administration fiscale s'entend certes de l'obtention de ceux-ci de manière légale mais aussi de leur origine « historique ». Il faut bien réaliser que l'obtention de renseignements par l'administration fiscale peut parfaitement être le fait d'une procédure régulière alors même que l'origine historique des renseignements en cause est déloyale, illicite. La Cour a jugé que les données en cause obtenues par l'administration fiscale, produites à l'appui de la requête au juge des libertés et de la détention, provenant d'un vol, ne pouvaient servir de fondement à l'autorisation de la visite fiscale.

Dans sa décision du 31 janvier 2012, la Cour a jugé que « *c'est à bon droit qu'après avoir constaté que des documents produits par l'administration au soutien de sa requête avaient une origine illicite, en ce qu'ils provenaient d'un vol, le premier président a annulé les autorisations obtenues sur la foi de ces documents* »[33].

Quelques semaines après, la Cour réitérait cette solution[34]. Selon une solution jurisprudentielle classique, en dehors du domaine pénal, l'emploi d'un « *procédé déloyal [rend] irrecevable en justice la preuve ainsi obtenue* »[35]. Par ces décisions, la Cour de cassation a refusé à l'administration fiscale la possibilité de se servir de données d'origine illicites.

La Chambre commerciale de la Cour de cassation a donc refusé de s'aligner sur la solution adoptée en matière pénale où le juge doit apprécier la valeur probante des preuves d'origine illicite sans pouvoir, de principe, les déclarer irrecevables[36]. Pour avoir une illustration de cette différence de solution jurisprudentielle, il faut dans un premier temps

---

32 Cass. com., 27 novembre 1991, n° 90-10.608, *Dr. fiscal* 1992, comm. 789 : « *le juge statuant en vertu de ce texte [article L. 16 B du LPF] ne peut se référer qu'aux documents produits par l'Administration demanderesse détenus par celle-ci de manière apparemment licite* ».

33 Cass. com., 31 janvier 2012, n° 11-13.097, *Dr. fiscal* 2012, comm. 207, note S. Detraz.

34 Cass. com., 21 février 2012, n° 11-15.162.

35 Cass. 2ème civ., 7 octobre 2004, n° 03-12.653, *Bull. civ.* 2004, II, n° 447.

36 Voir la note précitée de Stéphane Detraz sous Cass. com., 31 janvier 2012, n° 11-13.097.

renvoyer à la décision de la Chambre criminelle, là aussi du 31 janvier 2012 -coïncidence de date frappante-, à propos de la recevabilité d'enregistrements clandestins de conversations privées dans le cadre d'une célèbre affaire politico-financière-familiale[37].

La Cour de cassation a ici jugé que : « *pour rejeter le moyen de nullité pris du versement au dossier des enregistrements de conversations privées réalisés par le maître d'hôtel de Mme Y. à l'insu de celle-ci et de ses interlocuteurs, dont ses avocats, et des pièces subséquentes, l'arrêt relève notamment que ne peut être annulé un document, versé en procédure, qui est produit par un particulier, constitue une pièce à conviction et ne procède, dans sa confection, d'aucune intervention, directe ou indirecte, d'une autorité publique ; que les juges ajoutent qu'il en va également ainsi de la transcription de conversations échangées entre un avocat et un client (…) ; (…) en se déterminant ainsi, la chambre de l'instruction a justifié sa décision, dès lors que les enregistrements contestés ne sont pas en eux-mêmes des actes ou des pièces de l'information, au sens de l'article 170 du Code de procédure pénale, et comme tels, susceptibles d'être annulés, mais des moyens de preuve qui peuvent être discutés contradictoirement, et que la transcription de ces enregistrements, qui a pour seul objet d'en matérialiser le contenu, ne peut davantage donner lieu à annulation* ».

Cette solution a été, dans un second temps, appliquée par la Chambre criminelle à la recevabilité de fichiers volés à la banque HSBC : « *il résulte de l'arrêt attaqué que M. X., mis en examen des chefs de fraude fiscale, escroquerie en bande organisée, abus de biens sociaux, abus de confiance, blanchiment, passation d'écritures comptables inexactes, faux et usage, a présenté à la chambre de l'instruction une requête en annulation de la plainte de l'administration fiscale et des actes subséquents, motif pris de ce que cette plainte, à l'origine des poursuites, était fondée sur des moyens de preuve illicites ; qu'il est soutenu que des fichiers informatiques proviennent de vols commis par un salarié de la banque suisse HSBC et que l'administration a participé à leur confection et à leur collecte, ainsi que le démontreraient deux rapports émanant de la police fédérale suisse, en dates des 16 avril et 5 août 2010* » ; en rejetant cette demande « *la chambre de l'instruction, qui n'a méconnu ni les textes ni les dispositions conventionnelles invoqués, a justifié sa décision* » : « *en effet, d'une part, les fichiers informatiques contestés ne constituent pas, au sens de l'article 170 du Code de procédure pénale, des actes ou pièces de l'information susceptibles d'être annulés, mais des moyens de preuve soumis à discussion contradictoire, d'autre part, les juges ont, par des motifs pertinents, estimé que l'autorité publique n'était pas intervenue dans la confection ou l'obtention des pièces litigieuses, qui proviennent d'une perquisition régulièrement effectuée* »[38].

---

[37]Cass. crim., 31 janvier 2012, n° 11-85.464, *Madame Liliane X et Madame François Y.*

[38]Cass. crim., 27 novembre 2013, n° 13-85.042.

En ce qui concerne la recevabilité des pièces et documents illicites les choses ont, en partie, évolué rapidement, à la suite des arrêts de la Cour de cassation du début de l'année 2012.

En effet, la loi du 6 décembre 2013 relative à la lutte contre la fraude fiscale et la grande délinquance économique et financière introduit une « petite révolution »[39]. Ce texte crée un nouvel article L. 10-0 AA au sein du LPF ainsi rédigé : « *Dans le cadre des procédures prévues au présent titre II [de la première partie du LPF], à l'exception de celles mentionnées aux articles L. 16 B et L. 38, ne peuvent être écartés au seul motif de leur origine les documents, pièces ou informations que l'administration utilise et qui sont régulièrement portés à sa connaissance soit dans les conditions prévues au chapitre II du présent titre II ou aux articles L. 114 et L. 114 A, soit en application des droits de communication qui lui sont dévolus par d'autres textes, soit en application des dispositions relatives à l'assistance administrative par les autorités compétentes des États étrangers* »[40]. Il s'agit ici d'autoriser l'administration fiscale à exploiter les informations (non exclusivement numériques d'ailleurs) qu'elle reçoit, quelle qu'en soit l'origine, hors le cas des procédures de visite domiciliaire[41] ; elle peut recourir à tout mode de preuves, y compris d'origine illicite, sous réserve que, dans ce dernier cas, les preuves aient été régulièrement portées à la connaissance des services fiscaux dans le cadre d'un droit de communication ou d'une assistance administrative internationale. Il ne s'agit donc ni d'autoriser dans tous les cas le recours à des preuves illicites ni d'encourager (et d'autoriser) l'administration à la déloyauté, en achetant des fichiers volés par exemple.

Cette disposition est une réaction aux décisions précitées du début de l'année 2012 de la Cour de cassation dans l'affaire des fichiers HSBC. En effet, dans cette affaire, pour lesquelles les règles de la procédure civile étaient applicables (visite fiscale et saisie), la Cour de cassation s'est montrée intraitable quant à la recevabilité des documents provenant d'un vol. Elle avait continué à voir dans ces documents volés, des documents ayant une « *origine illicite* » alors même que l'administration fiscale les avait obtenus de manière légale (et non par une transaction douteuse sous le manteau dans une ruelle obscure moyennant finance)[42]. Selon la Cour de

---

[39] Loi n° 2013-1117 du 6 décembre 2013, *JORF* du 7 décembre 2013, p. 19941.

[40]Voir Doc. Ass. nationale, 2013, n° 1125, Avis présenté par Mme Sandrine Mazetier.

[41]L'article L. 16 B du LPF, on le sait, prévoit et encadre les visites par des « agents de l'administration fiscale » et l'article L. 38 du LPF prévoit et encadre la possibilité de visites par des agents habilités par le ministre chargé des douanes.

[42] Pour une présentation complète des circonstances ayant permis à l'administration fiscale d'obtenir ces documents, voir Christian Eckert, *Rapport d'information relatif au*

cassation, « *il importait peu que l'administration en ait eu connaissance par la transmission d'un procureur de la République ou antérieurement* » (arrêt du 31 janvier 2012) ; « *la transmission par le procureur de la République, en application de l'article L. 101 du livre des procédures fiscales, de documents volés ou détournés ou présumés l'être, ne peut rendre licite leur détention et leur production par les agents de l'administration à l'appui d'une demande de visites et saisies domiciliaires* » (arrêt du 21 février 2012). Comme l'a écrit Monsieur Stéphane Detraz, pour la Cour de cassation, « *l'illicéité originelle du document continue d'infecter ce dernier lorsque l'administration l'obtient grâce à l'exercice de son droit de communication auprès du ministère public* »[43].

Certes ces solutions jurisprudentielles concernaient seulement le cas des demandes de visites domiciliaires s'appuyant sur des preuves d'origine illicite. Mais compte-tenu de l'écho reçu par ces décisions, il y a eu une crainte d'extension d'une telle approche au-delà du seul cas des visites domiciliaires. Désormais, les renseignements d'origine illicite obtenus légalement par l'administration fiscale sont lavés du péché originel et l'administration fiscale peut fonder son action sur eux. Cette disposition veut interdire toute contestation d'une procédure contradictoire au prétexte de l'origine illicite des documents sur lesquels l'administration s'appuie et qu'elle a obtenus légalement, tout en ayant

---

traitement par l'administration fiscale des informations contenues dans la liste reçue d'un ancien salarié d'une banque étrangère, Doc. Ass. nationale, 2013, n° 1235, spéc. pp. 11-14 (retenons seulement que l'administration fiscale avait obtenu les données en cause de deux manières : d'une part, sous forme de cinq DVD-Rom remis directement à la DNEF par l'ancien employé de la banque et d'autre part, par transmission par le Procureur de la République d'informations récupérées dans l'ordinateur de ce même ancien employé suite à une perquisition à son domicile).

43 Note précitée sous Cass. com., 31 janvier 2012, n° 11-13.097. La question pouvait se poser de savoir si le juge administratif admettrait, dans la cadre d'une procédure d'imposition, la recevabilité de pièces volées transmises par l'autorité judiciaire. Le Conseil d'Etat dans une décision du 6 décembre 1995 (req. 90914) avait jugé que « *dès lors que l'administration fiscale a obtenu régulièrement communication de pièces [y compris volées] détenues par l'autorité judiciaire, la circonstance que ces pièces auraient été ultérieurement annulées par le juge pénal n'a pas pour effet de priver l'administration du droit de s'en prévaloir pour établir les impositions* ». Quelques années auparavant, le Conseil d'Etat avait déjà décidé que « *le fait que certains des documents dont le service a obtenu communication auprès du juge d'instruction auraient auparavant été volés et recélés par les auteurs des dénonciations, lesquels ont été pénalement sanctionnés à raison de ces agissements, est en tout état de cause sans incidence sur la régularité de la procédure d'imposition* » (3 décembre 1990, req. 103101, *SA Antipolia*). Dans les deux espèces, l'administration fiscale avait obtenu communication des pièces litigieuses de manière régulière…

soin d'exclure expressément (« *à l'exception de celles mentionnées aux articles L. 16 B et L. 38* ») le cas sensible des visites domiciliaires qui touchent directement à la vie privée et au domicile[44].

L'utilisation de telles informations a donc été strictement et scrupuleusement encadrée par le législateur et ne saurait être analysée comme une atteinte directe ni à la loyauté de la preuve ni, de manière plus générale, à la loyauté de l'administration fiscale. Il s'agit ici d'une conciliation entre, d'une part, les libertés constitutionnellement garanties et, d'autre part, la prévention des atteintes à l'ordre public et la lutte contre la fraude fiscale[45]. Dans la mesure où la source des informations utilisées par l'administration reste strictement encadrée (droits de communication, autorité judiciaire, administration fiscale étrangère), il n'y a pas là un manque de loyauté de la part de l'administration à l'égard du contribuable, puisqu'elle n'est pas à l'origine de l'action illicite ayant conduit à la divulgation de ces renseignements. Les tiers soumis au droit de communication, les services de justice ou les services fiscaux étrangers font donc écran entre l'administration fiscale et l'origine des documents en cause. Mais, en tout état de cause, il paraît fondamental que le législateur pose des garde-fous afin que l'État ait, en la matière, un comportement conforme à celui que l'on attend de lui et digne d'une autorité morale. Il est particulièrement important de noter que le législateur n'a pas permis à l'État de s'abaisser en se servant de renseignements obtenus directement par l'administration fiscale par des chemins et voies peu avouables car, une nouvelle fois, il y a des choses que l'État ne doit pas pouvoir faire.

---

[44]En outre, alors même que le nouvel article L. 10-0 AA du LPF exclut de son champ d'application les procédures de visite domiciliaire, le législateur avait prévu d'insérer un nouvel alinéa à l'article L. 16 B, II, du LPF, ainsi rédigé : « *A titre exceptionnel, le juge peut prendre en compte les documents, pièces ou informations mentionnés à l'article L. 10-0 AA, lesquels ne peuvent être écartés au seul motif de leur origine, lorsqu'il apparaît que leur utilisation par l'administration est proportionnée à l'objectif de recherche et de répression des infractions prévues par le code général des impôts* ». Mais le Conseil constitutionnel a décidé qu'en *« permettant que le juge autorise l'administration à procéder à des visites domiciliaires sur le fondement de documents, pièces ou informations de quelque origine que ce soit, y compris illégale, le législateur a privé de garanties légales les exigences du droit au respect de la vie privée et, en particulier, de l'inviolabilité du domicile »* (décision 2013-679 DC du 4 décembre 2013, cons. 39). A la lecture de cette disposition, on ressent immédiatement la place qu'aurait pris le juge dans son application pour apprécier la proportionnalité…

[45] Conseil constitutionnel, décision n° 2013-679 DC du 4 décembre 2013.

II- Il y a des choses que l'État doit pouvoir faire

Si l'administration fiscale doit à l'ère du numérique comme à l'ère du papier respecter les procédures et être loyale à l'égard des contribuables dans ses agissements, elle ne doit pas pour autant être désarmée face aux arcanes du numérique. Elle ne doit pas à l'ère du numérique, pour obtenir des données sur les contribuables, avoir seulement à sa disposition des moyens juridiques d'un autre siècle.

A. Le Livre des procédures fiscales ne laisse pas l'administration fiscale démunie face au numérique

Il ne s'agit pas ici d'étudier tous les moyens d'investigation dont dispose l'administration fiscale afin de voir comment ils peuvent être exercés à l'ère du numérique. Mais à travers quelques exemples, il est possible de constater que ces moyens classiques dont dispose l'administration ont été adaptés aux nouvelles formes de stockage des données.

En application de l'article L. 16 B du LPF, l'administration a un droit de perquisition. Dès lors, la saisie de fichiers informatiques est possible. Bien évidemment, seules peuvent être saisies les pièces qui présentent un lien avec la présomption de fraude à l'origine de la visite ; il appartient à l'autorité judiciaire, éventuellement saisie, de vérifier si les saisies de fichiers informatiques opérées sont de nature à remettre en cause la validité des opérations de saisie. La Cour de cassation a pu préciser, à cet effet, que « *la présence, dans une messagerie électronique, de courriels couverts par le secret professionnel, n'a pas pour effet d'invalider la saisie des autres éléments de cette messagerie* »[46]. De même, a-t-elle jugé que, dans le cadre d'une saisie massive de fichiers informatiques, le fait de saisir, dans le respect de la procédure, des fichiers sans lien avec les agissements soupçonnés ne remet pas en cause la validité des autres saisies : « *attendu que l'ordonnance constate que l'autorisation concernait tous documents en rapport, même partiel, avec les présomptions d'omission de passation de l'intégralité des écritures comptables par la société ; qu'elle relève que, si la saisie avait porté sur un certain nombre de pièces, leur description sur l'inventaire prouvait qu'elle n'avait pas été indifférenciée ; que l'ordonnance retient que dix fichiers informatiques, dont elle précise l'intitulé, étaient sans rapport, même pour partie, avec les présomptions de fraude et que les autres saisies n'encouraient aucune critique ; que le premier président a déduit à bon droit de ces constatations et appréciations que les dix fichiers sus évoqués devaient être écartés*

[46] Cass. com., 18 janvier 2011, n° 10-11.777 et n° 10-11.778.

des saisies et qu'il n'y avait pas lieu de remettre en cause la validité des procès-verbaux et des autres saisies »[47].

Dans deux décisions récentes[48], la Cour de cassation a jugé que, dans le cadre d'une perquisition fiscale,« *l'autorisation donnée par le juge des libertés et de la détention portait en particulier sur les saisies nécessitées par la recherche de la preuve des agissements présumés dans les lieux désignés, ce qui impliquait la possibilité d'examiner en ce lieu tous les documents et supports d'informations susceptibles d'y être consultés et exploités, le premier président a fait l'exacte application de l'article L. 16 B du livre des procédures fiscales, lequel permet la saisie de tous documents dématérialisés accessibles depuis les locaux visités* ». Autrement dit, les agents du fisc peuvent saisir des documents qui se trouvent physiquement dans les locaux désignés dans l'ordonnance, sous forme papier ou sous forme de fichiers dématérialisés physiquement stockés dans les locaux visités mais aussi des documents stockés dans des réseaux informatiques, les fichiers y figurant provenant dès lors de serveurs situés en dehors desdits locaux. En 2012, le premier président de la Cour d'appel de Paris avait déjà validé les saisies effectuées au cours d'une perquisition fiscale, dans les locaux de Google France, en considérant, notamment, que les agents des impôts pouvaient saisir des fichiers stockés sur des serveurs situés à l'étranger, appartenant à Google Ireland mais accessibles depuis les locaux de Google France[49]. Plus que jamais un écran est, pour l'administration fiscale, une fenêtre sur le monde. Le législateur, suivant cette solution, a modifié l'article L. 16 B du LPF en prévoyant que peuvent faire l'objet d'une perquisition fiscale les lieux où les documents sont susceptibles d'être disponibles, détenus ou « *accessibles* »[50]. En dépit des possibilités déjà ouvertes par l'article L. 16 B du LPF, l'administration fiscale était quelque peu démunie face aux obstacles que pouvaient opposer les propriétaires de ces supports, par exemple en refusant de donner des codes d'accès. Aussi, suite à la loi de

[47] Cass. com., 6 novembre 2012, n° 11-25.953 ; voir Renaud Salomon, « Chronique de droit pénal fiscal », *Dr. fiscal*, 24 janvier 2013, p..28.

[48] Cass. com., 26 février 2013, n° 12-14.772 (*Revue des sociétés*, juillet-août 2013, p. 445, note D. Ravon) et 3 avril 2013, n° 12-14.770.

[49] Ordonnance du premier président de la Cour d'appel de Paris du 31 août 2012, *Google France et Google Ireland c/ DGFiP* (voir, aussi, Cass. com., 13 novembre 2013, n° 12-28.289, *Google France et/ou Google Ireland Limited*).

[50] Article 11, loi n° 2012-1510 du 29 décembre 2012. On peut relever que l'article 49 de la loi du 6 décembre 2013 relative à la lutte contre la fraude fiscale et la grande délinquance économique et financière a ajouté cette notion d'accessibilité aux articles L. 38 du LPF et 64 du Code des douanes qui encadrent les visites par les agents des douanes habilités.

finances rectificative pour 2012 du 29 décembre 2012 (article 11), l'article L. 16 B, IV *bis*, du LPF dispose : « *Lorsque l'occupant des lieux ou son représentant fait obstacle à l'accès aux pièces ou documents présents sur un support informatique, à leur lecture ou à leur saisie, mention en est portée au procès-verbal.*

Les agents de l'administration des impôts peuvent alors procéder à la copie de ce support et saisir ce dernier, qui est placé sous scellés. Ils disposent de quinze jours à compter de la date de la visite pour accéder aux pièces ou documents présents sur le support informatique placé sous scellés, à leur lecture et à leur saisie, ainsi qu'à la restitution de ce dernier et de sa copie. Ce délai est prorogé sur autorisation délivrée par le juge des libertés et de la détention.

A la seule fin de permettre la lecture des pièces ou documents présents sur le support informatique placé sous scellés, les agents de l'administration des impôts procèdent aux opérations nécessaires à leur accès ou à leur mise au clair. Ces opérations sont réalisées sur la copie du support.

L'occupant des lieux ou son représentant est avisé qu'il peut assister à l'ouverture des scellés, à la lecture et à la saisie des pièces et documents présents sur ce support informatique, qui ont lieu en présence de l'officier de police judiciaire.

Un procès-verbal décrivant les opérations réalisées pour accéder à ces pièces et documents, à leur mise au clair et à leur lecture est dressé par les agents de l'administration des impôts. Un inventaire des pièces et documents saisis lui est annexé, s'il y a lieu.

Le procès-verbal et l'inventaire sont signés par les agents de l'administration des impôts et par l'officier de police judiciaire ainsi que par l'occupant des lieux ou son représentant ; en son absence ou en cas de refus de signer, mention en est faite au procès-verbal.

Il est procédé concomitamment à la restitution du support informatique et de sa copie. En l'absence de l'occupant des lieux ou de son représentant, l'administration accomplit alors sans délai toutes diligences pour les restituer ».

Désormais, les agents peuvent certes procéder à la copie du support informatique et à la saisie de celui-ci, mais surtout ils ont un délai de quinze jours pour parvenir à accéder aux informations (notamment, en cassant les codes d'accès). De plus, ce délai est prorogeable sur autorisation du juge des libertés et de la détention. Les agents peuvent procéder à toutes les opérations nécessaires pour accéder et mettre au clair les informations en cause[51].

---

51 Il faut noter que cette même loi a étendu la procédure d'évaluation d'office aux cas où l'administration constate, dans les locaux occupés par le contribuable, ou par son

Comme cela a déjà été évoqué, selon l'article L. 96 G du LPF, « *les agents des impôts peuvent se faire communiquer les données conservées et traitées par les opérateurs de communications électroniques* ». Cette disposition, issue de la loi de finances rectificative pour 2008 du 30 décembre 2008, prévoit que les agents des impôts peuvent se faire communiquer, notamment, les données conservées et traitées par les opérateurs de communications électroniques. Cette procédure donne accès à certaines informations limitativement énumérées et ne peut en aucun cas porter sur le contenu des correspondances échangées ou des informations consultées dans le cadre des communications électroniques. Ainsi, en application des articles L. 34-1 et R. 10-13 du code des postes et des télécommunications électroniques, ce dispositif porte sur les informations permettant d'identifier l'utilisateur, les données relatives aux équipements terminaux, les caractéristiques techniques ainsi que la date, l'horaire et la durée de chaque communication, des données relatives aux services complémentaires demandés ou utilisés et leurs fournisseurs, mais aussi les données permettant d'identifier le ou les destinataires de la communication[52].

B- La procédure judiciaire d'enquête fiscale

Dans la lutte contre la fraude fiscale, les dispositions du LPF et les voies d'actions traditionnelles des services fiscaux ont été jugées insuffisantes. Aussi, a-t-on assisté à une véritable transformation des moyens d'action des services fiscaux ; dans les cas les plus graves de fraudes fiscales, les agents des services fiscaux peuvent s'appuyer sur les dispositions du Code de procédure pénale (CPP).

L'accélération de la lutte contre la fraude fiscale s'est traduit par un renforcement des moyens répressifs.

La loi de finances rectificative pour 2009 du 30 décembre 2009 a instauré une procédure judiciaire d'enquête fiscale destinée à renforcer les moyens de lutte contre les formes complexes de fraude fiscale. Cette procédure repose notamment sur la participation d'agents des services fiscaux, dotés de pouvoirs de police judiciaire, aux enquêtes menées sous

---

représentant en droit ou en fait s'il s'agit d'une personne morale, des obstacles à l'accès à des informations contenues sur des supports informatiques (article L. 74, al. 3, du LPF).

[52] Voir à cet effet, CE, 7 août 2007, n° 293774, *Association des fournisseurs d'accès et de services internet et a.* ; Cass. com., 4 décembre 2012, n° 11-27.691, *Barone*, *Dr. fiscal* 2012, act. 508.

l'autorité de magistrats. Suite à la création de la brigade nationale de la répression de la délinquance fiscale, celle-ci comprend des officiers de police judiciaire (OPJ) mais aussi des officiers fiscaux judiciaires (OFJ), habilités à l'exercice de certaines missions de police judiciaire en application de l'article 28-2 du CPP[53]. Une fois habilités, les OFJ interviennent au même titre que les OPJ et procèdent eux-mêmes aux investigations.

L'article 28-2 du CPP vise les infractions fiscales et comptables (ainsi que, depuis la loi du 6 décembre 2013, le blanchiment de ces infractions) prévues et réprimées par les articles 1741 et 1743 du CGI, mais uniquement lorsque sont réunies les conditions prévues aux 1° à 5° de l'article L.228 du LPF ; c'est-à-dire les cas de fraude fiscale complexe (utilisation, aux fins de se soustraire à l'impôt, de comptes ouverts ou de contrats souscrits auprès d'organismes établis à l'étranger ; interposition de personnes physiques ou morales ou de tout organisme, fiducie ou institution comparable établis à l'étranger; usage d'une fausse identité ou de faux documents ou de toute autre falsification ; domiciliation fiscale fictive ou artificielle à l'étranger ; toute autre manœuvre destinée à égarer l'administration). Dans l'exercice de leur fonction, les OFJ disposent des mêmes pouvoirs de police judiciaire que les OPJ (saisies, perquisitions, gardes à vue, auditions, réquisitions, écoutes téléphoniques). Les OFJ peuvent donc procéder à des perquisitions et saisies au titre des articles 56 et 97 du CPP[54]. Au titre de l'article 56 du CPP (flagrant délit), les OFJ, dans l'exercice de leurs fonctions, peuvent donc « *prendre connaissance des (...) données informatiques avant de procéder à leur saisie* » et saisir «*des données informatiques nécessaires à la manifestation de la vérité en plaçant sous-main de justice soit le support physique de ces données, soit une copie réalisée en présence des personnes qui assistent à la perquisition* ». Il en va de même au titre de l'article 97 du CPP (perquisition au cours d'une instruction). Ces dispositions du CPP permettent donc aux enquêteurs fiscaux d'avoir accès aisément à des renseignements sur le contribuable, dans les cas de fraude fiscale complexe.

Afin d'accroître l'efficacité de la lutte contre la fraude fiscale, « *enjeu de souveraineté et de redressement des comptes publics, et (...) condition essentielle pour*

---

53 Voir la circulaire du 15 décembre 2010 relative à la lutte contre la grande fraude fiscale (NOR : JUSD1032427C), *BOMJL* n° 2010-10 du 31 décembre 2010.

54 Ces articles avaient été adaptés aux progrès de la technologie informatique, afin de permettre la saisie de données, par la loi n° 2004-575 (art. 41 et 43) du 21 juin 2004 pour la confiance dans l'économie numérique.

faire respecter le principe d'égalité devant l'impôt »[55],la loi du 6 décembre 2013 relative à la lutte contre la fraude fiscale et la grande délinquance économique et financière, en ce qui concerne l'obtention de données sur le contribuable à l'ère du numérique, dans le cadre de la procédure judiciaire d'enquête fiscale, comporte des dispositions digne d'intérêt.

Tout d'abord, cette loi a modifié l'article 1741 du CGI afin que soit considéré comme circonstance aggravante de fraude fiscale le fait de la commettre en bande organisée, ou en ayant recours à des comptes bancaires ou des entités détenus à l'étranger ou au moyen de certaines manœuvres (falsification, domiciliation fictive, interposition d'entité fictive ou artificielle, etc.).

Ensuite, ce texte (article 66) accorde aux enquêteurs, pour les seuls cas de délits commis en bande organisée prévus aux articles 1741 et 1743 du CGI ou de fraude fiscale complexe (article L. 228, 1° à 5°, du LPF), le bénéfice de certaines techniques spéciales d'enquêtes[56], dont -outre la surveillance, l'infiltration, la garde à vue de quatre jours, les interceptions de correspondances téléphoniques au stade de l'enquête, les sonorisations et fixations d'images de certains lieux et véhicules, les saisies conservatoires- les captations des données informatiques (articles 706-102-1 à 706-102-9 du CPP)[57] ; en clair, cette disposition étend les « cyberperquisitions » à la recherche des fraudeurs fiscaux[58]. En effet, l'article 706-102-1 du CPP dispose que « *lorsque les nécessités de l'information concernant un crime ou un délit entrant dans le champ d'application de l'article 706-73 l'exigent, le juge d'instruction peut, après avis du procureur de la*

---

[55] Exposé des motifs du projet, Doc. Ass. nationale, 2013, n° 1011.

[56]On retrouve ici les dispositions qui avaient été introduites par l'article 36 de la loi du 14 mars 2011 d'orientation et de programmation pour la performance de la sécurité intérieure (dite LOPPSI 2).

[57] La presse s'est émue d'une telle perspective, voir, par ex., *Le Monde* du 22 juin 2013, éditorial, p. 1.

[58] L'article 66, IV, de la loi du 6 décembre 2013 est venu ajouter un nouvel article au CPP : « *Article 706-1-1.-Les articles 706-80 à 706-87, 706-95 à 706-103,706-105 et 706-106 sont applicables à l'enquête, à la poursuite, à l'instruction et au jugement des délits prévus :*

1° Aux articles 432-11, 433-1, 433-2, 434-9, 434-9-1, 435-1 à 435-4 et 435-7 à 435-10 du code pénal ;

2° Aux articles 1741 et 1743 du code général des impôts, lorsqu'ils sont commis en bande organisée ou lorsqu'il existe des présomptions caractérisées que ces infractions résultent d'un des comportements mentionnés aux 1° à 5° de l'article L. 228 du LPF ;

3° Au dernier alinéa de l'article 414 et à l'article 415 du Code des douanes, lorsqu'ils sont punis d'une peine d'emprisonnement d'une durée supérieure à cinq ans.

Les articles mentionnés au premier alinéa du présent article sont également applicables à l'enquête, à la poursuite, à l'instruction et au jugement du blanchiment des délits mentionnés aux 1° à 3° ».

République, autoriser par ordonnance motivée les officiers et agents de police judiciaire commis sur commission rogatoire à mettre en place un dispositif technique ayant pour objet, sans le consentement des intéressés, d'accéder, en tous lieux, à des données informatiques, de les enregistrer, les conserver et les transmettre, telles qu'elles s'affichent sur un écran pour l'utilisateur d'un système de traitement automatisé de données ou telles qu'il les y introduit par saisie de caractères. Ces opérations sont effectuées sous l'autorité et le contrôle du juge d'instruction ».

Cela veut concrètement dire que les services fiscaux peuvent recourir à l'installation soit d'un nouvel élément matériel dans l'unité centrale de l'ordinateur d'un contribuable, et ce à son insu[59], soit d'un logiciel espion (un « cheval de Troie » : dispositif transmis par un réseau de communications électroniques et permettant d'enregistrer en temps réel les frappes au clavier ou de récupérer le contenu de certains fichiers[60]). Il est important de souligner, une nouvelle fois, que ce type de perquisition, étant réservé à quelques cas bien particuliers de fraude fiscale, ne peut nullement concerner le contribuable « moyen »[61].

---

59 Tout cela sous le contrôle du juge bien évidemment : l'article 706-102-5, al. 1er, du CPP dispose que « *en vue de mettre en place le dispositif technique mentionné à l'article 706-102-1, le juge d'instruction peut autoriser l'introduction dans un véhicule ou dans un lieu privé, y compris hors des heures prévues à l'article 59, à l'insu ou sans le consentement du propriétaire ou du possesseur du véhicule ou de l'occupant des lieux ou de toute personne titulaire d'un droit sur celui-ci. S'il s'agit d'un lieu d'habitation et que l'opération doit intervenir hors des heures prévues à l'article 59, cette autorisation est délivrée par le juge des libertés et de la détention saisi à cette fin par le juge d'instruction* ».

60 Sur ces aspects techniques, voir Fabien Pinard, « *Le contrôle de la connexion Internet par l'utilisateur. La légitimité des atteintes portées par les lois HADOPI et LOPPSI 2* », étude datée du 5 mars 2012, 63 p. : ‹www.juriscom.net/documents/libpubl20120314.pdf› (consulté le 4 juin 2013).

61 De telles dispositions prises dans le cadre de la lutte contre la fraude fiscale, qui est un objectif à valeur constitutionnelle (Conseil constitutionnel, décisions n° 2003-489 DC du 29 décembre 2003, n° 2009-598 DC du 21 janvier 2010, n° 2010-70 QPC du 26 novembre 2010, 2011-638 DC du 28 juillet 2011, 2011-166 QPC du 23 septembre 2011, n° 2012-236 QPC du 20 avril 2012 ou encore n° 2012-267 QPC du 20 juillet 2012), n'ont pas posé de problème : « *Considérant qu'en permettant le recours à ces pouvoirs spéciaux d'enquête et d'instruction pour les délits de corruption ou de trafic d'influence, de fraude fiscale aggravée ou des délits douaniers punis d'une peine d'emprisonnement supérieure à cinq ans, le législateur a estimé que la difficulté d'appréhender les auteurs de ces infractions tient à des éléments d'extranéité ou à l'existence d'un groupement ou d'un réseau dont l'identification, la connaissance et le démantèlement posent des problèmes complexes ; qu'eu égard à la gravité des infractions qu'il a retenues, le législateur a pu, à cette fin, fixer des règles spéciales de surveillance et d'investigation ; que, compte tenu des garanties encadrant la mise en œuvre de ces mesures spéciales d'enquête et d'instruction, les atteintes au respect de la vie privée et au droit de propriété résultant de leur mise en œuvre ne revêtent pas un caractère disproportionné au regard du but poursuivi* » (décision n° 2013-679 DC du 4 décembre 2013, cons. 75).

***

En conclusion, d'une grande banalité, si à l'ère du numérique l'administration fiscale doit faire face à des mutations en matière de fraude fiscale et d'accès aux données, l'État tend à se doter de moyens juridiques sans pour autant dévoyer ce qu'il doit être : une autorité morale.

LA DICTION DU DROIT PUBLIC FINANCIER AU CAMEROUN

Par **Stève Thiery BILOUNGA**
Chargé de Cours
FSJP-Université de Ngaoundéré (Cameroun)

Mu par des considérations d'harmonie et de performance dans l'organisation et le fonctionnement de l'État, Montesquieu a imaginé trois pouvoirs séparés sur le plan horizontal : le pouvoir législatif chargé de voter les lois, le pouvoir exécutif chargé de transformer ces lois en actes concrets et le pouvoir judiciaire appelé à trancher les litiges qui naissent de l'application de la loi[62].

Une telle disposition des choses quasi universellement adoptée par les États modernes[63] n'a pas laissé le Cameroun indifférent. A la lecture des différentes constitutions adoptées dans cet État depuis l'établissement de la toute première jusqu'à la version actuellement applicable, ces trois pouvoirs sont consacrés par les dispositifs constitutionnels successifs[64], même si l'on peut nettement percevoir la domination d'un pouvoir exécutif incarné par le Président de la République sur les deux autres pouvoirs[65]. Comme l'atteste sa maîtrise de bout en bout de la procédure d'élaboration de la loi[66] ou de la carrière des magistrats[67].

---

62 Philippe. Ardant et Bernard. Mathieu, Institutions politiques et droit constitutionnel, Paris, LGDJ, 22ème Ed.,2010, pp 50 et s.

63 Après de vives critiques, la théorie de la séparation des pouvoirs est restée une grande référence pour la plupart des constitutions et dans les Déclarations des Droits de grande portée, à l'instar de la Déclaration française des droits de l'homme et du citoyen de 1789 : « *Toute société dans laquelle la garantie des droits n'est pas assurée ni la séparation des pouvoirs déterminée n'a point de constitution* ». Cf. G. Burdeau, Droit constitutionnel, Paris, LGDJ, 21ème Ed. (Par Fr. Hamon et M. Troper), 1988, pp 128 et s.

64 Maurice Kamto, *« La dynamique constitutionnelle du Cameroun indépendant »*, Revue juridique Africaine, n°1, 2 et 3, 1995, pp 7- 49.

65 S T Batoum-Ba- Ngoue, « *Les pouvoirs présidentiels dans la constitution du 18 janvier 1996 : l'idée d'une République présidentielle au Cameroun* », Revue camerounaise des relations internationales, mai 2000, pp247-265.

66 S. T. Bilounga, « *La crise de la loi en droit public camerounais* », Révue Africaine de Droit et de Science Politique, Vol.1, n°1, janvier-juin 2013,pp 69 et s.

67 Cette maîtrise est perceptible à l'aune de la position administrative du Président de la République dans le Conseil Supérieur de la Magistrature. Il siège en effet comme Président dudit Conseil. Or c'est l'instance qui gère ma carrière des magistrats.

Lors de la connaissance des litiges qu'il a vocation à trancher, le juge interprète la loi et la fait connaître aux parties qui veulent se faire rendre justice à travers des décisions revêtues de l'autorité ou passées en force de chose jugée[68]. Dire le droit est donc la fonction du juge[69], un être en principe objectif, neutre et indépendant [70]qui n'est responsable ni de la conception du droit qu'il est appelé à dire par interprétation, ni de l'exécution de la loi source de conflits qu'il est voué à trancher. A ce titre, aucun cordon ombilical ne saurait, en respect de la conception orthodoxe du principe de la séparation de pouvoirs[71], lier le juge au pouvoir législatif, encore moins au pouvoir exécutif.

Pourtant, à l'analyse attentive de l'organisation et de l'activation de la fonction juridictionnelle au Cameroun[72], surtout pour ce qui est de la solution des litiges du droit public financier, une relation étroite, frisant la confusion[73], pour le moins incongrue en vertu du principe de la séparation des pouvoirs, semble se nouer et même se consolider dans le temps entre l'exécutif incarné ici par le Ministère Délégué à la Présidence de la République chargé du Contrôle Supérieur de l'État et le pouvoir judiciaire, du fait des modalités d'organisation et de fonctionnement du CDBF[74].

Logé dans la structure administrative de ce ministère, le domaine de compétence, les modalités de fonctionnement et les suites des décisions du Conseil de Discipline inclinent à en faire si ce n'est purement et

---

[68]L'autorité de chose jugée c'est l'autorité qui est attachée à un acte juridictionnel et sert de fondement à son exécution obligatoire. On parle d'*autorité* dès lors que la décision est rendue. Par contre, on parle de *force l*orsque toutes les voies de recours sont épuisées. Ce concept signifie que ces décisions jouissent de la présomption irréfragable que leur dispositif est la vérité au sens de la loi interprétée. Cf Lexique des termes juridiques, Paris, Dalloz, 16 Ed. 2007, pp 117- 118. Lire aussi Luigui Lombardy Vallauri, *« jurisprudence »*, Archives de philosophie du droit, Tome 35 (Vocabulaire fondamental du droit), pp 191 et s.

[69] Stéphane Rials, *« Ouverture :l'office du juge »*, in La fonction de juger, Revue française de théorie juridique, n°9, paris, 1989, pp 3-20.

[70] Paul Ourliac, « *La puissance de juger : le poids de l'histoire* », in La fonction de juger, op. cit., p 32. Lire aussi J-L Bergel, Théorie générale du droit, Paris, Dalloz, 4ème Ed., pp 332 et s.

[71] Montesquieu, L'esprit des lois, Chap.VI, Livre XI.

[72] M. Kamto, « *Les mutations de la justice camerounaise à la lumière des développements constitutionnels de 1996* », RASJ, Vol1, n°1, pp 9-20.

[73] Lekene Donfack, *Finances publiques camerounaises*, Paris, Berger-Levrault,1987, p 339 et s. Lire aussi, M. Kamto, « *La chose publique* », RASJ, Vol. 2, n°1, 2001, p 9 et s.

[74]Décret n°2008/ 028 du 17 janvier 2008 portant organisation et fonctionnement du Conseil de Discipline Budgétaire et Financière.

simplement un organe juridictionnel[75], alors un organe qui dit le droit sans pour autant être une juridiction. Il se pose ainsi la question de savoir qui doit en principe dire le droit public financier au Cameroun ? Des juridictions, comme l'a imaginé Montesquieu ?[76] Des organes administratifs, comme cela semble transparaître au vue de la pratique camerounaise en la matière ?[77] Ou alors ces deux types d'organes ? En d'autres termes, la solution des litiges nés de l'application du droit public financier et nécessitant la diction de ce droit, incombe en réalité à quel organe ? Au juge ou alors dorénavant aussi à l'administration ? La réponse à cette question somme toute embarrassante[78] et peu ou prou redondante[79] semble de toute évidence désolante[80] : la diction du droit public financier au Cameroun est l'œuvre tant du juge que de l'administration.

Pluridimensionnel dans son essence[81] et divers dans ses sources[82], le droit public financier place naturellement le juge au centre de la solution de ses litiges[83]. Constitué du droit budgétaire[84], du droit fiscal[85] et douanier et du droit public comptable[86] et faisant intervenir toutes les

---

75Olivier Gohin, « Qu'est-ce qu'une juridiction pour le juge français ? », in La fonction de juger, Op. cit. pp 93-105.

76 Michel Verpeaux, « *La notion révolutionnaire de juridiction* », in La fonction de juger, Op. cit., pp 33-44.

77 Alogo Ndi, la nature du contrôle du Conseil de Discipline Budgétaire et Financière au Cameroun, Mémoire DEA, Université de Yaoundé II, 2007, p 11 et s.

78 L'embarras nait du choix obligatoire à opérer entre ce que les textes semblent faire accroire et le schéma né de l'application effective de ces textes. Les textes donnent expressément compétence aux juridictions, pourtant la pratique en la matière tend à attribuer aussi cette compétence aux organes administratifs.

79 Elle est redondante parce qu'elle sonne comme un pléonasme car, naturellement, dire le droit ressortit à la compétence juridictionnelle.

80 Cette réponse semble désolante parce qu'elle s'apparente à une lapalissade, une vérité d'évidence niaise.

81 Gilbert Orsoni, Finances publiques, Paris, Publisud, 1989, p 9. Lire aussi, Yves Cannac, *« Dépense privée, dépense publique »*, RFFP, n°77, mars 2002, pp 10-26.

82Raymond Muzellec, Finances publiques, Paris, Sirey, 12ème Ed., p 4.

83 Salif Yonaba, *« L'expérience africaine du modèle français du contrôle juridictionnel des finances publiques :traits communs et diversités »*, RFFP, n°101, mars 2008, p 12 ; André Barilari, Les contrôles financiers comptables, administratifs et juridictionnels des finances publiques, Paris, LGDJ, 2003, pp 107 et s. Lire aussi : Marouf Alabi Chitou, « *Le renforcement des contrôles : le rôle des juridictions financières africaines (expérience du Benin)*, RFFP, 98, pp 109 et s.

84 Christian Bigaut, Finances publiques, Droit budgétaire : le budget de l'État, Paris, Ed. marketing, 1995, pp. 5 et s.

85 Pierre Beltrame, La fiscalité en France, Paris, Hachette, 9ème Ed. 2003, p.6 et s.

86 Jacques Magnet, Eléments de Comptabilité publique, Paris, LGDJ, 1991, pp 4 et s.Lire aussi : P M Gaudemet et J Molinier, Finances publiques, Tome I, budget/ trésor,

sources écrites et non écrites de la hiérarchie internes des normes étatiques, de la constitution aux actes non réglementaires, et de la jurisprudence à la doctrine administrative, le droit public financier trouve une grande partie de ses litiges en principe solutionnés, selon le cas, devant le juge constitutionnel, le juge administratif, le juge des comptes et le juge judiciaire.

Ayant vocation à dire le droit constitutionnel, le juge constitutionnel fonde sa compétence en matière financière par le truchement des dispositions de la Constitution traitant des questions financières de l'État[87]. Le juge des comptes quant à lui est responsable de l'apurement des comptes des comptables publics patents et de fait[88]. Pour cela, il s'inspire des prescriptions de la loi et des textes réglementaires *normant* l'activité comptable des personnes publiques. En principe, pour trancher les litiges qui naissent des relations entre l'administration et les administrés, le juge administratif intervient en matière financière à plusieurs titres[89]. D'une part, il est responsable d'une grande partie du contentieux fiscal propre aux contributions directes et autres taxes assimilées[90]. D'autre part, il connaît en annulation des décisions du CDBF[91]. Il se fonde dans ses décisions sur la loi et les actes réglementaires à caractère financier. Le juge judiciaire enfin tranche les litiges opposant les contribuables au fisc à propos des contributions indirectes et autres taxes assimilées[92] et connait de tout le contentieux

---

Paris, Montchrestien, 7ème Ed., 1996, pp5 et s.

87J P Camby, « *Le Conseil constitutionnel et la réforme de la procédure budgétaire* », Les Petites affiches, 10 octobre 2001, n°202, pp 5-18.

88 J P Duprat, « *L'activité des cours et chambres des comptes africaines* », op. cit, pp 176 et s. Lire aussi Jean Raynaud, La cour des comptes, Paris, PUF, *« Que sais-je ? »*, 1980, pp 5 et s.

89 A Ce sujet, l'éminent professeur Joseph Owona conçut fort opportunément l'expression générique du *contentieux administratif de la répression budgétaire et financière*, en oubliant malheureusement que le contentieux des comptes et de la gestion administrative des deniers publics relèvent plutôt d'autres ordres juridictionnels. Notamment la juridiction des comptes, constitutionnellement consacrée au Cameroun dans l'*article 41*, et la juridiction de gestion, de nos jours inexistante. Lire respectivement à ce propos Joseph Owona, Le contentieux administratif de la République du Cameroun, Paris, Harmattan, 2011, 173 et s ; et Binjamin Bidias, Les finances publiques du Cameroun, Yaoundé, Edition GB, 1982, pp 819 et s.

90 Felix Ateck A Djam, Droit du contentieux fiscal camerounais, Paris, Harmattan, 2009, pp 107 et s.

91 Joseph Owona, Le contentieux administratif de la République du Cameroun, op. cit. p 179.

92 O Fouquet, « *La pleine compétence du juge judiciaire de l'impôt* », Revue administrative, n°307, 1999, pp 38-40.

pénal propre au détournement des deniers publics[93]. Les textes de base de sa diction consistent en toutes les prescriptions législatives régissant ces matières, notamment, et pour ne citer que celles- là, le Code général des impôts et le Code pénal.

Malheureusement, à cet arsenal fort impressionnant d'organes juridictionnels, semble s'adjoindre une institution insolite, une juridiction *sui generis*[94] à savoir le Conseil de Discipline Budgétaire et Financière. Organe en principe administratif car figurant dans l'organigramme du ministère délégué à la Présidence de la République chargé du contrôle supérieur de l'État[95], cette structure est chargée de sanctionner tout contrevenant à l'orthodoxie budgétaire et financière de l'Etat camerounais[96] par des décisions dont la nature juridique s'apparente aux décisions juridictionnelles tant dans leur essence, leur forme, que par leurs suites. En effet, sans plus faire l'objet d'un recours gracieux préalable devant l'autorité compétente comme cela est de règle en contentieux administratif camerounais pour toute décision querellée par un administré insatisfait[97], les décisions du CDBF sont connues directement en annulation, et comme par enchantement, devant la Chambre administrative de la Cour suprême. Ce qui pourrait incliner à en inférer que le travail effectué par le Conseil avant de se pourvoir en annulation, constitue une sorte de premier degré de juridiction. Tant il est vrai qu'aucun contentieux juridictionnel directement ouvert au public, du moins de droit public interne, ne saurait être initié directement devant

---

93 François-Xavier Mbouyom, La répression des atteintes à la fortune publique, Yaoundé, Sodéam, 1970, pp 11 et s.

94 Lekene Donfack, Finances publiques camerounaises, op. cit., p 339

95 *Article 9* du décret n°2013/287 du 04 septembre 2013 portant organisation et fonctionnement des services du Contrôle supérieur de l'Etat : « *Le Conseil de discipline budgétaire et Financière dispose d'un Secrétariat permanent qui assiste le ministre délégué chargé du contrôle supérieur de l'État dans l'exercice de ses attributions de Président dudit conseil. Le Secrétariat permanent est animé par un Secrétaire permanent placé sous l'autorité directe du ministre délégué chargé du contrôle supérieur de l'État* ».

96 Article 2 (1) : « Le conseil est chargé de prendre des sanctions à l'encontre des agents publics, patent ou de fait, coupables des irrégularités et fautes de gestion commises dans l'exercice de leurs fonctions, irrégularité et fautes ayant eu pour effet de porter préjudice aux intérêts de la puissance publique.

97 Ngole Philip Ngwese et Joseph Binyoum, Éléments de contentieux administratif camerounais, Paris, Harmattan, 2010, pp 57 et s. Lire aussi : Arrêt n° 47/CFJ/SCAY du 30 avril 1968 Affaire Mbassi Medjo Nicolas C/ État du Cameroun ; Jugement n° 30/CS/CA du 13 juillet 1978 Affaire AKa'a Jules C/ État du Cameroun : « *Considérant … qu'il résulte de l'article 12 de l'ordonnance du 26 août 1972 que le recours gracieux organisé et prévu par une disposition législative spéciale, revêt un caractère obligatoire. Qu'il importe de rappeler que ces dispositions sont d'ordre public…* »

le juge, sans tentative de conciliation préalable entre l'administration et l'usager du service public lésé[98].

Cette curiosité institutionnelle du Conseil de discipline et même la diversité juridictionnelle dans la résolution des litiges financiers publics mettent en exergue la particularité de cette activité dans notre État. Dès lors, mener une étude sur la diction du droit public financier au Cameroun recèle un grand intérêt sur le double plan théorique et pratique.

Sur le plan théorique, en dehors de la répartition des taches opérée entre l'administration et le juge, cette étude dégage un intérêt cognitif à plusieurs égards. D'une part, elle tend à trancher le nœud gordien du partage des compétences au sein du juridictionnel entre les différents juges financiers. D'autre part, elle ambitionne élucider la nébuleuse conceptuelle de l'essence particulière de la juridiction financière. Elle met surtout un accent sur les anomalies observées en la matière, causées en majorité soit par une confusion des intervenants[99], soit par une omission[100] ou même une inhibition[101] de certains acteurs clés de ce système juridictionnel.

Anomalies qui, à la longue, déteignent sur la fonction *jurislatrice* potentielle du juge et même, au demeurant, sur l'émergence d'un État de droit financier[102]au Cameroun.

---

98 En effet, même en contentieux fiscal, une réclamation préalable devant le fisc est obligatoire, avant de saisir le juge fiscal, faute de quoi la requête directement adressée au juge s'expose à une fin de non-recevoir. Il convient de préciser ici que cette règle, pour la matière fiscale, est valable en France comme au Cameroun. Lire les *articles L116 à L119* du livre des procédures fiscales consubstantiel au Code général des impôts camerounais. Lire aussi G Noël « *Le règlement administratif des litiges fiscaux sans recours au juge* », in Le juge fiscal, sous la direction de Robert Hertzog, Économica, 1988, pp 122-124.

99 Le juge financier camerounais s'est plusieurs fois déclaré incompétent du fait d'une saisine mal ciblée. Cf. Joseph Owona , Le Contentieux administratif de la République du Cameroun, op. cit., pp 181 et s.

100 C'est le cas du juge de gestion actuellement absent au Cameroun pour connaitre de manière orthodoxe par voie juridictionnelle des irrégularités et fautes de gestion commises par les ordonnateurs de crédits publics et assimilés.

101 Nous faisons allusion ici aux Tribunaux régionaux des comptes déjà crées par les textes en vigueur, mais qui restent désespérément ineffectives jusqu'à présent.

102 C'est cette forme d'État, véritable idéal tendanciel, dans lequel tous les droits reconnus aux citoyens par les instruments juridiques en vigueur sont effectivement garantis par les organes institués à cet effet, et dont le plus important est le juge.

Sur le plan pratique, cette étude permet de savoir comment se comporter lorsque l'on est confronté à un litige à caractère financier susceptible d'être solutionné devant le juge. Car l'expérience semble démontrer qu'une grande partie du contentieux financier est épuisé sans avoir même réellement été initié du fait de la méconnaissance par le justiciable potentiel de l'autorité ou du juge à saisir. Cette étude est donc au service de la vulgarisation, de l'orthodoxie, et de la performance en générale de la fonction juridictionnelle[103]. Elle nourrit l'ambition d'asseoir l'État de droit financier au Cameroun, même si cela peut encore apparaître à l'état actuel des choses comme une véritable gageure, au vue de l'expérience encourageante d'autres États africains de même niveau de développement que le Cameroun[104]. Car malheureusement, dire le droit public financier semble encore être à la fois la chose du juge certes, mais celle du non juge aussi. En d'autres termes, ce droit est dit au Cameroun par le juge (I) et même sans le juge (II)

I. La diction par le juge : la juridiction financière

Dire le droit est naturellement d'abord l'affaire du juge au Cameroun. Car cet État, en dépit de tous les dysfonctionnements expérimentés dans la disposition des différents pouvoirs, a fait sien la philosophie de Montesquieu de la division des fonctions[105]. Le juge se trouve ainsi au centre de la solution juridictionnelle des litiges qui naissent de la concrétisation de tous les instruments juridiques conçus par le législateur. En droit public financier, matière hautement *conflictogène*[106], plusieurs juges sont alors institués dans l'optique de mettre chaque justiciable, en tant que de besoin et selon le cas, dans son bon droit.

Ces juges dont l'ensemble constitue la juridiction financière, semblent concerner toutes les sphères de la stratification normative interne propre

---

[103] Th. S Renoux et A Roux, L'administration de la justice en France, PUF, « *Que sais-je ?* », 1994, pp 4 et s.

[104]Philippe Richard, « *Émergence et réalisation de l'État de droit : l'exemple du Benin* », in État de droit, droits fondamentaux et diversité culturelle (Textes recueillis), Paris – Montréal, Harmattan, 1999, pp137 et s.

[105] A D Olinga, La constitution de la République du Cameroun, Yaoundé, Presses de l'UCAC, 2006, pp6 et s. Cette théorie conditionne par ailleurs la nature du régime en place ici. A ce sujet plusieurs thèses se sont affrontées. Cf. M. Ondoa, « *une résurrection : le régime parlementaire camerounais* », Annales de la Faculté des sciences juridiques et politiques de l'Université de Douala, n°02, juin- décembre 2002, pp 7-42.

[106] Ne le dit- on pas trivialement, afin de montrer son importance, que l'argent c'est le nerf de la guerre ? Cf. Paul Amselek, « *Peut-il y avoir un État sans finances ?* » RDP, mars-avril 1983, pp 267 -283.

à notre État et mettre fin tant à *la guerre des écoles*[107] du droit qu'au travail pugnace d'attribution d'un sexe au droit[108] en confortant le droit dans son unité[109], car semble-il, le droit public financier est *asexué*[110]. La diction de ce droit mobilise dès lors le juge constitutionnel, le juge administratif, le juge des comptes et même le juge judiciaire. C'est une juridiction institutionnellement divise (A), qui semble pourtant être aussi fonctionnellement multiple (B) à l'aune de la pluralité et de la variété de ses productions décisionnelles.

A. Une juridiction institutionnellement divisée

Parler du juge financier au Cameroun peut a priori faire accroire à l'évocation d'un juge financier unique à l'image du juge constitutionnel ou même du juge administratif[111]. Pourtant, a fortiori, la réalité est toute autre car il s'agit en fait d'un *Janus multiface* qui peut en tout opportunité se dédoubler, en prenant les apparences soit du juge constitutionnel, du juge administratif, du juge des comptes ou du juge judiciaire. En effet tous ces juges semblent trancher les litiges de droit public financier, chacun en ce qui le concerne et en fonction de la norme financière de base à dire. La juridiction financière devient alors institutionnellement divise : une division horizontale qui mobilise chaque intervenant dans sa sphère de compétence, que dis-je dans sa *part de la division* ; et une division verticale qui traduit l'adhésion des autorités camerounaises à la hiérarchie juridictionnelle[112] en matière financière, d'ailleurs à l'image de la gradation normative de droit interne[113]. Horizontale comme verticale, cette division recèle plusieurs tares qu'il convient de mettre à nue dans l'optique d'une normalisation.

---

107 Jacques Chevallier, « *La fin des écoles?* », RDP, 1997, pp 679 et s.

108 Leopold Donfack Sokeng, *« Le sexe du droit au Cameroun (A propos de l'égalité juridique entre la femme et l'homme) »*, Cahiers Juridiques et Politiques de l'Université de Ngaoundéré, 2009, pp 171- 202.

109 George Kalinowski, Querelle de la science normative (Une contribution à la théorie de la science), Paris, LGDJ, 1969, p 2.

110 Il se soucie peu des questions de genre ou de parité en traitant l'homme et la femme de manière identique.

111 Jacques Chevallier, *« Réflexion sur l'arrêt « Cadot » »,* in La fonction de juger, op. cit., pp79-91.

112 J-L Bergel, Théorie générale de droit, op. cit., pp 345 et s.

113 Lucien François, Le problème de la définition du droit. Introduction à un cours d'évolution de la philosophie du droit à l'époque contemporaine, Paris, LGDJ, 1978, pp 155 et s.

1. Les parts de la division

Actuellement, la juridiction financière est divisée au Cameroun entre le juge constitutionnel, le juge administratif, le juge des comptes et le juge judiciaire.

a. Le juge constitutionnel

À l'exclusion de l'hypothèse de l'édification d'un *droit constitutionnel jurisprudentiel*[114] qui aurait pour conséquence l'augmentation du bloc de constitutionnalité si le Conseil constitutionnel était effectif, le juge constitutionnel fonde principalement sa compétence en matière financière au Cameroun en vertu de la combinaison de deux dispositions pertinentes de la constitution : l'*article 26 (2)* qui confie les questions financières au législateur et l'*article 46* qui attribue le contrôle de constitutionnalité des lois au conseil. Cette juridiction devient ainsi l'organe juridictionnel appelé à se prononcer sur la conformité à la constitution des lois à caractère financier votées par le parlement en respect de l'article *26 (2)*[115] précité. Les lois portant régime financier de l'État[116] et de ses démembrement par décentralisation géographique[117], les lois de finances[118] sont alors susceptibles d'être portées devant la Haute juridiction dans les voies de droit prévues à cet effet avant leur promulgation par le Président de la République[119]. Il s'agit alors d'un contrôle a priori qui ne peut être initié que par certaines autorités constitutionnellement désignées à savoir, le Président la République, le Président du Sénat, le Président de l'Assemblée nationale, un tiers des députés un tiers des sénateurs et les présidents des exécutifs régionaux

---

114 Louis Favoreu, « *Le droit constitutionnel jurisprudentiel en 1981-1982* », RDP, mars-avril 1983, pp 333-400.

115Loïc Philip, *« Le contrôle de constitutionnalité des lois fiscales en France »*, RFFP, n°68, décembre 1999, pp159 et s.

116 Après l'Ordonnance n° 62/OF/4 du 07 février 1962 qui n'était plus adaptée à son contexte, le régime financier de l'État camerounais est actuellement contenu dans la loi n°2007/006 du 26 décembre 2007 qui entra finalement en vigueur le 1er janvier 2013.

117 La loi portant régime financier local quant à elle est adoptée en décembre 2009.

118 Il s'agit des lois qui déterminent, pour un exercice budgétaire, la nature, le montant et l'affectation des ressources et des charges de l'État, ainsi que l'équilibre budgétaire et financier qui en résulte. Elles tiennent compte d'un équilibre économique défini, ainsi que des objectifs et des résultats des programmes qu'elles déterminent. Générique, cette notion concerne la trilogie à savoir, la loi de finances de l'année, la loi de finances rectificative et la loi de règlement. Cf. Jean Pierre Camby, La réforme du budget de l'État. La loi organique relative aux lois de finances, Paris, LGDJ, 2ème Ed. p 13.

119 *Article 31* de la constitution du 18 janvier 1996.

lorsque les intérêts de leurs régions sont en jeu.[120] C'est à l'occasion de ce contrôle que l'on peut s'assurer qu'un projet de loi portant régime financier est en phase avec les aspirations des citoyens potentiels contribuables. C'est à l'occasion d'un tel contrôle que l'on peut attester qu'un projet de loi de finances est respectueux de tous les grands principes qui gouvernent les finances publiques en général[121] et le droit fiscal en particulier[122], tant il est vrai que la plupart de ces principes ont un fondement constitutionnel[123]. Bref, c'est à l'occasion de ce contrôle que le citoyen contribuable pourrait réellement percevoir la garantie d'une partie considérable de ses droits à caractère financier.

Malheureusement, l'initiative de ce contrôle est accrochée tellement haut que le citoyen ordinaire n'est même pas au fait de son existence et pour cela ne peut jamais l'activer. Car cela ne ressortit pas à sa compétence, *l'actio popularis* n'étant pas envisageable directement, mais plutôt par le truchement de la Représentation nationale, elle-même sérieusement conditionnée à ce sujet[124]. Quoiqu'il en soit, et en dépit des réserves formulées quant à son indépendance, le juge constitutionnel est compétent pour dire le droit public financier dans les matières de son ressort. C'est aussi le cas du juge administratif.

b. Le juge administratif

L'intervention du juge administratif dans la diction du droit public financier peut être justifiée par une série de considérations. D'une part et en règle générale, tout litige susceptible d'opposer un administré à l'administration financière des personnes publiques ressortit à la

---

120 *Article 47 (2)* constitution précitée.

121 Notamment les principes de l'annualité, de l'unité, de l'équilibre, de la spécialité, de l'universalité et de la sincérité. Lire Stève Thiery Bilounga, « *la mobilisation des fonds de désendettement et la réforme des principes de droit budgétaire au Cameroun* », Cahiers juridiques et politiques de l'Université de Ngaoundéré, n° 2, 2009, pp 283-302.

122 Il s'agit des principes de la légalité fiscale, d'égalité fiscale, de la nécessité fiscale, de la solidarité ou de l'imposition selon les capacités contributives, de non rétroactivité des lois fiscales, du contradictoire, de la compétence lié de l'administration fiscale, de la territorialité. Lire Pierre Beltrame, La Fiscalité en France, op. cit., pp117 et suivantes.

123 Didier Ribes, « *Les progrès de l'égalité devant l'impôt. A propos des décisions du Conseil constitutionnel 99-424DC et 2000-432DC* », RFFP, n°76, pp 261.

124 Z G Belinga, Profil sociologique des députés de l'Assemblée nationale camerounaise et activité parlementaire de 1982 à 1998 : morphologie de l'espace parlementaire au Cameroun, Thèse de Doctorat Ph/D en Science politique, Université de Yaoundé II, 2008, pp247-265

compétence du juge administratif[125]. C'est ainsi que le contentieux de l'excès de pouvoir de l'administration financière relève du juge administratif, ainsi que le contentieux de la responsabilité de l'administration financière à l'exception des cas de voie de fait[126]. En matière fiscale et en vertu de *l'article 126 du LPF CGI*, le juge administratif connaît du contentieux des contributions directes à l'instar de l'impôt sur les sociétés, l'impôt sur le revenu des personnes physiques, de la taxe foncière, de la taxe sur la valeur ajoutée et des taxes assimilées comme celles portant sur le chiffre d'affaire et les droits d'accises. Les contentieux de l'excès de pouvoir et de la responsabilité du fisc et même celui d'une grande partie du recouvrement sont également de son ressort.

Certains instruments juridiques spécifiques peuvent également attribuer la connaissance d'un certain nombre de questions financière à la compétence du juge administratif. C'est dans ce sens que la Chambre administrative de la Cour suprême est fondée à intervenir en annulation des décisions prononcées par le CDBF, lorsque le requérant est insatisfait du travail préalablement abattu par cette instance[127]. Le juge administratif est ainsi juge financier et partage d'ailleurs plusieurs de ces matières avec le juge judiciaire[128].

c. Le juge judiciaire

Gardien des droits et des libertés individuels par vocation, le juge judiciaire intervient néanmoins comme juge financier en majorité de deux principales manières. D'abord, il intervient comme l'instance chargée de sanctionner par voie juridictionnelle les atteintes à la fortune publique[129]. À ce titre, le juge judiciaire, juge pénal ordinaire[130] ou juge pénal spécial[131], dépouille le contentieux de la répression des

---

125 R Chapus, Droit du contentieux administratif, Paris, Montchrestien, 6ème Ed., 1996, pp 12 et s.

126 F elix Ateck Adjam, Droit du contentieux fiscal camerounais, op. cit., pp 19 et s.

127 *Article 18* du décret n° 2008/028 du 17 janvier 2008.

128 JJ Bienvenu, *« Variations sur la difficulté de fonder le partage de compétence juridictionnelles »*, RFFP, n° 17, 1987.

129 F X Mbouyom, La répression des atteintes à la fortune publique, op. cit., pp.57 et s

130 G Tixier et P Derouin, Droit pénal de la fiscalité, Paris, Dalloz, 1989, pp 13 et s.

131 Il prend la forme au Cameroun du Tribunal criminel nouvellement institué par la loi n°2011/028 du 14 décembre 2011. L'article 2 de cette loi dispose en effet : *« Le Tribunal est compétent pour connaître, lorsque le préjudice est d'un montant minimum de 50.000.000 de FCA, des infractions de détournement de deniers publics et des infractions connexes prévues par le Code pénal et les conventions internationales ratifiées par le Cameroun »*

détournements de deniers publics et des infractions connexes[132]. Ensuite, le juge judiciaire intervient en matière financière comme juge fiscal[133]. C'est fort de ce titre qu'il connaît du contentieux des impositions indirectes autres que la TVA et les taxes assimilées de la famille des taxes sur le chiffre d'affaire et droits d'accises. Il s'agit en l'occurrence des droits d'enregistrement et des droits de douane. Enfin, le juge judiciaire est responsable du contentieux de la répression fiscale qui est du ressort du juge pénal, ainsi que du contentieux du recouvrement des impôts de son ressort[134].

À la différence du juge constitutionnel, du juge administratif et du juge judiciaire qui interviennent en réalité en matière financière de manière subsidiaire car ayant des domaines de compétence juridictionnelle propres auxquels viennent s'adjoindre les matières financières sus évoquées respectivement, le juge des comptes quant à lui ne fonde son existence qu'au gré de la matière financière. Faire la reddition juridictionnelle des comptes est sa vocation première.

d. Le juge des comptes

Le juge des comptes dit le droit public comptable, non à l'occasion de la recherche d'une solution juridictionnelle d'un litige opposant deux parties dont l'une serait demanderesse et l'autre défenderesse, mais lors d'un mécanisme systématique d'apurement des comptes des comptables patents et de fait[135]. Il s'agit donc d'un contentieux objectif visant la sincérité et la fidélité des écritures comptables[136] et non d'un contentieux subjectif opposant deux parties parce que les droits de l'une auraient été lésés par l'autre[137]. C'est le processus juridictionnel de reddition des comptes qui mobilise néanmoins l'interprétation des lois de finances et des règles de comptabilité publique[138].

---

132 L Ayrault, Le contrôle juridictionnel de la régularité de la procédure d'imposition, Paris Harmattan, 2004, pp 16 et s.

133 O Fouquet, *« La pleine compétence du juge judiciaire de l'impôt »*, Revue administrative, n°307, 1999, pp38-40.

134 V Haïm, *« Les labyrinthes du contentieux du recouvrement »*, Dalloz, Chron., 1995, pp 150-154.

135 Benjamin Bidias, Finances publiques du Cameroun, op. cit., pp 852 et s

136 J P Duprat, *« Les nouveaux enjeux du contrôle exercé par la Cour des comptes »*, RFFP, n°77, pp 71-80.

137 Le juge des comptes juge en effet les comptes et non les comptables. Lire : R Muzellec, Finances publiques, op.cit., pp 341.

138 Le juge, autorité indépendante certifie en effet avec solennité que les comptes sont conformes à la loi de finances. Cf. R Muzellec, op. cit., pp 338.

Partie essentielle des finances publiques, la comptabilité publique est l'ensemble de règles juridiques et techniques qui régissent la présentation, l'exécution et le contrôle de l'exécution des deniers publics, c'est-à-dire les biens matériels et pécuniaires qui sont la propriété des personnes publiques à savoir l'État, les collectivités territoriales décentralisées et les établissements publics, ou qui connaissent la participation financière, aussi infime soit –elle, de ces personnes[139]. Le juge des comptes est compétent dans la sanction des infractions commises par les comptables patents ou de fait dans leurs comptes.

Cette division horizontale de la juridiction financière, mettant en évidence le champ de compétence de chaque juge dans la diction du droit public financier n'est pas la seule forme de division expérimentée au Cameroun. En effet, en dehors de cette disposition des choses, la juridiction financière connaît aussi une divisons verticale. Car, à l'exclusion du Conseil constitutionnel, tous les juges sus évoqués appartiennent à des ordres juridictionnels clairement définis par le constituant[140]. Le juge administratif appartient ainsi à l'ordre juridictionnel administratif dont la structure va hiérarchiquement des tribunaux administratifs des régions à la Chambre administratives de la Cour suprême dans ses différentes formations[141].

Le juge judiciaire quant à lui, acception faite du Tribunal criminel spécial nouvellement institué, mobilise, en fonction des cas, les Tribunaux de première et de grande instance au premier ressort, les Cours d'appel et la Cour suprême de l'ordre juridictionnel judiciaire[142]. Le juge des comptes enfin intervient dans l'ordre juridictionnel des comptes qui consiste en des Tribunaux régionaux des comptes et la Chambre des comptes de la Cour suprême dans ses différentes formations[143].

Ces deux formes de division que subit la juridiction financière au Cameroun ne sont pas exemptes d'imperfections. Elles recèlent plusieurs tares.

2. Les tares de la division

C'est certes un mérite pour une institution juridictionnelle de connaître, pour des besoins de performance et de bonne administration

139 Jacques Magnet, Éléments de comptabilité publique, op. cit., p 17.
140 *Article 38* de la constitution.
141 *Article 40* de la constitution.
142 *Article 39* de la constitution.
143 *Article 41* de la constitution.

de la justice, une division horizontale et même verticale[144]. Mais c'est aussi assurément une limite de ne pas pousser jusqu'au bout, du moins, jusqu'à des proportions raisonnables l'œuvre de division envisagée[145].

La juridiction financière est malheureusement dans cette triste situation[146]. Ses efforts de division horizontale et verticale semblent bien éloignés de la norme. Non exhaustive sur le plan horizontal et peu ou prou effectif sur le plan vertical, la division de la juridiction financière est somme toute relative.

a. La relativité de la division horizontale

Toute proportion gardée, la division horizontale de la juridiction financière semble relative.

Trois séries de considérations sont susceptibles de corroborer une telle assertion : l'apparence du juge constitutionnel dans la diction du droit public financier, l'absence d'un juge de gestion pour connaître de la responsabilité financière des ordonnateurs et la précellence du juge judiciaire sur les juges administratifs et des comptes.

- *L'apparence du juge constitutionnel*

A la lecture attentive des dispositions constitutionnelles qui fondent la compétence du Conseil constitutionnel en matière financière, une conclusion hâtive pourrait être tirée au sujet de l'évidence, de la permanence ou même de la performance de son contrôle. Pourtant il faut pousser loin l'analyse sur le plan pratique pour se rendre compte du caractère on ne peut plus hypothétique de son intervention. C'est ce qui détermina assurément Muzellec à affirmer avec une particulière emphase que : *« le problème du contrôle budgétaire au Cameroun n'est pas seulement celui de son existence, mais celui de son exercice »*[147]. Une chose semble donc de fonder une compétence d'intervention, une autre de l'assurer concrètement au quotidien. Le caractère hypothétique de l'intervention du Conseil

---

144 J L Bergel, Théorie générale du droit, op. cit., p 345.

145 Henri Claude Njocke, *« Juridiction administrative: une réforme inachevée »*, Juridis Périodique, n°74, avr-mai-juin 2008, pp 49-63; Lire aussi : Frédérique Pie, *« La justice à la recherche de son effectivité : le cas de la justice pénale »*, in La justice en Afrique, Sous la direction de Jean du Bois de Gaudusson et Gérar Conac, pp 65 et s.

146 C Sietchoua Djuitchoko, *« La réforme inachevée du contrôle juridictionnel des comptes au Cameroun »*, RJP, n°1, 2004, pp 70 et s.

147 R Muzellec, *« Dignostic du système financier camerounais »*, in La réforme du cadre juridique pour une meilleure gestion des finances publiques au Cameroun, Yaoundé, 11-13 juillet 2001, p 32.

constitutionnel semble avéré par plusieurs facteurs explicatifs. D'une part, cette juridiction n'est pas encore matériellement effective en dépit de son existence et même de son encadrement juridique[148]. Elle s'active *par institution interposée* pour des cas extrêmes à travers la Cour suprême[149]. Et jusqu'à l'heure actuelle elle n'a jamais été sollicitée pour intervenir en constitutionnalité au sujet d'une loi à objet financier. Et ce ne sont surtout pas les motifs d'intervention qui font défaut, car à la lecture de ces lois, il en existe une floraison[150].

D'autre part, la compétence en matière de saisine parait monopolisée par une élite hautement sélective qui semble ne pas être prompte à exercer une telle compétence. Peut-être du fait de leur proximité dans la gestion de la chose publique. Les deux réels espoirs d'intervention étant confrontés à des obstacles solides quasi insurmontables actuellement. Ainsi, les présidents des exécutifs régionaux ne sont pas encore effectivement institués à l'image des institutions régionales qu'elles sont appelées à gérer et à sauvegarder. Le tiers des députés ou le tiers des sénateurs quant à lui, en dépit de l'effectivité récente du sénat, se meuvent d'une part sous le joug particulier de la discipline du parti majoritaire au Parlement, qui n'est malheureusement pas encline à une telle saisine et d'autre part sous la domination exécutive générale propre à notre régime par essence présidentialiste[151].

Enfin, il est constant que le contrôle de la constitutionnalité de la loi de finances pourrait être pour la plupart des États de tradition juridique française la meilleure occasion de réalisation d'un contrôle de conformité du projet de loi de finances, aux différents principes de droit budgétaire et comptable. Le juge constitutionnel se fonde alors sur la norme constitutionnelle proprement dite ou sur celles qui constituent le bloc de constitutionnalité. À ce sujet, la loi organique fait en principe partie des normes à valeur constitutionnelle, eu égard à son appréhension comme prolongement de la loi fondamentale. Or au Cameroun, nonobstant la création du Conseil constitutionnel auréolée de sa mission de contrôle de

---

148Loi n° 2004/004 du 21 avril 2004, portant organisation et fonctionnement du Conseil constitutionnel.

149 Aux termes de l'article 67 (3) de la constitution en effet, en attendant la mise en place effective du Conseil constitutionnel, la Cour suprême exerce les attributions du Conseil constitutionnel.

150 Lire à ce propos : S T Bilounga, « *La crise de la loi en droit public camerounais* », op. Cit.;pp 78 et s.

151 J Gicquel, *« Le présidentialisme négro-africainb. L'exemple camerounais »*, in Mélanges Géorges Burdeau, Paris, 1977, pp 724 et s.

la constitutionnalité des lois, toute hypothèse de contrôle de la constitutionnalité de la loi de finances semble d'emblée étouffée dans l'œuf du fait de l'absence de la source sur laquelle le juge constitutionnel pourrait se fonder pour dire le *« droit constitutionnel financier »*[152]. Car la plupart des principes de droit public financier régissant les deniers publics sont extérieurs à la norme constitutionnelle. Ils sont plutôt contenus dans d'autres textes de portée inférieure à la constitution, rendant ainsi quasiment impossible tout contrôle de conformité exercé par ce juge sur la base de ces instruments juridiques dont la connaissance juridictionnelle ressortit en principe à d'autres juges, notamment judiciaire ou administratif. La loi portant régime financier de l'État camerounais est en effet un texte législatif ordinaire et non une loi organique. Pourquoi donc créer un Conseil constitutionnel en lui attribuant le rôle de juge de la constitutionnalité des lois, parmi lesquelles les lois de finances, et laisser la base juridique sur laquelle il aurait pu se fonder au rang des normes infra constitutionnelles ?[153] La compétence du Conseil constitutionnel dans la diction du droit public financier semble donc plus apparente qu'évidente, permanente ou performante. Or c'est au nom de ces derniers qualificatifs qu'une division horizontale du travail juridictionnel est réalisée.

- *L'absence du juge de gestion*

Une division horizontale satisfaisante de la juridiction financière ne saurait faire fi du juge qui se chargerait de connaître de la gestion administrative des deniers publics par l'ordonnateur ou le gestionnaire des crédits. Car la division du travail juridictionnel en matière financière doit être en phase avec la division du travail administratif d'exécution des opérations financières publiques.

Il est de règle que tout denier public, recette ou dépense publique, connaît dans son circuit de réalisation, l'intervention de deux principales autorités d'ailleurs séparées du fait de leur vocation professionnelle : l'ordonnateur de crédits et le comptable public[154]. Tandis que la première

---

[152] Cette expression est inspirée de Didier Bigaud, qui parlait à l'occasion de l'adoption de la loi organique française sur les lois de finances, d'*une constitution financière*, eu égard à sa portée constitutionnelle. Cf. R Hertzog, *« Une grande première : la réforme du droit budgétaire de l'État par le parlement »*, RFFP, n°73, janvier 2001, p 11.

[153] S T Bilounga, La réforme du contrôle de la dépense publique au Cameroun, Thèse de Doctorat/Ph.D, Université de Yaoundé II- Soa, avril 2009, pp , 269 et s.

[154] François Deruel, Finances publiques. Budget et pouvoir financier, Paris, Dalloz, 12ème Ed., pp 84 et s. Lire aussi : Bernard Abate, *« La réforme budgétaire et les attentes de la nouvelle gestion publique »*, RFFP, n° 77, mars 2002, pp 55 et s

est responsable de la phase administrative de l'opération financière qui consiste selon le cas à l'engagement ou à l'émission d'un titre exécutoire, à la liquidation et à l'ordonnancement, la seconde quant à elle est responsable de la phase comptable portant sur l'encaissement ou au décaissement des fonds[155]. Dans la mobilisation de toutes ces phases, des problèmes de gestion ou de comptabilité peuvent survenir. Les problèmes comptables fondent l'intervention du juge des comptes qui se charge de les apurer systématiquement; il est institué au Cameroun[156]. Les problèmes de gestion administrative quant à eux doivent fonder l'intervention d'un juge particulier : *le juge de gestion* ; il est absent au Cameroun. En dépit malheureusement de la multitude des problèmes de gestion financière connus par les ordonnateurs camerounais[157], il n'existe pas une juridiction de gestion spéciale pour sanctionner les fautes de gestion administrative commises par les ordonnateurs[158]. Et ce n'est surtout pas le CDBF qui pourra colmater cette brèche. Loin s'en faut ! Car nous statuons sur l'ordre juridictionnel en matière financière et non sur l'administration de contrôle financier[159]. Quoique complémentaires, ces institutions ne se confondent pas. L'existence de l'une ne saurait justifier l'absence de l'autre[160]. Cela semble malheureusement être le cas au Cameroun. L'absence du juge de gestion tend à être étouffée par l'institution du C DBF consubstantielle au Contrôle Supérieur de l'Etat[161].

- *La précellence du juge judiciaire*

Le juge judiciaire incarné au niveau ultime par la Cour suprême inféode le juge des comptes représenté par la Chambre des comptes et

155 Robert Cros, Finances publiques. Institutions et mécanismes économiques, Paris, Cujas, 1994, pp 23 et s.

156 C'est la Chambre des comptes de la Cours suprême prévue constitutionnellement par l'article 41 et organisée par la loi n° 2003/005 du 21 avril 2003.

157 A en juger par l'abondance du travail du Conseil de Discipline Budgétaire et Financière.

158 J P Duprat, « *Les nouveaux enjeux du contrôle exercé par la cour des comptes* »RFFP, n°77, 2002, pp71-80.

159 André Barilari, Les contrôles financiers comptables, administratifs et juridictionnels des finances publiques, op. cit., pp 11 et s.

160 A titre de droit comparé, en France par exemple, en dehors de la Cour des comptes dont on a subodoré quelques limites, il existe en outre une Cour de Discipline Budgétaire et Financière qui statue aussi sur les infractions à la réglementation financière, à la morale administrative et au respect de la chose jugée commises par administrateurs.

161 Le Contrôle supérieur de l'État est l'Institution Supérieure de Contrôle des Finances Publiques au Cameroun. Il est membre de l'AFROSAI, elle-même affiliée à l'INTOSAI

même le juge administratif symbolisé par la Chambre administrative au Cameroun. En effet, malgré la consécration constitutionnelle de trois ordres juridictionnels distincts à savoir, l'ordre juridictionnel judiciaire, l'ordre juridictionnel administratif et l'ordre juridictionnel des comptes, toutes ces juridictions sont logées dans la même enseigne à savoir la Cour suprême qui est pourtant la juridiction suprême de l'un des ordres juridictionnels consacrés : l'ordre judiciaire. Il ne saurait d'ailleurs en être autrement, car du point de vue sémantique, au vu des textes qui régissent ces organes, on parle bien de la *« Chambre de comptes de la Cour suprême »*[162] et de la*« Chambre administrative de la Cour Suprême »*[163]. Il se pose donc la question de la pertinence et de la performance d'une telle disposition des choses en matière juridictionnelle. Un organe juridictionnel suprême de l'un des différents ordres institués qui contient, encadre, mieux embastille tous les deux autres ordres en leur sommet. En d'autres termes, quel est le sort d'une telle option consistant en un *monisme organique pour un pluralisme fonctionnel* ? Pourquoi la consécration constitutionnelle de trois ordres juridictionnels ne donne pas corps à l'édification de trois ordres exhaustifs et autonomes tant sur le plan institutionnel, fonctionnel que structurel ? La mise en place progressive des nouvelles institutions constitutionnelles nous en dira peut-être davantage. Une chose est tout de même certaine : ces incongruités perceptibles sur la division horizontale de la juridiction financière camerounaise déteignent sur la division verticale.

b. La relativité de la division verticale

Sur le plan vertical, la division de la juridiction financière trahit un certain nombre d'insuffisances surtout pour ce qui concerne les juges naturels de la matière financière publique à savoir le juge des comptes et le juge de gestion. Le juge judiciaire connaît une division verticale effective du fait de la hiérarchie juridictionnelle allant des Tribunaux de première et de grande instance, selon le cas, jusqu'à la Cour suprême. Le juge administratif, en dépit de son *embastillement* actuel dans la Cour suprême, avait jadis expérimenté cette hiérarchie à travers les relations de subordination entre la Chambre administrative et l'Assemblée plénière[164]. Actuellement, du fait de la disparition de cette dernière instance, le

---

[162] *Article 1er* de la loi du 21 avril 2003 régissant cet organe.

[163] *Article 1er* et de la loi du 29 décembre 2006 régissant cet organe.

[164] Ngole Philip Ngwese et Joseph Binyoum, Éléments du contentieux administratif camerounais, op. cit., pp 32 et s. Lire aussi, Henri Jacquot, *« Le contentieux administratif au Cameroun »*, RDC, n°7, p17 et s.

contentieux administratif s'épuise en dernier ressort dans la Chambre administrative, mais s'initie au niveau des juridictions inférieures qui sont effectivement attendues au niveau régional malgré leur existence textuelle. Pour cette raison, les justiciables administratifs sont obligés d'aller, jusqu'à la fin de cette phase transitoire, à Yaoundé où siège la Chambre administrative de la Cour suprême[165], dans ses différentes sections hiérarchisées. En matière des comptes et de la gestion, une bonne division verticale de la juridiction financière devrait avoir comme instance suprême, une Cour des comptes logeant la Chambre des comptes et la Chambre de gestion, ou alors une Chambre de Discipline Budgétaire et Financière[166]. Cette Cour est malheureusement inexistante au Cameroun, tout comme les Tribunaux régionaux des comptes dont l'effectivité est vivement attendue.

- *L'absence d'une Cour des comptes*

L'appellation Cour des comptes est une véritable enseigne lumineuse trompeuse. Car ce nom pourrait faire accroire que cette haute juridiction des finances publiques ne traite que des comptes. Pourtant elle est en principe compétente tant en matière comptable qu'en matière de gestion administrative des opérations financières. C'est en fait la haute juridiction qui devrait incarner l'ordre juridictionnel des finances dans ses deux visages complémentaires comptable et de gestion[167]. En d'autres termes, à l'image de la Cour suprême en matière judiciaire, la Cour des comptes en matière financière doit consister en deux chambres autonomes sur le plan fonctionnel : la Chambre de gestion ou la Chambre de discipline budgétaire et financière pour les ordonnateurs et gestionnaires de crédits et la Chambre des comptes pour les comptables publics tant patents que de fait. Ainsi, la diction du droit public financier en matière comptable et de gestion devrait être initié au niveau des juridictions inférieures des comptes et de gestion qui sont, ou du moins auraient du être actuellement au Cameroun les Tribunaux régionaux de gestion et les Tribunaux régionaux de comptes. Et en second ressort, la Cour des comptes par des formations supérieures, devrait se prononcer finalement.

---

165 A S Mescheriakoff, *« Le declin de la fonction administrative contentieuse au Cameroun »*, RJPIC, T. 34, n° 4, octobre- décembre 1980, pp 825-840.

166 Bernard Cieutat, *« La Cour des comptes et la réforme »*, RFFP, n°76, pp 107 et s.

167 Marouf Alabi Chitou, *«Le renforcement des contrôles : le rôle des juridictions financières africaines (expérience du Benin) »*, op. cit., pp128 et s.

À l'état actuel du droit et des institutions propres au contentieux financier juridictionnel, il n'existe malheureusement pas encore une telle juridiction suprême des finances publiques, malgré sa nécessité et au mépris des directives de la Communauté économique et monétaire de l'Afrique centrale allant dans ce sens[168]. En effet, en vertu des articles 91 à 93 de la Directive traitant du règlement général de la comptabilité publique des États membres de ladite Communauté, il est ordonné à chaque État de créer dans son environnement juridictionnel financier une Cour de comptes pour l'efficacité et l'exhaustivité de la diction du droit public financier. Ainsi, il est clairement mentionné à l'article 91 que *« la Cour des comptes reçoit chaque année communication de toute information et documents des services chargés de l'exécution des lois de finances, notamment les comptes de gestion accompagnés de pièce justificative ...».* A l'heure actuelle, de grands efforts sont observés dans certains États en respect de cette directive[169]. Au Cameroun malheureusement sa concrétisation semble encore relever de l'ordre des débats symptomatiques d'un réel embarras à ce sujet. Et cela n'est pas du tout surprenant, tant il est vrai qu'il n'existe même pas encore un juge de gestion spécial et que le juge des comptes, lorsqu'il n'est pas ineffectif au niveau inférieur, est calfeutré dans une autre juridiction au niveau supérieur.

Il serait pourtant plus harmonieux et même performant pour la bonne administration de la justice financière, de dissocier les trois ordres de juridiction constitutionnellement consacrés et d'améliorer l'organisation et le fonctionnement de chaque ordre de manière à asseoir une bonne lisibilité de chaque ordre en particulier et tout le pouvoir judiciaire en général. Comme il existe une Cour suprême en matière judiciaire, il serait judicieux d'avoir aussi une Cour ou un Conseil d'État en matière administrative et une Cour des finances ou des comtes en matière financière.

- *L'ineffectivité des juridictions inférieures en matière administrative et des comptes*

Après leur création constitutionnelle, les Tribunaux administratifs régionaux et les Tribunaux régionaux des comptes ont été organisés par le législateur en 2006. Jusqu'à l'heure actuelle ces juridictions inférieures sont encore ineffectives. Or elles devraient constituer en réalité le

---

168Directive n°02/11-UEAC-190-CM-22 relative au réglement général de la comptabilité publique.

169 René Aboghé Ella, « *Le renforcement de la Cour des comptes au Gabon* », RFFP, n° 98, pp 139-141.

premier degré de juridiction en matière administrative et comptable. Leur absence constitue un réel facteur de déni de justice surtout pour ce qui est du contentieux financier public tranché par le juge administratif, car ce n'est pas tout justiciable potentiel qui serait à même de se retrouver à Yaoundé pour ester devant la Chambre administrative.

En matière comptable, l'incidence négative est peu ou prou amoindrie du fait de la nature spécifique du contentieux dont il est question. Il s'agit d'une reddition systématique des comptes de tous les comptables au niveau régional et qui ne nécessite pas forcément la saisine du juge par le justiciable concerné. Mais la matérialisation des juridictions administrative et des comptes au niveau régional serait toujours bénéfique. D'une part, cette déconcentration de la juridiction valorise l'argument géographique de la proximité entre le juge et le justiciable qui ne subirait dès lors pas de frustration par son obligation à aller se faire rendre justice à la capitale[170]. D'autre part, la proximité de la juridiction valorise à juste titre l'argument managérial de la décongestion des juridictions centrales en accélérant le prononcé des décisions tant au niveau central que local[171]. L'ineffectivité des Tribunaux régionaux des comptes et des Tribunaux administratifs régionaux, tout en occasionnant une congestion de la Chambre administrative pour le justiciable pugnace, diminue le contentieux au niveau central par l'abandon des poursuites par découragement des justiciables éloignés[172]. Une telle ineffectivité est en fin de compte rédhibitoire à la bonne administration de la justice administrative et des comptes sur le plan vertical.

Ces tares de la juridiction financière au Cameroun semblent ne point épargner la fonction du juge. Divis sur le plan institutionnel, le juge financier semble fonctionnellement multiple.

B. Un juge fonctionnellement multiple

La division institutionnelle que subit la juridiction financière a pour corollaire sa multiplicité fonctionnelle. Faite de plusieurs juges hiérarchisés cantonnés chacun dans son domaine d'action, la juridiction

---

170B R Guimdo Dongmo, « *Le droit d'accès à la justice administrative au Cameroun. Contribution à l'étude d'un droit fondamental* », RASJ, Vol.4 n°1, 2007, pp 169 et s.

171C Keutcha Tchapnga, « *La réforme attendue du contentieux administratif au Cameroun* », Juridis Périodique, n° 70, avril-mai-juin 2007, pp24 et s.

172 Sur le plan administratif, lire : M Kamto, « *La fonction administrative contentieuse de la Cour suprême du Cameroun* », Les Cours suprêmes et hautes juridictions d'Afrique, Paris, Economica, 1988.

financière se démultiplie sur le plan fonctionnel en poursuivant des objectifs au départ si ce n'est opposés, alors séparés[173]. Mais en fin de compte, ces objectifs semblent s'avérer complémentaires[174]. Plusieurs paramètres expriment cette multiplicité en trahissant malheureusement aussi quelques paradoxes.

1- Les paramètres de la multiplicité

À l'image de tous les autres juges, le juge financier au Cameroun remplit plusieurs fonctions : une fonction qui lui est naturelle, principale, *dire le droit*, et une fonction qui lui est secondaire, *créer le droit.* C'est dire que ce juge est au centre de la *jurisdiction* et participe aussi souvent à la *jurislation.*

a. la jurisdiction financière

La *jurisdiction*, qui dérive de l'expression latine *juris-dictio* est cette fonction qui donne compétence au juge, organe indépendant, neutre et objectif, de trancher entre les parties, les litiges qui naissent de l'application de la loi[175]. Et pour ce faire, il interprète la loi, afin de mettre chacun dans son bon droit au point de débouter ou donner gain de cause en toute opportunité à l'une ou à l'autre partie. Le juge est alors appréhendé comme *« la bouche par laquelle la loi parle »*[176]. Le juge dans l'exercice de cette fonction poursuit donc la justice ou l'équité[177]. Il convient tout de même de noter avec une particulière emphase que l'exercice de la fonction juridictionnelle, au Cameroun et même ailleurs, met en exergue certains schémas originaux qui édulcorent peu ou prou cette logique idéelle de la *juris-dictio* et permettent de tirer certaines conclusions. Autrement dit, la juridiction financière se caractérise par certaines spécificités qui la rendent originale au vu des autres types de juridictions. D'une part, la juridiction financière peut s'activer sans litige. D'autre part, la juridiction financière peut s'activer sans juge[178].

---

173 Il s'agit de la fonction de dire le droit et celle de légiférer. Le juge dit naturellement le droit mais de retrouve en train de créer le droit.

174 Georges Ripert, Les forces créatrices du droit, Paris, op. Cit., pp381 et s

175 Michel Verpeau, *« La notion révolutionnaire de juridiction »*, op.cit., pp 35 et s.

176 Ch. Perelman, Logique juridique- nouvelle rhétorique, Paris, Dalloz, n° 87.

177 J L Bergel, Théorie générale du droit, op. cit., pp 334.

178 Marc Debène, *« La justice sans juge, d'hier à demain »*, in La justice en Afrique, op. Cit., pp 86-92.

- *la juridiction sans litige*

Contrairement aux autres types de juridictions où c'est la plainte de la partie qui se sent lésée qui déclenche la procédure juridictionnelle[179], en droit public financier, la juridiction peut se déployer sans qu'il y ait un litige. C'est notamment le cas en matière de reddition des comptes devant le juge des comptes. Sans une quelconque contestation, les comptes de tous les postes comptables ayant mobilisé des deniers publics sont systématiquement destiné à la juridiction des comptes qui est au Cameroun la Chambre de comptes de la Cour suprême, pour leur apurement. Il est à observer ici qu'il s'agit d'une sorte de contrôle routinier qui affranchit ou acquitte les comptabilités des comptables publics patents ou de fait au cours d'un exercice budgétaire. Ce contrôle n'est pas conditionné par la plainte d'un quelconque justiciable.

- *la juridiction sans juge*

La juridiction financière se caractérise aussi au Cameroun par sa possibilité de se déployer sans un véritable juge. C'est ce qui semble se concrétiser avec le travail du CDBF. Cette structure institutionnellement administrative se déploie en adoptant des formes juridictionnelles pour dire le droit public financier aux parties lorsqu'une irrégularité ou une faute est subodorée dans la gestion administrative des deniers publics assurée par les ordonnateurs de crédits[180]. Cet *administrateur-juge* consubstantiel au Ministère Délégué à la Présidence de la République chargé du Contrôle Supérieur de l'Etat interprète et dit le droit public financier aux *justiciables* pour mettre la personne publique ou le gestionnaire de deniers public dans son bon droit. Ici néanmoins, contrairement au cas du contentieux financier objectif propre à la Chambre des comptes de la Cour Suprême, l'*administrateur- juge* est saisi d'un litige qui oppose des parties[181].

a. la jurislation financière

La fonction *jurislatrice* est cette fonction qui permet au juge de contribuer à la fabrication de la norme lors de sa diction du droit pendant la solution d'un litige. En principe, conformément au principe de la séparation des pouvoirs, il ne ressortit pas à la compétence du juge,

---

179 C'est la logique du contentieux subjectif.

180 Lekéné Donfack, Finances publiques camerounaises, op. cit., pp 339 et s.

181 Joseph Owona, Le contentieux administratif de la République du Cameroun, op. cit., pp 175 et s.

qu'il soit constitutionnel, administratif, judiciaire ou financier de créer le droit. Mais ce dernier, à force de prononcer des décisions revêtues de l'autorité définitive de chose jugée, se retrouve souvent à travers sa jurisprudence, concepteur du droit au même titre que le législateur, pour des cas où il y a vide ou interstice du droit. C'est dans ce sens que Stéphane Rials constate *« qu'il est admis par tous aujourd'hui que la juris-dictio ne saurait se borner à la legis-dictio »*[182]. Par interprétation de la loi à des parties à un litige, la *juris-dictio* peut provoquer la *légis-latio.* Des principes généraux de droit peuvent alors être conçus. Concrètement, et comme l'avance Jean Louis Bergel en usant des propos de Georges Ripert dans ses *forces créatrices du droit*, il s'avère que : *« la loi n'est plus tout le droit. Elle échappe, pendant sa vie « à la domination de son créateur » et, si elle guide le juge, elle pénètre dans le milieu juridique par le pouvoir judiciaire chargé de l'appliquer, de la faire vivre ».*[183]

En droit public financier, ce processus original de conception normative semble récurrent. En effet, le juge financier se pose souvent en *jurislateur financier* en concevant des normes applicables en la matière en nombre de domaines au point de pouvoir édifier un *droit public financier jurisprudentiel*[184]. Cela n'est d'ailleurs pas du tout étonnant si tant est qu'il s'agit d'un juge pluriel qui intervient dans les différents aspects des finances publiques, matière réputé ésotérique pour le non initié et propice au développement du non droit[185]. C'est peut-être aussi ce qui justifie les différents paradoxes enregistrés dans la pratique de la juridiction financière au Cameroun.

2. Les paradoxes du caractère multiple

Dans l'ordre normal des choses, le dynamisme du juge financier perceptible à l'aune de l'excessive production juridictionnelle devrait commander l'émergence harmonieuse d'un *jurislateur* de droit public financier. Toutes choses qui contribueraient en définitive à l'institution d'un véritable État de droit financier au Cameroun. Pourtant dans l'ordre positif des choses dans cet État, il est difficile de concrétiser ce raisonnement idéaliste, car la multiplicité fonctionnelle du juge semble

---

182 Stéphane Rials, « *Ouverture :l'office du juge* », op.cit., p10.

183 J-L Bergel, Théorie générale du droit, op. cit., p335.

184 Nous nous inspirons ici de l'expression de Louis Favoreu en matière constitutionnelle qui parle de *droit constitutionnel jurisprudentiel.* Cf. RDP, mars- avril 2003, pp333-400.

185Jacques Vanderlinden, *« Le juge et la coutume en Afrique aujourd'hui »*, in La justice en Afrique, op.cit., pp 231 et s.

plutôt engendrer des paradoxes. En effet, lorsque l'érection d'un *jurislateur* financier n'est pas problématique, l'édification de l'État de droit financier parait hypothétique.

a. L'érection problématique d'un jurislateur financier

Le juge, dans sa diction du droit se trouve souvent en position de créer le droit à travers ses décisions[186]. Autrement dit, en rendant justice au cours d'un litige qui oppose des justiciables, l'interprétation de la loi qu'il fait aux parties peut donner naissance, à travers ses décisions à des normes nouvelles qui seront appliquées aux sujets de droit dans l'ensemble s'il s'agit des décisions à effet *erga omne* ou exclusivement aux parties au litige, s'il s'agit des décisions à effet *inter partes*. Le juge devient de la sorte un *jurislateur* réel, au même titre que le législateur, c'est-à-dire un concepteur de la loi, lors de l'activation de sa fonction principielle de diction du droit.

Pour qu'il en soit ainsi, il serait convenable que le juge s'active dans un cadre juridico institutionnel favorable à cette production normative, lui permettant de prendre de bonnes décisions juridictionnelles alors appréhendées ici comme ses principaux matériaux de travail. Or la juridiction financière camerounaise semble ne pas toujours garantir un tel environnement de travail, car l'expertise du juge financier camerounais n'est pas toujours avérée[187]. Dès lors, Quand même elle serait abondante, une production juridictionnelle éparse, imprécise, en mal d'originalité est rédhibitoire à toute création normative par voie jurisprudentielle en matière financière publique. Le juge judiciaire qui intervient dans la diction du droit public financier est-il toujours à même de le faire de la manière la plus efficiente qui soit ? En matière de répression des atteinte à la fortune publique peut-être, car le pénal ressortit à sa compétence et une formation assez poussée leur est assurée à l'ENAM à ce propos. Mais en matière fiscale, maîtrisera-t-il suffisamment les instruments normatifs fiscaux qui posent des problèmes même aux initiés du droit public ?

Cette interrogation concerne même aussi les juges administratif et constitutionnel. Le premier est peut-être enclin aux questions de droit public mais pas toujours de droit public financier. La réforme en cours des programmes à l'ENAM est certes favorable à cette initiation, mais encore faudrait-il leur donner l'occasion de s'exercer en temps opportun

---

[186] Georges Ripert, Les forces créatrices du droit, op. cit., pp 381 et s.

[187] R. Muzellec, « *Diagnostic du système financier camerounais* », op.cit., pp27 et s.

si tant est que la plupart des magistrats administratifs récemment sortis de l'ENAM sont en majorité affectés aux Cours d'appel qui pour l'instant ne connaissent pas encore l'intégralité du contentieux fiscal confisqué à la Chambre administrative de la Cour Suprême. Le second quant à lui est peut-être constitué de personnes expérimentées[188], mais cette expertise ne prendra pas toujours en considération l'aspect financier, car cette haute juridiction a d'autres ambitions principales de nature politique et institutionnelle, mais pas toujours financière.

La juridiction des comptes quant à elle, du fait de la formation actuelle de ces magistrats à l'ENAM aura certes les compétences requises pour bien dire le droit public comptable. Mais les juges en exercice actuellement ne l'ont pas toujours. Car en analysant la technique du *tour extérieure*[189] qui a été utilisée pour désigner nos juges des comptes, leur expertise en magistrature n'a pas toujours été avérée. Et ceux qui en faisaient montre, n'ont pas toujours justifiée d'une expertise financière publique[190]. La majorité est constituée de hauts cadres administratifs experts peut-être en matière financière, mais ignorant tout de la technique juridictionnelle propre aux comptes. Le du *tour extérieur* a certes eu à produire des effets positifs en France, mais tel ne sera pas forcément le cas au Cameroun. Des séminaires de formation accélérée sont donc souhaitables. Car quels types de décisions pourraient être pris par un juge inexpert ? Assurément des décisions sans grande portée sur l'état du droit public financier existant. L'État de droit aura par conséquent du mal à s'édifier ici.

b. L'édification hypothétique d'un État de droit financier

Défini comme un État garant des droits et libertés reconnus aux citoyens à travers les différents instruments juridiques qui forment le droit positif dans cet État[191], il n'est pas inopportun de s'interroger sur la

---

188 *Article 51* de la Constitution. Il est en effet dit que : *« Les membres du Conseil constitutionnel sont choisis parmi les personnalités de réputation professionnelle établie. Ils doivent jouir d'une grande intégrité morale et d'une compétence reconnue »*.

189 Cette technique consiste à pourvoir la juridiction financière en juge en les recrutant dans diverses administrations. Ces personnes doivent cependant être très expérimentées en matière financière. La technique a été utilisée jadis en France pour désigner les juges de la Cour des comptes. Lire :Jean Raynaud, op. cit., 19 et s.

190 Ce constat découle de l'analyse combinée des décrets du 13 avril 2004 portant nomination du Président, et des Conseillers à la Chambre des comptes de la Cour suprême.

191Yadh Ben Achour, « *Jeux de concepts Etat de droit, société civile, Démocratie* », in État de droit, droits fondamentaux et diversité culturelle (Textes recueillis), Paris-Montréal,

matérialisation d'un tel État au Cameroun[192] en matière financière. En effet, plusieurs droits sont reconnus aux contribuables[193] camerounais sur le plan financier pour asseoir sa sécurité juridique en la matière. Mais combien sont garantis quotidiennement par le juge qui est pourtant supposé être le gardien naturel desdits droits et libertés[194] ? Cette question prend un sens particulier lorsque l'on prend en considération la méconnaissance des instruments juridiques[195] et des concepts financiers[196] par les citoyens, l'éloignement des juridictions financière des justiciables, l'expertise douteuse du juge, la mauvaise administration de la justice, la corruption[197]. Nul n'est certes pas censé ignorer la loi[198], mais il est aussi du devoir de l'État de faire connaître aux citoyens les textes qui sont censés encadrer leurs agissements. Surtout lorsque ces textes prennent le nom de *loi de finances, régime financier de l'État ou des collectivités locales* ou alors *code général des impôts* avec des *livres des procédures fiscales* ou *texte portant plan comptable ou tarif douanier*, pour ne citer que ceux –là. Comment saisir la juridiction financière si le justiciable n'est au courant ni de ses droits et libertés en la matière, ni des sanctions auxquelles il s'expose.

Malgré la gratuité de la justice, comment se faire rendre justice si les juridictions sont situées à des distances lointaines[199]. Le processus de déconcentration juridictionnel est certes enclenché en matière financière au Cameroun. Il devrait être accéléré, car rien n'explique, si ce n'est le manque de volonté politique, que les juridictions inférieures en matière administrative et des comptes soient créées en 1996, encadrées dans leur organisation et fonctionnement en 2006, mais toujours ineffectives

---

Harmattan, 1999, pp 85 et s.

192Salomon Bilong, *« Le déclin de l'État de droit au Cameroun : le développement des immunités juridictionnelles »*, Juridis Périodique n°62, avril-mai-juin 2005, pp52 et s.

193 D Richier, Les droits du contribuable dans le contentieux fiscal, Paris, LGDJ, 1997, pp 11 et s.

194Keba Mbaye, « *Droits de l'homme et pays en développement* », in Mélanges René Jean Dupuis, pp 211 et s.

195 S T Bilounga, « *La crise de la loi en droit public camerounais* », op. cit., pp 81 et s.

196 G Tournier, « *De l'impôt et des mots : Réflexions sur le déficit conceptuel du droit fiscal* », in Loic Philip- Constitution et finances publiques, Paris, Économica, 2005, pp 608 et s.

197Benoît Chevauchez, *« Corruption et gestion publique »*, RFFP, n° 69, mars 2000, pp 87 et s.

198 A Akam Akam, « *Libres propos sur l'adage « nul n'est censé ignorer la loi* », RASJ, Vol. 4, n°1, 2007, pp 31-54.

199 R Degni Segui, *« Laccès à la justice et ses obstacles »,* in l'effectivité des droit fondamentaux dans les pays de la communauté francophone », AUPELF-UREF, Montréal, 1999-4, pp241 et s.

jusqu'à nos jours. Alors que le *Tribunal Criminel Spécial* à peine créé est déjà effectif. Est-il plus important que les deux premiers types de juridiction ? Loin s'en faut !

Le manque d'expertise du juge et surtout la corruption sont aussi facteurs de mauvaise administration de la justice. En effet, la non maîtrise de la question de droit à trancher par la juge, aggravée par la pratique déviante du monnayage des prestations juridictionnelles, est source du dilatoire, qui à la longue frise, le déni de justice. Non garantis, les droits et libertés ne peuvent dès lors pas favoriser l'installation d'un État de droit financier qui met pourtant le juge au centre de son édification.

À cette étape de l'analyse, il appert qu'en dépit de son émiettement excessif dont les tares édulcorent considérablement la qualité de ses décisions, le juge est au centre de la diction du droit public financier. L'élaboration jurisprudentielle de ce droit et surtout l'implantation d'un État de droit financier semblent néanmoins problématiques au Cameroun tant que les réformes en cours ne seront pas achevées. Ces nobles ambitions risquent même relever de la gageure tant que l'administration sera confortée dans son intention de jouer le rôle de juge de gestion en intervenant, même de manière déguisée, dans la diction du droit public financier. C'est du moins ce que semble faire le CDBF.

II- La diction sans le juge : le Conseil de Discipline Budgétaire et Financière

L'articulation du droit public financier au Cameroun trahit dans son dispositif organique et mécanique, une démarche curieuse, au grand mépris des principes de base d'organisation et de fonctionnement de l'État. C'est que de manière déguisée, l'administration intervient tout comme un juge dans la solution des litiges qui opposent de temps en temps l'État à un de ses agents en matière financière. Il s'agit du CDBF. Structure administrative, le CDBF apparaît comme une juridiction *sui generis* intervenant dans le contrôle de la gestion administrative des opérations financières publiques[200]. Il contrôle alors la gestion des finances publiques des ordonnateurs et gestionnaires de crédits. Sans toutefois satisfaire à la critériologie définitionnelle d'un juge[201] du fait de son essence administrative, il adopte les mécanismes d'intervention juridictionnelle au point où il prononce même des décisions qui, le cas

---

200 Lekene Donfack, Finances publiques camerounaises, op. cit., p 339.

201 Stéphane Rials, *« l'office du juge »*, op. cit., pp 3-20

échéant, sont directement connus en annulation par la Chambre administrative de la Cour suprême. Le droit public financier semble alors dit sans son orateur principal, le juge, par une sorte de *juge de fait* de nature administrative guidé probablement par l'*urgence* et la *nécessité* d'un juge de gestion spécial malheureusement absent dans le cadre juridictionnel camerounais[202]. Lourde de portée sur le plan de l'équilibre des pouvoirs entre l'Exécutif et le Judiciaire, cette forme particulière de diction du droit (A) ne laisse ni l'un ni l'autre pouvoir indifférent (B).

A. La consistance de la diction sans le juge

Le travail quotidien du CDBF semble corroborer à suffisance qu'il est possible de dire le droit alors que l'on n'est pas juge. Organe administratif à l'opposé de la juridiction, cette structure interprète les sources du droit public financier pour trancher les litiges qui opposent à l'État, les ordonnateurs, gestionnaires de crédits et commissaires aux comptes des entreprises publiques, au sujet de leur gestion financière. Or cette tache devrait incomber au juge de gestion malheureusement absent de nos jours au Cameroun. Il semble de ce fait dire le droit public financier sans le titulaire naturelle de cette fonction à savoir, le juge. Plusieurs décisions prononcées par cette institution en sont la parfaite illustration.

1. La conceptualisation de la diction sans le juge

Dire le droit sans le juge consiste à interpréter la loi à des parties à un litige afin de les départager, en adoptant des formes juridictionnelles, dans un domaine qui nécessite l'intervention d'un juge spécial, alors que l'on n'est pas juge, donc en principe incompétent de poser un tel acte. Cette diction requiert de ce fait la mobilisation cumulative de trois éléments essentiels : une activité particulière dans son apparence, un organe original dans son essence et un domaine spécial dans sa quintessence.

a. l'activité de diction sans le juge : l'interprétation à forme juridictionnelle de la loi afin de départager des parties à un litige financier public

Conformément à l'article 2 (1) du décret du 17 janvier 2008 portant organisation et fonctionnement du CDBF, cet organe est chargé de la

---

202 C'est par rapprochement à la théorie du *fonctionnaire de fait.*

sanction des responsabilités des ordonnateurs et gestionnaires des crédits publics et des entreprises publiques. À ce titre, il sanctionne les irrégularités et fautes de gestions commises par ces derniers en statuant par décisions. A la lecture attentive de cette disposition mettant en évidence la mission du Conseil de discipline, il appert que cet organe procède à l'interprétation de la loi[203] en cas de conflit entre les responsables de la phase administrative des opérations financières et les personnes publiques lors de la gestion des deniers publics. En effet, pour sanctionner les irrégularités et fautes de gestion commises par les *justiciables* de cette institution[204], il faut au préalable les relever. Or en inférer que telle acte posé par ces administrateurs des crédits constitue une irrégularité ou faute de gestion, requiert sa comparaison à l'acte considéré comme la règle ou la norme[205] qui n'est autre que le corpus juridique propre à la gestion des crédits au Cameroun. Ainsi, pour dire que l'ordonnateur ou le gestionnaire de crédits est en irrégularité ou en faute, le CDBF doit se fonder sur les instruments juridiques propres aux finances publiques qui dégagent le permis et l'interdit[206] dans l'activité d'administration des crédits publics. En d'autres termes, il doit les interpréter en confrontant le permis et l'interdit, avant de décider[207] que telle opération est une violation délibérée de la loi, donc doit être sanctionnée[208] sévèrement, ou alors constitue une omission ou erreur non intentionnelle passible d'une simple amende.

L'interprétation ainsi réalisée par le CDBF épouse par ailleurs des formes propres à la procédure juridictionnelle. Cette assimilation semble justifiée par des considérations terminologiques et même processuelles.

En effet, tout au long des dispositions régissant la procédure devant le Conseil, l'on peut observer l'attachement au vocabulaire juridictionnel. A ce titre, dès l'article 15 du décret régissant le CDBF, il est fait usage des

---

203 G Ripert, Les forces créatrices du droit, op. cit., pp383 et s.

204 ordonnateurs et gestionnaires de crédits de l'État, des collectivités locales et des entreprises publiques et parapubliques, ainsi que celles posées par les commissaires aux comptes, censeurs et commissaires du gouvernement ou toute autre personnes agissant en cette qualité

205 F Gény, Méthodes d'interprétation et sources en droit privé positif, Paris, Chevalier-Maresq & Cie, 1899, pp 18 et s.

206 Jean François Perrin, *« règle »,* in Vocabulaire fondamental du droit, Archive de philosophie du droit, Tome 35, pp 245 et s.

207 F Ost, Raconter la loi : aux sources de l'imaginaire juridique, Paris, Ed. Odile Pacob, 2004, pp 6 et s.

208 Charles albert Morand, *« Sanction »*, in Vocabulaire fondamental du droit, op. cit., pp293 et s.

expressions *« instruction*[209] *de l'affaire »*, *« rapporteur »*[210], *« témoin »*[211]. L'article 17 parle de « *saisine »*, *« plaine »*, *« mis en cause »*[212], *« poursuites »*, *« action pénal »*, *« crime »*, *« délit »*. L'article 16 quant à lui fait recours entre autres aux vocables, *« recours gracieux »*, *« culpabilité »*, *«recours en annulation »*, *« recours en reformation »*. A l'article 18 il s'agit de l'*« instruction de son dossier »*, du *« rapporteur »*, de la *« conclusion »*, de l'*« examen des faits »*. Un regard synoptique sur ces dispositions incline d'emblée l'observateur accoutumé au langage judiciaire à la conclusion d'une procédure juridictionnelle.

Cette tendance trouvera d'ailleurs confirmation à l'analyse de la procédure fortement inquisitoriale mobilisée devant le Conseil. En effet, dès la saisine, le Président de cette structure désigne un rapporteur et un secrétaire de séance pour assurer l'instruction de l'affaire, afin que toute la vérité à ce sujet soit mise en évidence. D'où d'ailleurs les pouvoirs étendus mis à la disposition de *l'administrateur-juge instructeur* et qui vont jusqu'à l'audition des témoins ou à la communication des documents. A la diligence du rapporteur, et par tout moyen laissant trace écrite, le mis en cause est officiellement notifié des charges pesant sur lui. Il peut alors commettre un conseil de son choix afin que lors de sa convocation, quinze (15) jours, ou, en cas d'urgence, huit (8) jours, avant sa comparution, il puisse être bien imprégné de son affaire pour une judicieuse défense. Par une action contradictoire, le mis en cause peut adresser un mémoire de défense ou présenter des observations et conclusions écrites ou orales lors des débats devant le Conseil. En présence de tous les membres et à la majorité simple des voix, le conseil délibère et décide à huis clos, la voix du Président étant prépondérante en cas d'égalité. L'on procède enfin aux notifications nécessaire à l'intéressé, au Premier ministre, au Secrétaire général à la Présidence de la République, au Ministre en charge des finances et au ministre utilisateur du mis en cause.

De toute évidence, les étapes essentielles d'une procédure juridictionnelle semblent toute imbriquées, de la saisine jusqu'à la notification de la décision finale, en passant par l'instruction et la

---

[209] Acception faite du terme *instruction* propre à l'activité administrative publique et qui est l'un des pouvoirs inhérent à la subordination administrative, ce terme est usuel en procédure juridictionnelle pour désigner la phase constituant une sorte d'avant procès, qui permet d'établir l'existence d'une infraction et de déterminer si les charges relevées sont suffisantes pour que la juridiction de jugement soit saisie.

[210] C'est celui qui fera le compte rendu des investigations faites lors de l'instruction

[211] C'est celui qui a vu l'acte incriminé se réaliser.

[212] Celui qui est poursuivi.

délibération de l'affaire. On se croirait devant un juge ! Pourtant paradoxalement, il n'en est pas un en principe.

b. l'organe de diction sans le juge : un organe autre que le juge, en l'occurrence l'administration

Tout en départageant les parties à un litige financier public par une procédure visiblement juridictionnelle, le CDBF n'est pourtant pas un organe juridictionnel. Il s'agit d'un organe administratif dans son essence eu égard à sa structure de rattachement, à sa composition et même au juge de son action.

D'une part le Conseil de discipline est partie intégrante de l'organigramme du Ministère délégué à la Présidence de la République chargé du Contrôle Supérieur de l'État[213]. Il figure en bonne place dans l'administration centrale de ce ministère qui est au Cameroun l'Institution Supérieure de Contrôle des Finances Publiques. C'est d'ailleurs la raison pour laquelle le Conseil est placé sous l'autorité d'un Chef de division, Secrétaire permanent, chargé de l'instruction et du suivi des affaires soumises au Conseil. Et à ce titre, le Secrétaire Permanent assiste le Ministre délégué à la Présidence dans l'exercice de ses attributions de Président du Conseil de Discipline. Le Ministre délégué chargé du contrôle supérieur de l'État, Président du conseil et le Secrétaire permanent du Conseil de discipline sont donc liés par un rapport de subordination hiérarchique au profit du premier : c'est l'essence du lien juridique vertical qui unit une autorité administrative supérieure à celle inférieure dans le cadre de la centralisation. Ramené sous le prisme structurel, le Conseil de discipline est subordonné au Ministère du contrôle supérieur de l'État dont il en fait partie.

D'autre part, la composition du CDBF fonde sa nature administrative. En effet, les membres du Conseil sont tous des chefs d'institutions ministérielles, à l'exception du représentant de la Présidence de la République. Or les ministères, tout comme la Présidence de la République sont d'abord des structures administratives, même si ceux qui en assurent la direction ont une coloration politique du fait de leur appartenance au gouvernement de la République pour les premiers ou leur conception de la politique de la nation pour le dernier. Étymologiquement, le ministre est un serviteur. Il est au service de l'intérêt général qui est la finalité principale de l'administration[214]. C'est

---

213Article 9 décret du 04 septembre 2013, op. Cit.

214Léon Duguit, les transformations du droit public, op. Cit., pp 9 et s.

aussi ce que fait la grande équipe des autorités administratives qui s'activent à la Présidence de la République sous la haute hiérarchie du Secrétaire général à la Présidence et la très haute hiérarchie du Président de la République lui-même. Le Conseil de discipline est composé comme président, de l'autorité chargé du contrôle supérieur de l'État et comme membres, des personnalités ci-après :

- un représentant de la Présidence de la République,
- le ministre de la justice, garde des sceaux ou son représentant,
- le ministre chargé de l'administration territoriale ou son représentant,
- le ministre chargé des finances ou son représentant,
- le ministre chargé de la fonction publique ou son représentant,
- le ministre de tutelle ou son représentant au cas où l'affaire instruite intéresse une entreprise publique.

Tous ces membres sont des autorités administratives à l'image de la structure qu'ils édifient.

Enfin, bien qu'aux termes de l'*article 16 (1)*, les décisions du conseil sont insusceptibles de recours gracieux préalable, elles sont attaquées en cas de litige devant le juge administratif qui est le juge de l'action administrative. Ainsi, un justiciable qui s'estime lésé par un acte du Conseil de discipline peut saisir le juge administratif par un recours en annulation. À charge cependant d'exécuter au préalable la décision querellée. Car la saisine du juge administratif n'exonère pas l'administré de l'exécution de la décision dont il est destinataire. Il ne saurait d'ailleurs en être autrement, tant il est vrai que les décisions du Conseil jouissent de toutes les prérogatives des actes administratif, en l'occurrence les privilèges de l'effet non suspensif et du préalable. Le requérant qui s'estime lésé doit donc d'abord les exécuter avant toute action ultérieure.

c. le domaine de diction sans le juge : un ensemble de matières appartenant en principe à un juge spécial

Le CDBF intervient dans un domaine qui devrait en principe ressortir à la compétence d'un juge spécial. Ce juge est malheureusement absent au Cameroun. Et le Conseil semble maladroitement suppléer cette absence. Selon l'article 2 (1) du décret du 17 janvier 2008, le CDBF est chargé de la sanction des responsabilités des ordonnateurs et gestionnaires des crédits publics et des entreprises publiques ayant commis des irrégularités et fautes de gestion[215]. Une telle activité, selon la répartition des compétences juridictionnelles spécifique au droit public financier, doit être le domaine réservé du juge de gestion, à l'image du juge des comptes en matière comptable. C'est dire que le Conseil, sans être juge, intervient dans un ensemble de matières en principe réservées à un juge. Mais du fait de l'absence de ce juge, il se substitue à lui sans opérer la métamorphose nécessaire qui devrait le faire muer d'un organe administratif à un organe juridictionnel.

Cette métamorphose serait pourtant la bienvenue, car en phase avec les directives de la CEMAC qui imposent à chaque État membre de créer une Cour des comptes pour connaitre, en dehors des irrégularités et fautes comptables, les irrégularités et faute de gestion des ordonnateurs[216]. L'on verrait alors les deux principaux responsables de la chaine des opérations financières publiques, à savoir l'ordonnateur et le comptable, poursuivis, en tant que de besoin, selon les règles de l'art, par des juges spéciaux cohabitant dans une même structure : la Cour des comptes. Cette dernière aurait alors une Chambre des comptes pour punir les fautes des comptables publics patents et de fait et une Chambre de gestion ou alors une Chambre de discipline budgétaire et financière pour sanctionner les irrégularités de gestion des ordonnateurs. Nous n'en sommes malheureusement pas encore là malgré les appels incessants des autorités communautaires et les réformes opérés dans les autres États de la CEMAC[217]. Et notre Conseil de discipline se conforte dans sa position, son action et son attitude sommes toutes insolites d'*administrateur- juge*, à l'aune de sa *jurisprudence*.

2. Les manifestations de la diction sans le juge

Sans être juge, le Conseil de discipline officie comme un juge à travers une procédure fortement juridictionnalisée qui a éconduit même les bouches les plus autorisées du droit administratif, que dis-je, du droit public camerounais et africain, en leur faisant oublier la *pudeur* de la terminologie juridique qui commande à parler de la *jurisprudence* essentiellement lorsqu'il s'agit des émanations d'une activité purement

---

215Charles Horngren, Alnoor Bhimani, Srikant Datar, George Foster, Contrôle de gestion et gestion budgétaire (traduction française par Georges Langlois), Paris, Nouveaux Horizons, 4ème Edition, 2010, pp 3 et s

216Article 91 à 93 de la Directive n° 02/11-UEAC-190-CM-22 relative au règlement général de la comptabilité publique, op. Cit.

217 René Aboghé Ella, *« Le renforcement de la Cour des comptes au Gabon »*, op. cit., pp139 et s.

juridictionnelle[218]. Mais statuant par *décisions*, dont *l'autorité de chose jugée*[219] semble manifestement avérée alors qu'en principe il devrait s'agir de *l'autorité de chose décidée*[220], l'on pourrait comprendre ce lapsus, fort de l'intense activité du Conseil.

Deux grandes tendances semblent se dégager à la lecture attentive des décisions de notre *administrateur- juge de gestion.* D'une part, le conseil peut se déclarer compétent à connaître d'une affaire de fond en comble. D'autre part, il peut décliner sa compétence au profit d'une autre juridiction qui connaitra alors de l'affaire au fond.

a. Le Conseil de discipline, administrateur-juge incompétent

Les fautes et irrégularités autres que celles de gestion ne ressortissent pas à la compétence du CDBF. Telle semble être la position constante de cet organe à travers plusieurs décisions où il s'est déclaré incompétent au profit d'une véritable autorité juridictionnelle. Force est de préciser néanmoins qu'une déclinaison de compétence de cette nature n'est pas nourrie par le sentiment de cet organe d'être moins juge que les autres, loin s'en faut ! Mais simplement parce que la matière litigieuse est du domaine de compétence d'un autre juge. C'est notamment le cas lorsqu'une infraction comptable ou alors pénale, est subodorée. Dans ce cas, et opportunément, le juge des comptes ou le juge judiciaire sont respectivement saisis, à charge pour le Ministre délégué à la Présidence chargé du Contrôle Supérieur de l'État, Président du conseil, de transmettre le dossier à l'autorité juridictionnelle concernée. Cette transmission vaut d'ailleurs plainte au nom de l'État, de la collectivité locale, de l'entreprise publique ou parapublique concernée.

L'on pourrait toute de même s'interroger sur la promptitude du Président du Conseil à opérer une telle transmission lorsque le délinquant financier en question est un autre membre du gouvernement, eu égard à leur collégialité. Cette transmission est-elle alors tout simplement discrétionnaire ou s'agit-il d'une véritable compétence liée ? La dernière hypothèse serait salutaire pour les deniers publics tandis que la première conforterait les atteintes à la fortune publique.

---

218 Luigi Lombardi Vallauri, *« Jurisprudence »,* Vocabulaire fondamental du droit, op. cit., pp 191 et s.

219 C E 8 juillet 1904, Botta, GAJA, 8ème Ed. pp 57 et s.

220 Gilles Darcy, *« La décision exécutoire. Esquisse de méthodologie »*, L'actualité juridique-Droit administratif, 20 octobre 1994, pp 663-678.

À plusieurs reprises, le conseil s'est déclaré incompétente au profit du juge des comptes pour considérations comptables ne ressortissant pas à sa compétence. Il s'agit des affaires Fouda François[221], Lebonga Blaise[222], Malonga Issa Annick Joelle[223], Ngi Inack Julienne Gisèle[224], Wouassi Kameni Jean Claude[225]. Il a eu la même attitude lorsqu'au-delà des fautes et irrégularités de gestion, des détournements de deniers publics étaient envisagés. Ce fut notamment le cas dans les affaires Etogo Mbezele Luc Evariste et Hamidou Sambo et Akoa Akoa Nicodème et Mvondo Nyina Bartélémy où les éléments du bénéfice d'un indu ont été notés, même en matière de gestion de la Redevance audiovisuelle[226].

b. Le Conseil de discipline, administrateur-juge compétent

Saisi régulièrement pour des matières qui rentrent dans son domaine de compétence, le Conseil se déclare compétent. L'examen au fond des affaires pendant devant cet organe aboutit alors généralement sur deux principaux cas de figures : soit le mis en cause est acquitté, soit alors sa faute ou même ses fautes de gestion sont établies. Il est acquitté lorsque la faute de gestion qu'il encourait n'a pas été fondée. Plusieurs cas illustrent cette situation : affaire Bodou Pierre, ex président de la commission de passation des marchés de la CRTV[227], affaire Bissoa Joseph, Major de la pharmacie de l'hôpital central de Yaoundé[228].

En revanche, lorsque la faute ou plusieurs fautes de gestion ont été établies, le mis en cause est alors mis en débet. Dans l'affaire Pom Jacques et Amanga Bitegui[229], les mis en cause sont reprochés du fait de l'utilisation à des fin personnelles des biens de l'entreprise publique. Les affaires Professeur Mendo Ze Gervais, ex Directeur général de la CRTV[230], Nguini Effa Jean Baptiste, Ex Directeur général de la Société camerounaise des dépôts pétroliers[231], quant à elles illustrent les cas de fautes de gestion cumulées. En dehors d'une mise en débet contre le

---

221 *Décisions n°001 /D/PR-CONSUPE/CDBF/SP du 22 août 2008.*
222 *Décision n° 009/D/PR/CONSUPE/CDBF/SP du 22 août 2008.*
223 *Décision n° 003/D/PR/CONSUPE/CDBF/SP du 22 août 2008.*
224 *Décision n° 0028/D/PR/CONSUPE/CDBF/SP du 24 novembre 2008.*
225 *Décision n° 0019/D/PR/CONSUPE/CDBF/SP du 24 novembre 2008.*
226 *Décision n° 0019/D/PR/CONSUPE/CDBF/SP du 16 janvier 2009*
227 *Décision n°002/D/PR/CONSUPE/CDBF/SP du16 janvier 2009*
228 *Décision n°003/D/PR/CONSUPE/CDBF/SP du 24 novembre 2008*
229 *Décision n°005/D/PR/CONSUPE/CDBF/SP du 16 janvier 2008*
230 *Décision n° 008/D/PR/CONSUPE/CDBF/SP du 9 février 2009*
231 *Décision n°00017/PR/CONSUPE/CDBF/SP du 9 mars 2009*

trésor public à hauteur de 2616725345 FCFA, le Conseil punit l'ordonnateur principal de la CRTV d'alors d'une amende spéciale de 2 000 000. Par ailleurs, la déchéance est prononcée à son encontre.

Qu'il s'agisse des cas d'incompétence ou de compétence, toutes ces affaires connues par le Conseil ont suscité une attitude particulière de cet organe administratif : il se comportait comme un juge à partir de sa saisine jusqu'au prononcé de la décision. Ce comportement n'a laissé ni l'administration ni la juridiction indifférentes.

B. *Les conséquences de la diction sans le juge*

L'intervention du CDBF comble un vide certes. Celui créé par l'absence d'un véritable juge de gestion. Mais une chose est de colmater une brèche, une autre de bien le faire, surtout dans un contexte étatique de promotion des idéaux de l'État de droit. Cet argutie réaliste et utilitariste trahit ainsi ses lacunes, confronté au raisonnement juridique enclin à la norme[232] où chaque institution a des objectifs et des mécanismes spécifiques. À cet effet, rien ne saurait justifier l'intervention d'une structure administrative comme le CDBF dans la diction du droit public financier au Cameroun. Une telle intervention remet en cause toute la division horizontale des pouvoirs constitutionnellement adoptée et conforte le primat de l'exécutif sur tous les autres pouvoirs. Après le monopole de la fonction législative, la Présidence de la République serait au point de se saisir de la fonction juridictionnelle non seulement pour l'organiser, mais aussi dorénavant pour la réaliser. Par une intrusion de cette administration dans le domaine juridictionnel, la juridiction financière tend à être activement démise d'une partie considérable de son champ d'action. Il devient d'ailleurs difficile de déterminer la nature exacte des intervenants du CDBF. C'est dire que les conséquences de l'activité du Conseil sont d'ordre mécanique et organique.

1. La conséquence organique : une survivance des ministres-juges

L'une des conséquences négative de l'activité menée par le CDBF dans la solution des litiges en matière de gestion administrative des finances publiques au Cameroun consiste en la difficulté de procéder à la

232 G Kalinowski, *« Sur les normes et leur logique. Remarques en marge de « Is and Ought » de Georg Henrik von Wright »*, in Archives de philosophie du droit, Tome 32, sirey, 1987, pp 277-289.

catégorisation exacte des membres de cette structure. En effet, la question de la nature exacte de ces membres se pose avec une particulière acuité. S'agit-il des juges ou alors de administrateurs ? Les différents instruments juridiques qui encadrent ces acteurs en font des administrateurs.

À ce titre, ils sont des personnels d'une structure par essence administrative qui poursuit la réalisation des missions d'intérêt général. Notamment, une mission de contrôle supérieur des finances publiques de l'État camerounais. Or les méandres des modalités pratiques de leur intervention les condamnent au statut juridictionnel, tant leur activité est de bout en bout juridictionnalisée. En toute logique, il ne pourrait donc s'agir que des *administrateurs-juges*[233]. Et étant en majorité des ministres, il s'agit précisément *des ministres-juges,* à défaut d'être des *rois-juge,* l'État camerounais n'étant pas une monarchie. Il s'agit là de catégories obsolètes et hautement contestées du droit administratif français de la période de la *justice retenue*[234]. Elles semblent manifestement maintenues et même entretenues en droit public camerounais, plus de quatre siècles après. Cela est certainement l'une des manifestations de la confusion des pouvoirs entre l'exécutif, en son bras séculier l'administration, et le judiciaire.

2. La conséquence mécanique : la confusion des fonctions administrative et juridictionnelle

Ramant à contre-courant de l'évolution normale des institutions étatiques universelles[235], le Cameroun semble au 21ème siècle n'avoir tiré aucune leçon de la boutade française de la révolution : *« juger l'administration c'est encore administrer »*[236]. Il semble favorable à une confusion entre l'administration et la juridiction, en nourrissant à la fois l'intrusion de la première dans le domaine réservé au juge et la démission de la dernière de son propre champ d'intervention. Cela parait défavorable à l'équilibre des pouvoirs, et à la performance du travail juridictionnel.

233Bernard Pacteau, « *Vicissitudes (et vérification...?) de l'adage « juger l'administration c'est encore administrer »*, in Mélanges Franc Moderne, Paris, Dalloz, 2004, p 317.

234Tony Sauvel *« La « justice retenue »* de 1806 à 1872, RDP, 1970, pp 236 et s.

235 Leon Duguit, Les transformations du droit public, Paris, Ed. La Mémoire du Droit, 1999, pp3 et s.

236Bernard Pacteau, op. Cit., pp317 et s.

La mission confiée au Conseil de discipline est essentiellement juridictionnelle. Elle devrait en principe ressortir à la compétence d'un juge spécial : le juge de gestion. L'attribuer à une autorité administrative, de surcroît en l'absence du juge de principe, est facteur d'intrusion de l'administration dans le domaine réservé à la juridiction. D'ailleurs, l'absence du juge spécial ne saurait justifier cette incongruité, car au lieu de bouleverser l'ordre naturel des institutions étatiques comme cela semble être le cas avec la mission du Conseil, le Cameroun aurait pu plutôt améliorer ledit ordre par la création pure et simple d'une Cour des comptes. En confiant cette matière au Conseil de Discipline, le désordre institutionnel ne se trouve que davantage exacerbé.

À cet effet, qui connaîtra des fautes de gestion susceptibles d'être commises en tant que ordonnateur par les membres statutaires du CDBF? En l'état actuel des choses, le Conseil assurément ! Mais alors comment ? De la réponse à cette question dépendra la neutralité ou la dépendance de cette institution par rapport à l'administration. Il nous semble néanmoins, quel que soit le système considéré, que le juge doit être neutre pour ne pas voir ses actes invalidées[237].

Aussi, la diction du droit public financier par le Conseil de discipline est favorable à la démission de la juridiction au profit de l'administration. Plusieurs techniques semblent alors mobilisées à cet effet. La première consiste en ce qu'il conviendrait d'appeler *un premier degré de juridiction sous fond administratif*. En fait, le travail apparemment administratif du Conseil avant la Chambre administrative devrait être en réalité un premier degré de juridiction si le juge spécial de gestion était institué. Et la saisine de la Chambre administrative en annulation, serait le second degré. Car, le travail qu'effectue le Conseil de discipline est, selon les canons du droit public financier, l'activité principielle du juge de gestion de premier ressort. Or ce juge semble délibérément mis en veilleuse au Cameroun pour des motifs difficiles à objectiver. Et ce sont ses décisions initiales qui devraient être connues en cassation devant la juridiction administrative[238]. Cette dernière intervenant alors en dernier ressort de juridiction pour infirmer ou confirmer les décisions prises en premier ressort.

237 Daniel Guggenheim, L'invalidité des actes juridiques en droit suisse et comparé. Essai d'une théorie générale, Paris, LGDJ, 1970, pp 3 et s.

238 Notamment le Conseil d'état pour le cas de la France. Et cela est valable tant pour la Cour des comptes, que pour la Cour de Discipline budgétaire et comptable. Jean Raynaud, La cour des comptes, op. cit., pp 75- 76 et p 95.

La seconde technique utilisée est celle de la levée de l'exigence d'ordre public du recours gracieux préalable. En effet, affranchir la saisine de la Chambre administrative d'un tel recours conforte l'hypothèse selon laquelle le Conseil constitue un premier degré de juridiction déguisé. La levée de cette exigence cardinale en contentieux juridictionnel public n'est donc pas innocente. Elle vise simplement à faciliter les rapports entre les deux ressorts de juridiction qui auraient pu être encombrés par un tel recours. Il est d'ailleurs notoire que le passage du premier au second ressort de juridiction n'est conditionné par aucun recours de cet acabit. Il était donc normal de lever ce verrou, car maintenir un tel recours aurait alourdi les relations entre les instances de diction du droit public financier des deux degrés de juridiction.

La confusion des pouvoirs ainsi occasionnée par le travail juridictionnel du CDBF constitue une sérieuse entorse à la séparation des pouvoirs. Privée de son travail naturel, le pouvoir juridictionnel expérimente une réelle frustration, tandis que le pouvoir exécutif incarné par l'administration du Conseil de discipline connaît une véritable expansion.

Confinée dorénavant à sa plus petite expression la juridiction verra son pouvoir davantage dilué par un pouvoir exécutif prompt à laisser ses marques sur des territoires interdits, en inhibant tout ce qui est à son passage. Kéba Mbaye sera alors fondé dans son scepticisme au sujet de l'existence d'un pouvoir judiciaire en Afrique lorsqu'il affirme: « *Certes, je ne partage pas leur opinion à ce sujet. Cependant, il reste qu'on peut aisément admettre qu'en Afrique, il n'y a pas à proprement parler, sauf quelque rares exceptions, de « pouvoir judiciaire».*[239]

[239]Kéba Mbaye, *« quel avenir pour la justice en Afrique? »*, La justice en Afrique, op. Cit., p 289.

LA JUSTICE FISCALE AU TOGO

Par **Sasso Pagnou**
Enseignant – Chercheur
Université de Kara (TOGO)

Le Togo, tout comme les autres pays en voie de développement, n'est pas épargné par le phénomène d'« amplification des dépenses publiques »[240]. Les dépenses de l'État togolais sont ainsi passées de 80 000 000 000 de francs CFA en 1975 à 832 678 700 000 en 2014. La couverture de ces dépenses exige une mobilisation équivalente des ressources publiques. Afin d'atteindre cet objectif, les autorités togolaises se tournent de plus en plus vers l'impôt comme en témoignent les nombreuses mesures prises, dans ce sens, dont la plus récente est la création de l'office togolais des recettes. Ce regain d'intérêt pour l'impôt, dans un pays où le système financier ne fonctionne pas selon les exigences de la démocratie libérale[241], ne manque pas de soulever la question de l'impôt juste. L'énoncé du problème exige un rappel de la définition de l'impôt et de ses rapports avec la notion de la justice.

Selon une définition classique attribuée à Gaston Jèze[242], l'impôt est « *une prestation pécuniaire, requise des particuliers par voie d'autorité, à titre définitif et sans contrepartie, en vue de la couverture des charges publiques* ». La réquisition par voie d'autorité et sans contrepartie a souvent conféré à l'impôt un caractère de spoliation[243] et, donc, d'injustice. Cet aspect de l'impôt occupe une place déterminante dans les causes des grandes révolutions et

---

240 Cf. Albert Jean-Luc et Saïdj Luc, *Finances publiques*, Dalloz, 2011, p. 211. Les auteurs lient ce phénomène à la « loi de Wagner » qui postule l'extension des besoins financiers de la puissance publique.

241 Cf. Leroy Marc, *L'impôt, l'État et la société*, Économica, 2010, p. 146. Cf. aussi Bouvier Michel (sous la direction de), *La gestion de la dépense publique dans les pays de l'Afrique francophone subsaharienne*, D.G.C.I.D., 2004, p. 29. L'auteur relève la ressemblance théorique entre le modèle budgétaire en vigueur dans les pays francophone de l'Afrique de l'Ouest et le modèle français de l'ordonnance de 1959 et le non-respect de ce modèle dans la réalité. Il écrit dans ce sens : « *c'est une absence de modèle qui caractérise le fonctionnement budgétaire des pays de la zone, et ce par l'importance des pratiques en marge de tout modèle* ».

242 Cf. Négrin Olivier, « Une légende fiscale : la définition de l'impôt de Gaston Jèze », *Revue de droit public*, 2008, n°1, pp. 119 à131.

243 Cf. Bastiat François, *Sophismes économiques*, Belles lettres, 2005 ; *Ce qu'on voit et ce qu'on ne voit pas*, Romillat, 2005.

les grands textes révolutionnaires n'ont pas manqué, dans ce sens, de fixer des balises se présentant comme les jalons de la justice fiscale. L'article de 13 de la Déclaration des Droits de l'Homme et du Citoyen (DDHC) de 1787 justifie l'impôt par les dépenses de l'administration (civile ou militaire). Quant à l'article 14 du même texte, il donne le droit aux citoyens d'exercer directement ou par le biais de leurs représentants un contrôle sur l'usage de l'impôt.

Dans le même sens, Jean Sans Terre d'Angleterre s'engageait[244] à travers l'article 12 de la Magna Carta à ne plus lever d'impôt sans le consentement du Conseil commun du royaume. Ces textes ont guidé l'élaboration d'une théorie de la justice fiscale autour de deux principes que sont la nécessité et l'équité de l'impôt[245]. Le premier principe renvoie à l'utilité de l'impôt, c'est-à-dire à son usage qui doit être conforme aux objectifs de l'impôt. Quant au second, il renvoie à un partage de l'impôt devant être conforme aux exigences de l'égalité entre les citoyens et de la justice sociale. Les méthodes et techniques pour atteindre ces exigences sont deux sortes selon qu'elles se rattachent à la doctrine du bénéfice où à celle des capacités contributives[246]. Selon ces deux principes, donc, un impôt juste est, avant tout, un impôt nécessaire et, ensuite, un impôt équivalent au bénéfice que le citoyen tire de l'État ou équivalent aux ressources du citoyen.

Dans les pays occidentaux où l'État fiscal s'est imposé[247] et où les interventions de l'État passent, dans une large mesure, par la politique fiscale, le débat sur la nécessité de l'impôt semble, quelque peu, dépassé. L'exigence d'équité de l'impôt, à travers la doctrine du bénéfice et celle des capacités contributives, semble aussi en déphasage avec les contraintes contemporaines, notamment, économiques et les nouvelles

---

244 L'engagement de Jean Sans Terre doit être, en fait, considéré comme une interdiction de lever l'impôt sans le consentement du Conseil du Royaume dans la mesure où la Magna Carta est présentée comme « une loi qui est au-dessus du Roi et même le Roi ne doit pas violer ».

245 Cf. Trosch Alain, « Recension : Les systèmes fiscaux », *Pyramides* [En ligne], 3 | 2001, mis en ligne le 30 septembre 2011, consulté le 26 décembre 2012. URL : http://pyramides.revues.org/551.

246 Cf. Monnier Jean-Marie, « La justice fiscale entre tension et débats », *Pouvoirs locaux*, n°95, IV/2012, p. 54.

247 Cf. Leroy Marc, op. cit., p. 103. Dans ces Etats, l'auteur relève que la fiscalité est permanente et porte sur l'ensemble du territoire et qu'elle repose sur une conceptualisation juridique et politique de la souveraineté. Ces Etats se différentient des Etats africains, notamment, le Togo où seule minime proportion des citoyens est imposée et où, du fait de la corruption, la fiscalité s'écarte de toute conceptualisation.

théories politico-philosophiques interdisant de réduire la justice à une absence d'inégalités et promouvant une notion de la justice axée sur la recherche de l'égalité des chances.

Ce débat est encore d'actualité dans une société où une grande partie de la population vit en dessous du seuil de la pauvreté, où l'offre des services publics, notamment sociaux, est faible et où les deniers publics ne sont pas suffisamment protégés. Dans ces pays, en effet, l'incapacité des dirigeants à répondre aux besoins des citoyens suggère un mauvais usage des deniers publics largement constitués des recettes fiscales, ce qui ne manque pas de soulever la question de la justice fiscale.

L'impact de la notion de justice fiscale sur le consentement à l'impôt[248], condition sine qua none à une plus grande mobilisation des ressources fiscales nécessaires au développement[249], oblige aussi à mener une réflexion sur la place des principes de la justice fiscale dans le système fiscal togolais. L'objectif est de dégager ou de rappeler les éléments d'un nouveau contrat fiscal nécessaire à l'émergence d'un civisme fiscal.

La démarche consiste d'abord à déterminer la présence de ces principes dans le corpus juridique togolais et ensuite à rechercher leur effectivité ou leur degré d'application. Les différents textes analysés, notamment la Charte africaine des droits de l'homme visée par le Préambule de la Constitution du 14 octobre 1992 et le corps de la Constitution, justifient l'impôt par le financement des dépenses nécessaires à la garantie et à la satisfaction des droits des citoyens, d'une part, et à la solidarité nationale, elle-même nécessaire à la survie de la société politique, d'autre part. Dans la pratique, les faits susmentionnés auxquels s'ajoutent la corruption et les nombreux passe-droits laissent entrevoir un usage discutable de l'impôt, par ailleurs, supporté par une minorité. Cet écart entre les textes et leur pratique conduit à entrevoir la

---

248 Le consentement à l'impôt doit être distingué du consentement de l'impôt. Comme le relève Michel Bouvier, le consentement à l'impôt est de « nature sociologique » alors que le consentement de l'impôt suppose que soit « explicitement acceptée la levée du prélèvement par ceux sur qui en retombe la charge ou par leurs représentants, il est avant tout de portée politique ». Cf. Bouvier Michel, *Introduction au droit fiscal général et à la théorie de l'impôt*, 10e éd., LGDJ, 2010, p.177-178.

249 Le Consensus de Monterrey[249] rappelle la responsabilité de chaque pays de son développement et, surtout, la nécessité d'instaurer une fiscalité et une administration fiscale équitable et efficace. Cf. Nations Unies, *Rapport de la Conférence internationale sur le financement du développement, Monterrey (Mexique)*, 18-22 mars 2002.

justice fiscale, au Togo, en termes d'une justice théoriquement étayée (I) et d'une justice pratiquement dévoyée (II).

I. Une justice fiscale théoriquement étayée

Tout système fiscal juste repose sur la nécessité et l'équité de l'impôt. La nécessité de l'impôt renvoie aux objectifs de l'impôt qui le légitiment et le justifient. L'article 47 de la Constitution togolaise du 14 octobre 1992 résume ces objectifs en la couverture des charges publiques. L'histoire de l'impôt[250] et celle des révolutions permettent d'entendre par « charges publiques », tout ce dont chaque citoyen, pris individuellement, ne peut se passer et qu'il ne peut assurer lui-même : la garantie de ses droits.

L'équité se présente, elle aussi, comme une notion difficile à cerner en raison des différentes conceptions possibles de la notion de justice à laquelle elle renvoie. On en distingue fondamentalement trois, à savoir la justice commutative, la justice distributive et la justice redistributive orientée vers la justice sociale[251]. Cette forme de justice est instituée au Togo par l'article 1er de la Constitution faisant du Togo un État social et se réalise, notamment, à travers la fiscalité.

La garantie des droits des citoyens (A) et la mise en œuvre d'une justice redistributive (B) paraissent dès lors comme les éléments de la justification théorique de l'impôt.

A. Un impôt justifié par la garantie de la liberté des citoyens

Les discours tendant à prouver la nécessité de l'impôt cherchent essentiellement à démontrer la compatibilité entre l'impôt et la liberté, mieux, le renforcement de la liberté par l'impôt. Dans cette optique, deux conceptions de la liberté ont été développées : la conception de la liberté comme souveraineté et la conception de la liberté comme absence de contrainte[252].

Selon la première conception, « *c'est seulement l'organisation sociale qui peut définir, créer et entretenir l'espace de liberté de l'individu et l'humanité même dans sa*

---

250 Cf. notamment à Colliard Jean-Edouard et Montialoux Claire, « Une brève histoire de l'impôt », *Regards croisés sur l'économie*, 2007/1, n°1, p.56-65.

251 Cf. Bouvier Michel, op. cit., p. 300.

252 Cf. Barilari André, « Des rapports compliqués de la liberté et de l'impôt à travers des théories de l'impôt », in Hertzog Robert (Mélanges en l'honneur de), *Réformes des Finances Publiques et Modernisation de l'Administration*, Économica, 2011, p. 17 et suivant.

nature »[253]. Cette conception s'inscrit dans la même logique que l'article 1er de la Constitution togolaise du 14 octobre 1992 aux termes duquel «*la République Togolaise est un État de droit, laïc, démocratique et social*». Il convient, de ce fait, de la choisir pour justifier l'existence de l'impôt. Par le passé, cette justification se limitait au maintien de la paix sociale. Elle s'étend aujourd'hui à l'atteinte des objectifs de développement, car il est de plus en plus admis que le degré de liberté de l'individu dépend du degré développement de la société dans laquelle il vit. Ce développement est en grande partie financé par l'impôt[254].

L'impôt se présente comme la ressource la plus adaptée à l'environnement économique national et international dans lequel évolue le Togo, le pays ne dispose pas d'énormes ressources naturelles, les règles de l'union économique et monétaire ouest africaine (UEMOA) et de l'organisation mondiale du commerce (OMC) limitant, par ailleurs, son intervention dans l'économie.

1. Un impôt nécessaire au maintien de la paix sociale

La question de la nécessité de l'impôt est liée à celle de l'existence de l'État dans la mesure où la « communauté politique organisée », évoquée par Jèze et que sous-entend l'article 1er de la Constitution togolaise du 14 octobre 1992 précité, renvoie à cette entité définie comme « *une communauté d'hommes, fixée sur un territoire propre et possédant une organisation d'où résulte pour le groupe envisagé dans ses rapports avec ses membres une puissance supérieure d'action, de commandement et de coercition* »[255].

Justifier la nécessité de l'impôt par l'existence d'une « communauté politique organisée » ou de l'État revient à justifier cette nécessité par le rôle de l'État.

Selon le dictionnaire Larousse, l'adjectif nécessaire qualifie quelque chose « *dont on ne peut se passer* ». Dire donc du rôle de l'État qu'il est nécessaire, revient à affirmer et à mettre en évidence qu'on ne peut se passer de lui. Cela ne peut se faire sans évoquer l'incapacité des sociétés auxquelles l'État moderne a succédé d'assurer la paix sociale.

---

253 Ibid, p. 18.

254 Voir Barilari André, op. cit., précité, p. 25.

255 Cf. Carré de Malberg Raymond, *Contribution à la théorie générale de l'État*, t.1, Dalloz, 2004, p.7.

Dans son *Traité du gouvernement civil,* John Locke[256] évoque, à ce titre, l' « état de nature »[257] et la « monarchie absolue ». Cet « état de nature » correspond à une société gouvernée par les « lois de la nature » où « *chacun a un pouvoir incontestable sur l'autre* »[258]. Cet état ne peut fonctionner sans provoquer l'anarchie. Cette anarchie ne disparaît pas dans la monarchie absolue du fait de la confusion des pouvoirs dans les mains du Prince absolu.

Les inconvénients de l'état de nature ne peuvent être évités, et donc la paix sociale assurée, que dans le cadre d'une société civile qui établit « *une certaine autorité publique et approuvée, à laquelle chaque membre de la société puisse appeler et avoir recours, pour des injures reçues, ou pour des disputes et des procès qui peuvent s'élever, et être obligés d'obéir* »[259]. Cette exigence d'approbation de l'autorité publique par les membres de la société renvoie à l'institutionnalisation du pouvoir politique qui différencie l'autorité publique de la monarchie absolue de l'autorité publique de la société civile.

Le recours à cette autorité publique apparaît donc nécessaire à la sauvegarde de la paix sociale et à la garantie des libertés individuelles. Par ses activités, cette autorité occasionne des dépenses considérées comme étant d'intérêt général et dont l'exécution est en grande partie financée par l'impôt.

L'impôt apparaît dès lors comme le prix à payer pour avoir la paix, comme l'écrivait déjà Montesquieu[260]. Cependant, ce prix « *se différencie de ceux qui s'établissent sur le marché* »[261], car la charge fiscale n'est pas évaluée en fonction de l'utilité marginale que chaque citoyen retire du service.

Le paiement de ce prix, c'est-à-dire, de l'impôt, est le fondement du contrôle exercé sur les dirigeants par les représentants du peuple, du parlementarisme et donc de la démocratie[262]. Ce fait est illustré, par exemple, par l'article 14 de la Déclaration des Droits de l'Homme et du Citoyen aux termes duquel « *tous les citoyens ont le droit de constater, par eux-mêmes ou par leurs Représentants, la nécessité de la contribution publique, de la*

256 Cf. Locke John, *Traité du gouvernement civil*, 1690, Traduction française de David Mazel en 1795 à partir de la 5e édition de Londres publiée en 1728.

257 Tel que décrit par J. Locke, cet « état de nature » se caractérise par l'absence de toute organisation sociale, de l'État.

258 J. LOCKE, op.cit., p. 20.

259 Ibid., p.59.

260 Montesquieu, *L'Esprit des lois*, Livre XIII, Chapitre 1er.

261 Cf. S. Salin Pascal, *L'arbitraire fiscal*, Laffont, 1985.

262 Voir sur cette question Ardent Gabriel, *Grandes études historiques*, Fayard, 1972.

consentir librement, d'en suivre l'emploi et d'en déterminer la quotité, l'assiette, le recouvrement et la durée ». A. Barilari et T. Brand confirment l'existence de ce lien en relevant une corrélation, du moins jusqu'à un certain seuil, entre la pression fiscale et l'indice de démocratie[263].

L'importance de la paix sociale et de la démocratie justifie donc que soit affectée, pour leur garantie, une quote-part du revenu de chaque citoyen. Ces deux notions ne constituent, en réalité, que quelques-uns des *éléments qui définissent un degré de civilisation* et nécessitant de ce fait des « *financements publics* »[264]. On compte parmi les autres éléments, des notions comme l'éducation, la culture, la recherche, la santé, la protection sociale (...) érigés, aujourd'hui par la communauté internationale en objectifs de développement à atteindre.

2. Un impôt nécessaire à l'atteinte des objectifs de développement

Selon Gaston Jèze, les dépenses d'intérêt général sont celles permettant aux « organisations de service public » de satisfaire aux « besoins communs » déterminés par les gouvernants[265]. La détermination de ces besoins dépend, naturellement, de la conception qu'on se fait de l'intérêt général.

Deux conceptions de l'intérêt général s'opposent : l'une objective et l'autre subjective. Pour les tenants de la conception objective, les pouvoirs publics sont limités dans l'appréciation de l'intérêt général qui est une notion s'imposant d'elle-même. Ce courant est représenté en droit, notamment, par Maurice Hauriou et Léon Duguit. Selon le premier « *l'État n'est pas une association pour travailler ensemble à la production de la richesse, il est seulement pour les hommes une certaine manière d'être ensemble, de vivre ensemble, ce qui est essentiellement le fait politique* »[266]. La conception du service public de Maurice Hauriou est un écho du libéralisme économique dans lequel « *tous les besoins collectifs ne sont pas du domaine de l'État ; ils n'y rentrent que très exceptionnellement* »[267]. Il s'agit, en clair, d'une

263 Cf. Barilari André et Brand Thomas, « Le paradoxe de Montesquieu, De la corrélation entre l'importance des prélèvements obligatoires, le développement économique et social et le niveau de démocratie », *RFFP*, n° 108, octobre 2009, p. 133 et suiv.

264 Cf. Barilari André, op. cit., p.25.

265 Cf. Jèze Gaston, « Aspect politique des problèmes financiers », *RSLF*, p.28.

266 Cf. TC, 9 décembre 1899, Association syndicale du canal de Gignac, note de Maurice Hauriou.

267 Cf. Leroy-Beaulieu Paul, *Traité théorique et pratique d'économie politique*, Librairie

conception prônant un « État minimum », un « État veilleur » qui « *se borne à intervenir, par sa police et sa justice, pour veiller au respect des droits de propriétés d'individus interagissant au sein d'une économie de marché totalement libre et dérégulée* »[268]. Quant à L. Duguit, il relève que l'intérêt général est une notion qui s'impose aux pouvoirs publics, à chaque moment de l'évolution de la société, et que ceux-ci ne disposent d'aucune marge de liberté pour l'apprécier.

Gaston Jèze, l'un des tenants de la conception subjective de l'intérêt général estime que « *sont uniquement, exclusivement services publics, les besoins d'intérêt général que les gouvernants d'un pays donné, à un moment donné, ont décidé de satisfaire par le procédé de service public* »[269]. Il n'exclut, a priori, aucune activité de l'intervention de l'État, la détermination de l'intérêt général relevant du pouvoir discrétionnaire des gouvernants. En matière économique, cette position est défendue par John Maynard Keynes et ses partisans qui admettent même l'interventionnisme économique de l'État en période de crise. Historiquement, la conception objective de l'intérêt général a précédé celle subjective. Elle est intervenue à un moment où du fait de la simplicité de l'environnement économique et social, l'État pouvait se concentrer sur ses fonctions régaliennes. La complexité et la transversalité des problèmes à résoudre dans la société contemporaine interdisent aujourd'hui une pareille conception.

Il est nécessaire de se référer à un certain nombre de textes pour déterminer la conception des dépenses d'intérêt général en vigueur au Togo.

Le premier texte est le Pacte international relatif aux droits économiques et sociaux, additionnel à la Déclaration Universelle des Droits de l'Homme de 1948 visé par le Préambule de la Constitution togolaise. Le deuxième texte est l'article 1er de la Constitution togolaise qui fait de la République togolaise un État démocratique et social. Le troisième texte est la Déclaration du millénaire des Nations unies pour le développement à laquelle le Togo est signataire. Ces textes suggèrent une conception large de l'intérêt général.

L'impôt, loin donc de porter atteinte aux droits de citoyens, notamment au droit fondamental de la propriété, participe à la création

---

Guillaumin et Cie, 1896, p.676.

268 Nozick Robert, op. cit.

269 Jèze Gaston, *Les principes généraux du droit administratif*, Girard, tome 2, 3e édition, 1927, p.16.

d'un cadre propice à la protection des droits de l'homme, qu'ils soit de première, de deuxième ou de troisième génération.

Ces droits ne seront respectés que tant que subsistera la communauté politique organisée, l'État. Le système fiscal togolais est, dans ce sens, construit sur des principes de justice redistributive afin de favoriser la solidarité nationale nécessaire au maintien du lien national.

B. Un impôt répondant aux principes de la justice redistributive

La justice redistributive associe « *étroitement la justice fiscale et la justice sociale* »[270]. Cette forme de justice satisfait aux exigences de l'article 1er de la Constitution togolaise faisant du Togo, un État démocratique et social. Elle se réalise, notamment, à travers l'équité fiscale.

L'équité fiscale est la « *situation caractérisée par la juste répartition des contributions fiscales entre les contribuables* »[271]. Elle impose, de ce fait, un égal traitement fiscal des contribuables ayant les mêmes revenus et, a contrario, un traitement fiscal inégal des contribuables inégaux. Ces traitements ne doivent, bien sûr, pas engendrer des distorsions économiques au risque d'aller à l'encontre de l'idée même de la justice, car comme l'affirme Alain Madelin « *la fiscalité la plus juste est une fiscalité pro-croissance* »[272].

1. L'égal traitement fiscal des contribuables ayant un même niveau de revenus

L'exigence d'un égal traitement des contribuables aux revenus identiques est respectée grâce à la mise en œuvre de l'équité horizontale. Deux difficultés surviennent dans la mise en œuvre de cette équité. L'une est conceptuelle et l'autre technique.

Il faut relever, s'agissant de la première difficulté, que des contribuables ayant les mêmes revenus ne peuvent véritablement être dans des situations identiques que s'ils ont les mêmes goûts, ce qui n'est logiquement pas possible[273]. Rosen relève dans ce sens que « *les individus*

---

[270] Bouvier Michel, op.cit, p. 287.

[271] Cf. Gilbert Guy, « Équité (fiscale) » in Philip Loïc (Sous la direction de), *Dictionnaire encyclopédique de finances publiques*, t1, Économica, 1991, p.749.

[272] Cf. Interview de Alain Madelin par Marc Vignaud. L'interview est disponible à l'adresse suivante http://www.lepoint.fr/economie/alain-madelin-la-fiscalite-la-plus-juste-est-une-fiscalite-pro-croissance-29-11-2013-1763278_28.php

[273] Cf. Gilbert Guy, op. cit., p. 751.

jouissant de capacités identiques ne se trouvent pas nécessairement à un même niveau d'utilité puisque les fonctions d'utilités des individus ne sont pas identiques et qu'elles dépendent également du temps qu'ils peuvent consacrer aux besoins »[274]. Découle de cette différence de goûts, une différence d'imposition des mêmes niveaux de revenus.

S'ajoute à cette difficulté conceptuelle, une difficulté technique relative au choix des modalités de mise en œuvre de l'équité horizontale. Le choix doit être fait entre un taux unique et une différenciation des taux.

La différenciation des taux d'imposition consiste à appliquer des taux différents aux impôts indirects. L'application de différents taux, c'est-à-dire des taux faibles aux produits de première nécessité et des taux élevés aux produits de luxe, est souvent considérée comme favorable à l'équité dans la mesure elle permet la redistribution. Cette opinion est contestée par un certain nombre d'auteurs, notamment Atkinson[275] et Stiglitz[276]. Ces auteurs relèvent, en effet, qu'un taux unique sur les impôts indirects répond le mieux aux exigences de l'équité horizontale lorsque des préférences non identiques existent entre des personnes ayant des ressources identiques. D'autres auteurs reprochent, plutôt, à la différenciation son immoralité. C'est le cas, notamment, de Fleurbaey[277] pour qui la discrimination des contribuables en fonction de leurs goûts et non de leurs besoins pose des problèmes d'éthique. Le débat sur la pertinence de ces deux techniques en tant qu'instrument de justice fiscale n'est donc pas tranché.

Dans la pratique, l'option pour l'une des deux modalités n'est souvent pas déterminée par des considérations d'équité, mais bien par celles d'efficacité de l'impôt.

Tout porte donc à croire que l'équité horizontale est une exigence subjective et relative. Elle est subjective du fait de la variation des goûts et des besoins des contribuables rendant difficile la définition de la notion de « situation identique » et relative parce qu'elle est souvent

---

274 Cf. Rosen S. Harvey, «An approach to the study of income, utility and horizontal Equity», *Discussion paper*, Princeton University, 1977.

275Cf. Atkinson Anthony Barnes, «Horizontal Equity and the Distribution of the Tax Burden», in H.J. Aaron and M.J. Boskin (eds), *The Economics of Taxation*, ch.1, Brookings Institution, Washington DC, 3-18.

276 Cf. Stiglitz E. Joseph, *Economics of Public Sector*, Norton, New York, [ST] HJ141 S855, 1986.

277 Cf. Fleurbaey Marc, « equal opportunity or social outcome ?, Economics and Philosophy, Forthcoming », *European Economic Review*, 39, 1995

sacrifiée à l'autel du pragmatisme orienté vers l'efficacité de l'impôt. L'équité horizontale présente, de ce fait, une faible pertinence en tant qu'instrument de justice fiscale. C'est, sans doute, ce qui l'oppose fondamentalement à l'équité verticale exigeant de traiter différemment des contribuables inégaux.

2. Le traitement fiscal inégal des contribuables inégaux

La prise en compte des différences de revenus dans la répartition de la charge fiscale est une exigence de l'équité verticale qui « *précise les conditions du traitement fiscal inégal de contribuables inégaux du point de vue d'un critère fixé a priori* »[278].

Le choix de ce critère constitue la principale difficulté de la mise en œuvre de l'équité verticale. En effet, en dehors de la capitation qu'il faudrait, d'ailleurs, écarter du fait de son iniquité, l'équité verticale de l'impôt peut être recherchée soit à travers la proportionnalité de l'impôt ou sa progressivité.

L'impôt proportionnel est celui dont le « *montant représente une proportion constante de la base d'imposition* »[279]. Il découle l'application du principe simpliste de l'égalité devant l'impôt.

L'impôt progressif est celui qui « *croît plus que proportionnellement à la base d'imposition* »[280]. Il se justifie par le fait que « *la capacité contributive d'un individu est inversement proportionnelle à l'utilité de ses revenus* »[281]. Montesquieu évoquait déjà ce fait[282]. L'argumentaire de Montesquieu repose sur la distinction fondamentale entre la « proportion des biens » et la « proportion des besoins ». Pour Montesquieu, l'impôt juste est celui qui suit la proportion des besoins. Jean-Baptiste Say s'inscrit dans la même logique lorsqu'il s'interroge : « *une contribution simplement proportionnelle n'est-elle pas plus lourde pour le peuple que pour le riche ?* »[283].

Le législateur togolais a opté pour la progressivité de l'impôt puisque l'article 135 du code général des impôts applique à l'impôt sur le revenu

---

[278]Cf. Gilbert Guy, op. cit., p. 750.
[279] Cf. Beltrame Pierre «Proportionnalité et progressivité (de l'impôt) », in Philip Loïc, op. cit., p. 1246.
[280] Cf. Beltrame Pierre, op.cit., p.1647.
[281] Ibid.
[282]Cf. Montesquieu, De l'esprit des lois, Livre XIII, chap. VII.
[283]Cf. Say Jean-Baptiste, *Cours d'économie politique*, tome IV.

sur les personnes physiques (IRPP) un barème par tranche de revenus et à taux progressif comme l'illustre le tableau ci-après :

de	0	à	375 000	Exonération
de	375 001	à	600 000	**4%**
de	600 001	à	900 000	**8%**
de	900 001	à	1 500 000	**12%**
de	1 500 001	à	2 400 000	**16%**
de	2 400 001	à	3 250 000	**20%**
de	3 250 001	à	7 500 000	**25%**
de	7 500 001	à	9 750 000	**30%**
de	9 750 001	à	12 500 000	**35%**
de	12 500 001	à	15 000 000	**40%**
Plus	de		15 000 000	**45%**

A l'opposé donc de l'équité horizontale, l'équité verticale paraît objective, du moins plus objective que l'équité horizontale puisqu'elle porte sur des niveaux de revenus facilement identifiables. Elle paraît aussi moins relative que l'équité horizontale dans la mesure où elle n'est mise en concurrence avec aucune autre exigence, notamment celle de l'efficacité de l'impôt et de la performance économique. Cette dernière conclusion ne concerne que le Togo puisque, dans le principe, une progressivité trop forte peut porter atteinte au rendement de l'impôt et à la performance économique à travers les délocalisations et les exils fiscaux qu'elle est susceptible d'entraîner. L'équité verticale se présente dès lors comme un pertinent instrument de justice fiscale permettant à l'impôt de participer à la cohésion nationale.

Les développements sur les rapports entre l'impôt et la cohésion nationale, d'une part, et la liberté, d'autre part, rendent compte de la présence théorique dans les systèmes juridique et fiscal togolais des principes de la justice fiscale : la nécessité et l'équité de l'impôt. La mise en application de ces principes exige une présence ou une intervention de l'État et des systèmes de redistribution qui, malheureusement, sont peu perceptibles dans les faits. Ceci conduit pratiquement à un dévoiement de la justice fiscale.

II. Une justice fiscale pratiquement dévoyée

La légitimité théorique de l'impôt doit être confirmée dans les faits par une équivalence entre l'offre des services publics et les sommes prélevées.

Plusieurs études portant sur le Togo indiquent, malheureusement, une faible fourniture de services publics dont la qualité doit, par ailleurs, être améliorée[284]. On pourrait alors émettre l'hypothèse d'un usage discutable de l'impôt à moins que le déficit des services publics s'explique par une faible mobilisation des ressources fiscales. Cette situation ôte à cette partie de l'impôt sa nécessité et crée, de ce fait, une injustice aggravée par l'absence, dans le système fiscal togolais, de techniques de mise en œuvre de l'équité fiscale.

A. Un usage discutable de l'impôt

L'analyse de la gestion des affaires publiques et le maniement des deniers publics, au Togo, suggèrent, chez le Togolais, une conscience relative de l'intérêt général et du bien public[285]. Cette carence s'explique certainement par la survivance des solidarités traditionnelles, souvent ethniques, et donc par la faiblesse de la cohésion nationale[286].

1. La faible cohésion nationale

Les liens entre l'impôt et la cohésion nationale[287] sont forts, car non seulement « *toutes les activités qui se déploient au sein de la collectivité nationale* »[288], grâce à l'impôt, n'ont « *d'autre but que d'assurer la cohésion*

---

[284] Voir notamment les Actes des états généraux sur l'administration publique. Voir aussi Ministère de l'économie et du développement et programme des nations unies pour le développement, *Renforcer la capacité de l'État en Afrique, Septième forum africain sur la gouvernance (FAG-VII)*, Rapport National FAG-TOGO 2007, iii.
http://www.tg.undp.org/download/Rapport%20de%20Synth%C3%A8se%20FAG.pdf.
Le site a été consulté le 12 octobre 2012 ; Système des nations unies au Togo, *Plan cadre des Nations unies pour l'aide au développement* (UNDAF) 2008-2012, avril 2007, p. 9. http://www.tg.undp.org/undptogo/download/CPD%20Togo%20%2020082012.pdf. Le site a été visité le 12 octobre 2012 et Document stratégique de réduction de la pauvreté (DSRP II), p. 50. Le document est disponible à l'adresse suivante http://www.dsrptogo.tg/-DSRP-II-.html. Le site a été visité le 12 octobre 2012

[285] Voir Longa François, « La mauvaise gestion du bien public au Togo », *Gouvernance en Afrique*, l'article est disponible à l'adresse suivante http://base.afrique-gouvernance.net/fr/corpus_dph/fiche-dph-292.html site visité le 25 janvier 2013.

[286] Le fait que la réconciliation nationale, soit depuis plus de 20 ans, considérée comme une priorité par tous les gouvernements et encore inscrite aujourd'hui dans les programmes de tous les partis politiques atteste de cette absence de cohésion nationale.

[287] Pour une définition de la cohésion nationale, voir Meyriat Jean, « L'étude de la politique extérieure », *Revue française de science politique*, 11e année, n°1, 1961, pp., 144.

[288] Ibid.

nationale »[289], mais aussi, cet impôt favorise « *la dislocation des solidarités anciennes* »[290]. À contrario, la survivance de ces solidarités anciennes soulève la question de la réalité de l'État et donc de la nécessité de l'impôt.

La fidélité du ressortissant à sa culture d'origine et la sélection des élites locales en fonction de leurs origines, évoquées par J. C. Barbier[291], et auxquelles s'ajoute aujourd'hui la manipulation ethnique du multipartisme témoignent de la survivance des solidarités anciennes et ethniques dans le cadre de l'État.

Une autre cause de cette faible cohésion nationale peut être recherchée dans le déficit d'institutionnalisation du pouvoir politique.

Selon Georges Burdeau, le pouvoir politique est institutionnalisé lorsqu'il est « *transféré de la personne des gouvernants qui n'en ont plus que l'exercice à l'État qui en devient désormais le seul propriétaire* »[292]. Ce pouvoir n'est véritablement institutionnalisé que s'il est transféré selon les modalités déterminées[293]. Les différentes contestations des résultats des élections peuvent, dans ce sens, évoluer vers un rejet des gouvernants par les contestataires. Ce faisant, c'est l'État lui-même qui est rejeté par une partie de la population.

Qu'elle s'explique par l'inadaptation de la forme étatique aux formes culturelles endogènes ou par la faible institutionnalisation du pouvoir politique, la virtualité de l'État délégitime profondément la perception de l'impôt. Il faut cependant noter que l'institutionnalisation du pouvoir politique ne peut être considérée comme un phénomène achevé. Elle doit au contraire être considérée comme un phénomène en constante évolution. Ce processus d'institutionnalisation du pouvoir politique ne peut aboutir que si lui sont consacrées des ressources humaines et financières suffisantes. Ce besoin de financement légitime l'impôt et le rend nécessaire, du moins pour un moment. Il ne devient définitivement nécessaire que si les autorités arrivent à faire jouer à l'État son rôle, celui de maintenir l'ordre public à travers l'offre des services publics.

---

289 Ibid.

290 Cf. Monnier Jean-Marie, « L'impôt et la contrainte ou la dialectique de l'autonomie et de la responsabilité » *European journal of Economic System et social*, 2006, 19, 1, p. 99.

291 Barbier Jean-Claude, « Espaces ethniques et sélection des élites locales ; l'exemple du Togo », *IRD*, 1987. Les constats de Barbier sont encore une réalité aujourd'hui. Il est aisé d'établir un lien géographique entre les origines des leaders politiques, les origines des militants de leurs partis politiques et les zones d'influence de ces partis.

292 Cf. Burdeau Georges, *L'État*, Paris, Seuil, 1970, p.31.

293 Ibid., p. 46 et p. 75.

L'analyse de l'étendue, de la qualité et de l'efficacité de ces services publics laisse percevoir une inertie de l'État laissant soupçonner un manque de légitimité de l'impôt.

2. Une couverture insuffisante des dépenses d'intérêt général

L'impôt doit exclusivement servir à la couverture des charges publiques ou des dépenses d'intérêt général. Le respect de cette exigence passe par l'allocation exclusive des impôts à l'exécution des services publics considérés comme l' « *incarnation de la prééminence de l'intérêt général sur l'égoïsme des intérêts privés*»[294]. Les liens entre l'impôt et le service public sont donc forts si bien qu'il est possible de déduire de l'absence ou de l'insuffisance des services publics, le non-respect des objectifs de l'impôt : la couverture des dépenses d'intérêt général. Cette déduction n'est possible que si l'insuffisance des services publics est avérée, si les prévisions de recettes fiscales tiennent compte de l'ensemble des besoins collectifs et que si les prévisions sont exécutées de manière satisfaisante.

Il faut relever, s'agissant de la première condition, les nombreuses lacunes dont souffrent les services publics togolais. Ces lacunes, relatives aux « *déficits de taille [...] dans la gestion [...] de l'administration publique, de la fourniture des services de base et de la justice* »[295], sont attestées par l'insatisfaction des citoyens à l'égard des services publics : « *50% de la population n'est pas satisfait de l'école, un quart de la population n'est pas satisfait des services de santé et 60 % de la population n'est pas satisfait des services d'eau potable et d'assainissement* »[296]. Ce déficit est doublé d'une inégalité d'accès aux services publics sociaux de base[297].

Le déficit dans la fourniture des services de base et l'inégale répartition des services publics sont l'expression de l'affectation des recettes fiscales à des dépenses autres que celles d'intérêt général à moins que la faible exécution des prévisions des recettes fiscale ne soit attestée. Or les deux régies financières présentent souvent des taux d'exécution des prévisions des recettes fiscales avoisinant les 100 % s'ils ne les dépassent pas[298].

---

294 Cf. Lachaume Jean-François, *Grands services publics*, Masson, Paris, 1989, p. 17.

295 Ministère de l'économie et du développement et programme des nations unies pour le développement, op. cit.

296 Système Des Nations Unies Au Togo, op. cit.

297 Document stratégique de réduction de la pauvreté (DSRP II), op. cit.

298 Consulter sur ce point les différents rapports semestriels d'exécution des recettes et des dépenses de l'UEMOA.

Ces apparentes contradictions entre la faible couverture des dépenses d'intérêt général et la satisfaisante exécution des recettes fiscales s'expliquent par deux raisons.

La première raison est relative à la crise de l'intérêt général relevée par Maurice Engueleguelé au Cameroun et qu'il est possible de constater, sans difficulté, au Togo. Cette crise s'explique par une ascension de l'individualisme chez le personnel administratif et politique[299]. Cet argument est également avancé par Bamony qui évoque même une absence de l'intérêt général dans les pays africains qu'il explique par l'éducation et la culture[300] des dirigeants et des hommes politiques. Selon l'auteur, en effet, la culture et l'éducation des dirigeants les conduisent à se méfier de tout entourage étranger à leurs propres familles et clans et à ne se préoccuper véritablement que de la satisfaction des besoins de ses derniers. L'affirmation de Bamony doit être nuancée dans le contexte togolais : dans les villages et hameaux, les sentiers sont entretenus par des volontaires et les habitants s'organisent pour combler le déficit de service public[301]. Ces faits prouvent la prégnance de la notion d'intérêt général dans les cultures togolaises. C'est la mise en œuvre de cet intérêt général au niveau national qui s'avère difficile.

La seconde raison est relative à la faible pression fiscale[302]. Elle nuance la première en ce que la mobilisation des ressources fiscales est toujours faible malgré la satisfaisante exécution des prévisions fiscales. S'ajoute à cette première nuance, la faible capacité de prévision du fait de l'état dérisoire de la statistique. Un plein exercice du potentiel fiscal et des prévisions fiscales fiables pourraient permettre de mobiliser les ressources fiscales nécessaires à l'exécution de l'ensemble des services publics sous réserve de la sécurisation des procédures d'exécution des prévisions fiscales.

Loin de délégitimer l'impôt, les déficits des services publics doivent plutôt conduire les autorités à redoubler d'efforts dans la mise en œuvre

---

299 Cf. Engueleguelé Maurice, «Note sur l'idéologie de l'intérêt général au Cameroun », p.3. L'article est disponible à l'adresse suivante : http://www.fpae.net/story/note-sur-lideologie-linteret-general-au-cameroun. Le site a été consulté le 29 décembre 2012.

300 Cf. Bamony Pierre, *Pourquoi l'Afrique si riche est pourtant si pauvre* ? Tome 2 *: La malédiction du pouvoir politique. Quel espoir pour les peuples de demain ?*, Le Manuscrit, coll. « Essais et Documents », 2011, 506 p.

301 On peut citer en exemple les écoles d'initiative locale (EDIL).

302 Le taux de pression fiscale est inférieur à 17%. Source : Ministère de l'Économie et des Finances, Document de stratégie des réformes au Togo, Septembre 2010. Le document est disponible à l'adresse suivant : www.togoreforme.com

du potentiel fiscal. Ces efforts doivent être nécessairement accompagnés de la promotion d'une culture tendant à faire prévaloir les intérêts nationaux et généraux sur les intérêts privés et claniques.

La pleine acceptation de l'impôt nécessite aussi un effort pour enlever au système fiscal son caractère inéquitable.

B. Un partage inéquitable de la charge fiscale

Les défaillances des administrations fiscales[303] sont à l'origine d'une situation où la charge fiscale est supportée par une minorité. Cette iniquité est aggravée par l'inefficacité des instruments de redistribution.

1. Un impôt supporté par une minorité

L'équité fiscale exige que tous les individus membres de la communauté politique organisée participent à la couverture des dépenses d'intérêt général. Cette exigence ne peut être satisfaite que si le système fiscal permet l'imposition de l'ensemble des individus, ce qui ne semble pas être le cas au Togo du fait d'une faible indentification de l'ensemble des opérateurs économiques par le fisc et d'une pratique des dépenses fiscales contraire à leur caractère dérogatoire.

Deux phénomènes expliquent la faible identification des opérateurs économiques par le fisc : l'existence d'un secteur informel et d'une économie souterraine.

Le secteur informel est constitué des « *entreprises individuelles ne possédant pas de numéro d'identification fiscale/ et ou n'élaborant pas de comptabilité formelle (au sens du plan comptable OHADA)* »[304]. Au Togo, ce secteur est celui où opère « la grande majorité de la population active »[305], échappant, de ce fait, à l'impôt. Cette situation résulte de l'ignorance de règles[306]. C'est ce qui distingue, d'ailleurs, le secteur informel des activités

---

303 Cf. Chambas Gérard (dir.), op. cit., p.150 et suiv. en ce qui concerne l'ensemble des pays au sud du sahara.

304 Cf. Backiny-Yetna Prosper, « Secteur informel, fiscalité et équité : l'exemple du Cameroun », *The African Statistical Journal*, Volume 9, November 2009, p.315.

305 Cf. Préparation De La Table Ronde Sur Le Secteur Privé, *Plan-cadre de relance du secteur privé au Togo (Document de synthèse)*, p.18. Le document est disponible à l'adresse suivante http://www.cnp-togo.tg/IMG/pdf/Diagsecpiv.pdf. Le site a été visité le 24 octobre 2012.

306 Cf. Chambas Gérard, op. cit., p. 55.

souterraines mues par l'intention délibérée de contourner la législation fiscale et qualifiées de « *secteur informel frauduleux* »[307].

Qu'elles relèvent du secteur informel ou de l'économie souterraine, les activités économiques non identifiées par le fisc sont à l'origine d'une injustice à laquelle s'ajoute celle engendrée par la pratique abusive des dépenses fiscales.

Les dépenses fiscales sont des « *mesures dérogatoires à une ou plusieurs dispositions fiscales définitives ou réputées comme la norme et accordant un régime fiscal favorable à certaines activités ou à certains groupes de contribuables* »[308]. Elles correspondent à des « *avantages fiscaux* »[309].

La doctrine et le droit positif voient dans les dépenses fiscales un moyen d'atteindre des objectifs stratégiques sur le plan économique, social et autre[310].

D'un point de vue théorique, les questions économiques et sociales présentent suffisamment un caractère d'intérêt général pour justifier les dépenses fiscales. De ce fait, la plupart des dépenses fiscales sont, a priori, nécessaires dans la mesure où les textes les autorisant renvoient à ces objectifs. C'est le cas, notamment, de la loi n° 2011-012 portant statut de la zone franche industrielle, de la loi n°8-22 du 31 octobre 1989 portant Code des investissements modifiée par la loi n° 2012-001 portant code des investissements en République togolaise. Les exonérations faites par ces textes ont manifestement pour objet de permettre la réalisation de l'intérêt général comme la dynamisation de l'économie et la lutte contre le chômage. Les exonérations accordées par la loi de finances (voir notamment l'article 311 de la loi de finances, gestion 2012) s'inscrivent dans la même logique.

La nécessité de certaines de ces dépenses fiscales est nonobstant discutable. C'est le cas, notamment, des avantages fiscaux offerts par la loi n°2011-012 portant statut de la zone franche. Les avantages fiscaux octroyés par cette loi se justifient officiellement par la volonté des gouvernants d'attirer, vers le Togo, les investissements directs étrangers et de promouvoir l'investissement national.

---

307 Ibid.

308 Cf. Gilbert Guy, « Dépenses fiscales », in *Dictionnaire encyclopédique de finances publiques*, op. cit., p. 605 et suivant.

309 Cf. Marini Philip, *Rapport d'information sur les allègements de prélèvements obligatoires*, Sénat, Session ordinaire 2010-2011, p.13.

310 Dépenses fiscales, op. cit., p. 2.

Les investissements directs étrangers sont déterminés par des facteurs externes et des facteurs internes dont l'analyse s'impose.

S'agissant des facteurs internes, Kinda cite, pour les pays de l'UEMOA, en plus des déterminants traditionnels dont fait partie la fiscalité, d'autres facteurs tels l'ouverture commerciale, le niveau de l'éducation, la stabilité politique et les infrastructures[311].

Bien que se présentant comme l'un des éléments déterminant les investissements directs étrangers, la fiscalité n'attire effectivement les investisseurs étrangers que si elle est largement inférieure à celles des pays d'origine des investisseurs. Or, comme le relève Kinda pour les pays de l'UEMOA dont le Togo fait partie, les principaux pays d'origine des capitaux privés sont les États-Unis, le Japon et l'Union Européenne, auxquels s'ajoute la Chine. La seule faiblesse du franc CFA par rapport aux monnaies de ces pays rend la fiscalité togolaise avantageuse pour les investisseurs de ces pays sans qu'il soit besoin de recourir à une fiscalité dérogatoire allant jusqu'à une exonération totale de tout impôt sur une période de dix ans. Les avantages fiscaux offert par la loi n°2011-012 portant statut de la zone franche ne sont donc pas nécessaires pour attirer les investissements directs étrangers. Ce fait est, d'ailleurs, confirmé par Batana[312] qui relève, pour les pays de l'UEMOA, que les investissements directs étrangers ne sont influencés que par l'investissement domestique, l'ouverture (politique) et l'éducation.

La promotion des investissements nationaux ne peut, elle non plus, justifier les avantages fiscaux offerts aux investisseurs nationaux dans la mesure où la faiblesse des investissements nationaux n'est pas due à une fiscalité trop forte mais à la faiblesse de l'épargne et du système bancaire. Ce point de vue n'est pas partagé par le patronat togolais qui trouve la fiscalité trop lourde pour les entreprises[313]. Il est alors possible de concilier la promotion de l'investissement et la justice fiscale en supprimant les dépenses fiscales et en réduisant les taxes sur les entreprises.

---

311 Cf. Kinda Tidiane, « Les déterminants des flux de capitaux privés dans l'UEMOA ». L'article est disponible à l'adresse suivante : mpra.ub.uni-muenchen.de/19159. Le site a été visité le 3 novembre 2013.

312 Cf. Batana Yélé, «Analysis of the Determinants of Foreign Direct Investment Flows in WEAMU Countries», *African Journal of Economic Policy*, Vol. 11, N°2.

313 Voir Republicoftogo, « Force de proposition et de promotion ». L'article est disponible à l'adresse suivante : http://www.republicoftogo.com/Toutes-les-rubriques/Economie/Force-de-proposition-et-de-promotion . Le site a été visité le 29 janvier 2013

Les nombreux avantages fiscaux ne semblent donc pas nécessaires. Ils sont même contre-productifs dans la mesure où « *les opérations d'incitation fiscale qui échouent causent à l'économie dans son ensemble des pertes que ne vient compenser aucun bénéfice substantiel* »[314] et sources d'injustice, car conduisant « *à l'application des taux d'imposition accrus aux contribuables non éligibles au bénéfice des incitations* »[315].

2. L'inefficacité des instruments de redistribution

L'équité fiscale impose aussi la prise en compte des capacités contributives de chaque citoyen dans la définition du système fiscal, donc une « *personnalisation de l'impôt* »[316].
Cette personnalisation de l'impôt requiert l'adoption d'un certain nombre de techniques se présentant, par ailleurs, comme des instruments de redistribution. Il s'agit de l'adoption d'un barème progressif pour l'impôt sur le revenu, d'un système de différenciation des taux des impôts indirects et de la prise en considération des charges de famille de chaque contribuable[317].

Le code général des impôts a instauré un barème par tranche de revenu et à taux progressif comme l'illustre le tableau dressé par l'article 135 de ce code[318]. Il faut, cependant, relativiser les effets redistributifs de cette progressivité du fait de l'impossibilité, pour le fisc, d'imposer tous les revenus.

Cette personnalisation passe, en outre, par une prise en considération des charges familiales destinée à atténuer les effets de la progressivité. Celle-ci est prévue par l'article 132 du code général des impôts et organisée par les articles 5 à 9 et 134 du même code.

Ces articles instituent un système de foyer fiscal avec un abattement forfaitaire pour chaque personne en charge, donc un système excluant le quotient familial. Cette option, sans limiter la personnalisation de l'impôt, peut constituer une entrave à son équité, car l'objectif de la pratique du quotient fiscal est la redistribution entre des familles de taille différente ayant des revenus identiques.

---

314 Cf. Perkins H. Dwight et al., *Économie du développement*, 3e édition, de boeck, Nouveaux horizons, 2008, p. 241 et suiv.
315 Ibid.
316 Cf. Percebois Jacques, « Incidence fiscale », In *Dictionnaire encyclopédique des finances publiques*, op. cit., p. 949
317 Ibid.
318 Voir le tableau de la page 9.

Sous un autre angle, les pratiques culturelles togolaises rendent impossible la mise en œuvre du foyer fiscal et la jouissance des avantages qui en découlent. C'est, notamment, le cas de la polygamie. Dans les familles polygames, les conjointes ayant des revenus propres refusent d'appartenir à un même foyer fiscal. L'article 6 du CGI prévoit cette possibilité : « *le conjoint bénéficiant de revenus propres ou chacun des conjoints en cas de mariage polygame est imposé séparément à raison de l'ensemble de ses revenus. Mais le conjoint est alors considéré pour le calcul de l'impôt comme célibataire sans pouvoir obtenir les réductions prévues à l'article 134 pour enfants à charge, sauf s'il apporte la preuve qu'il a effectivement à sa charge personnelle et exclusive un ou plusieurs des enfants* ».

Il faut, en outre, relever que les dispositions de l'article 132 énumérant les personnes considérées comme étant à charge ne prennent pas en compte une réalité bien connue au Togo, celle du revenu qui entretient toute une fratrie. Ne pouvant donner aucune preuve des personnes à charge, la personne s'occupant pourtant de plusieurs personnes ne peut revendiquer les avantages liés au foyer fiscal.

La personnalisation de l'impôt touche aussi les impôts indirects, notamment, grâce à la différenciation des taux. Cette technique, bien qu'adaptée aux pays africains où existent de nombreuses disparités de consommation et permettant aux impôts indirects de faire de la redistribution[319], n'est pas prévue par le code général des impôts. Cela s'explique par la décision des organes de l'UEMOA d'appliquer au sein de l'union un taux unique présenté comme une condition de réussite de la TVA[320]. Cette décision rend compte de la difficulté générale à opérer un choix entre l'équité et l'efficacité de l'impôt. La personnalisation de l'impôt reste finalement très faible malgré la présence de techniques de redistribution.

L'impôt reste donc théoriquement juste au Togo en ce qu'il est nécessaire à la survie de l'État garant de la paix sociale et en ce qu'il est orienté vers les principes de la justice distributive. La mise en œuvre de cette justice se révèle, cependant, relative du fait, d'une part, du faible enracinement, chez les Togolais, du phénomène étatique et de la notion d'intérêt général, d'autre part, des faiblesses de l'administration fiscale et de la législation fiscale. Comme le relève Chambas pour l'ensemble des pays africains au sud Sahara, ces faiblesses se résument en un manque de

---

319 Cf. Gautier Jean-François, « Taxation optimale et réformes fiscale dans les PED », *DIAL, Document de Travail*, DT/2001/02, p.15.

320 Ibid., p. 13.

moyens des administrations par rapport à leurs missions théoriques et en un manque d'efficacité dans l'utilisation des moyens existants[321]

La certification de la nécessité de l'impôt exige, d'une part, des méthodes fiables de prévision des recettes et des dépenses de l'État, d'autre part, l'introduction d'une culture de l'évaluation dans la gestion des affaires publiques. Le respect de la première exigence permet d'établir une équivalence entre les recettes fiscales et les dépenses d'intérêt général à couvrir afin d'éviter que le citoyen ne soit imposé au-delà de ce qui est nécessaire. Quant à la seconde exigence, sa mise en œuvre donne l'assurance du respect des objectifs de l'impôt, la couverture exclusive des dépenses d'intérêt général.

La mise en œuvre de l'équité fiscale exige des actions visant le renforcement des capacités de l'administration fiscale et l'amélioration de la législation fiscale. Il faut, en pratique, donner aux administrations fiscales les moyens nécessaires à l'élargissement des bases d'impositions dans la lutte contre le secteur informel et les activités économiques souterraines. Cette tentative d'enregistrement de l'ensemble des activités souterraines doit être accompagnée de la révision de la législation fiscale afin qu'elle respecte le caractère dérogatoire des dépenses fiscales. S'agissant toujours de la réforme de la législation fiscale, il est nécessaire de concevoir le foyer fiscal en fonction du type de famille très large et éventuellement polygamique pour rendre effectives les techniques de redistribution.

---

321 Cf. Chambas Gérard (dir), op. cit. p. 149.

LIBRES PROPOS SUR LA NEUTRALITÉ DE LA TVA EN DROIT FISCAL CAMEROUNAIS

Par **NGAVANGA Nicaise Magloire**
Doctorant à la FSJP l'Université de Yaoundé II- Soa

L'activité économique a, par nature, vocation à créer la richesse. Elle se fait par le biais de plusieurs types d'opérations au premier rang desquelles la dépense de consommation. Celle-ci s'entend de l'achat et utilisation de biens ou de services pour satisfaire des besoins. Matériellement, elle consiste en l'utilisation d'un bien par un acteur pour la satisfaction d'un besoin ou la production d'un autre bien dans le circuit économique. La modernisation des systèmes d'imposition en CEMAC a abouti à l'avènement de TVA[322] dont les finalités étaient d'assurer l'imposition du consommateur final dans la chaine de consommation, de procurer des recettes substantielles aux États[323] et d'assurer une réelle neutralité de cet impôt dans le système économique.

La neutralité, trait caractéristique de la TVA, est très souvent mis en exergue par la doctrine scientifique fiscale contemporaine et par ses théoriciens.[324]Elle renvoie à l'idée selon laquelle la TVA est un impôt assis sur la valeur ajoutée, c'est-à-dire l'accroissement de valeur qu'un acteur du circuit économique apporte à bien ou à un service rentrant dans son schéma fonctionnel. En d'autres termes, les agents économiques qui versent la TVA au Trésor public ne sont, pas à la vérité, ceux qui en subissent l'incidence économique dans leur patrimoine. Au demeurant, c'est le consommateur final du bien qui subira la charge fiscale inhérente à la valeur ajoutée acquise par le bien ou le service au fil des mutations dont il peut l'objet.

---

322 La TVA est instituée au Cameroun à la faveur de la loi de finances 1998/1999. Il s'agit à la vérité d'un impôt général sur de consommation comme le reconnaît d'ailleurs Maurice LAURE, *Science fiscale*, 1ere édition, PUF, Paris 1993, p.229.

323 Au Cameroun, la TVA constitue depuis son avènement l'impôt ayant le plus fort rendement. A titre illustratif, au cours de l'exercice 2012, il a généré des 65% des recettes fiscales annuelles étatiques. Source DGI, Tableau de rendement des recettes budgétaires 2012.

324A titre illustratif, on peut citer Maurice LAURE, *Science fiscale*, 1ere édition, PUF, Paris 1993, IREH ASSIM Thomas, *La TVA en Afrique centrale*, l'Harmattan, 2012.

En vertu de la neutralité, les entreprises ne devraient pas supporter de TVA sur l'acquisition des intrants nécessaires à la production des biens et services taxables ou pour l'acquisition des biens destinés à être revendus en l'état.[325]

Cela étant, la problématique de l'effectivité de la neutralité de la TVA s'interpose à l'esprit et prend dès lors toute son sens au regard de l'intérêt pluriel qu'elle peut revêtir. Elle induit scientifiquement d'examiner le corpus juridique en vigueur afin de mettre en relief les fondements du droit positif qui la consacrent. Bien plus, elle justifie la nécessité de confronter le droit à l'épreuve des faits et de la pratique afin d'apprécier de la conformité des mécanismes destinés à matérialiser la neutralité et leur degré d'efficacité et d'opérationnalité. Cet élan invite à sortir de la seule logique dogmatique[326] pour explorer la fiscalité pratique, notamment par les pratiques et usages fonctionnels du Fisc destinés à assurer *in concreto* la neutralité de la TVA pour tous les intervenants de la chaîne économique d'un bien ou d'un service autre que le consommateur final. Une telle approche a le mérite de mieux rendre compte de la réalité du phénomène de la neutralité de la TVA au Cameroun.

Au demeurant, la réflexion sur l'effectivité et la portée de la neutralité de la TVA dans le système fiscal camerounais s'avère bienvenue dans la mesure où elle induit d'explorer, tout à la fois, la lettre du droit et la pratique administrative. Il s'agira de montrer que cette neutralité repose sur des bases juridiques et théoriques établis (I). Quoi que consacrée, cette neutralité ne coule pas de source. Dans une certaine mesure, elle souffre d'une remise en cause qui procède de réels des hypothèques d'ordre juridique et de la pratique administrative. Ces éléments systémiques, constituent des entorses à l'expression plénière de la neutralité de la TVA (II).

325Voir dans ce sens, Dieudonné TONGA, Recherches sur la conformité du droit national au droit communautaire de la CEMAC: le cas de la taxe sur la valeur ajoutée, Mémoire de DEA, Université de Yaoundé 2 Soa, 2005,p 28.

326 La dogmatique se fonde sur l'étude et l'interprétation des textes du droit positif. En matière de dogmatique, la tâche du juriste est de pure description, de pure relation de données de faits. Voir dans ce sens, EISENMANN (C), « Le juriste et le droit naturel », in EISENMANN (C), Ecrits de théorie du droit, de droit constitutionnel et d'idées politiques, (Textes réunis par Charles LEBEN), Paris, Editions Panthéon-Assas, 2002, p.133.

I. La neutralité de la TVA: un principe essentiel consacré par le droit fiscal camerounais

La neutralité est l'un des traits caractéristiques reconnu à la TVA[327]. Elle a donc un fondement théorique établi(A) et se concrétise à travers des mécanismes opératoires qui la matérialisent (B).

A. La consécration théorique de la neutralité théorique de la TVA

Du point de vue théorique, la neutralité de la TVA est proclamée par au plan juridique. Cette caractéristique de cet impôt trouve son expression au plan juridique tout comme elle innerve les aspects comptable et économique.

1. Au plan juridique

Le droit positif reconnaît la neutralité de la TVA tout à la fois par des textes communautaires que nationaux. Ainsi, la Directive N°1/99/CEMAC-028-CM-03 du 17 décembre 1999[328] consacre le droit à déduction de la TVA d'amont par les assujettis éligibles. Cette prérogative est également réaffirmée par le droit national[329], notamment par le Code général des impôts camerounais[330].

D'un point de vue juridique, la neutralité repose fondamentalement sur le droit à déduction. Elle renvoie à l'idée suivant laquelle les redevables de la TVA la collecte mais ne la supportent pas. Les entreprises sont un passage obligé pour la taxe, mais celle-ci, en principe, ne s'y arrête pas. L'interruption de la chaîne des déductions intervient en fin de circuit lorsque le produit ou le service parvient entre les mains du consommateur final. Ce dernier, privé de tout droit à déduction, supporte en définitive la charge de l'impôt[331]. Par la neutralité, il s'opère

---

327 Lire dans ce sens la Directive européenne sur la TVA.

328 Notamment en ses articles 22 et suivants du CGI Camerounais.

329 Il ne saurait d'ailleurs en être autrement si l'on considère que les directives communautaires de la CEMAC sont d'application directe et immédiate parles États membres. Leurs dispositions priment sur le droit interne des États. Ces directives peuvent toutefois faire l'objet de reprise ou de transposition par le droit interne. C'est le cas en droit fiscal camerounais. Voir dans ce sens G.KOUBI, Transposition et/ou transcription des directives communautaires en droit national», *Revue de la Recherche juridique*, 1995N°2, pp 617-628.

330 À travers ses articles 143 et suivants.

331 Cf. Philippe (J-J), La TVA à l'heure européenne, Paris, LITEC, 1993, citée par IREH ASSIM Thomas, *La TVA en Afrique centrale*, l'Harmattan, 2012, p 299.

donc une translation de la charge fiscale induite par l'acquittement de la TVA du fournisseur vers son client et ainsi de suite, de sorte qu'à terme le consommateur final devienne celui qui subit la charge fiscale dans son patrimoine. Au reste, la neutralité de la TVA est aussi consacrée par les règles du droit comptable tout comme elle comporte aussi un volet économique.

2. Au plan comptable et aspect économique

D'un point de vue économique, la neutralité signifie que toute opération TVA est nulle pour l'entreprise. Elle efface l'incidence financière des coûts de production des intrants, les décisions d'investissement sur les transactions nationales et internationales de l'entreprise. Ceux-ci n'obèrent donc pas sa trésorerie. En effet, l'imposition des consommations intermédiaires, notamment pour détaxer les exportations et les investissements[332] d'une part, et la déduction «impôt sur impôt», d'autre part, n'affectent pas en principe l'équilibre financier de l'entreprise. Par sa neutralité, la TVA est indifférente à la longueur du circuit économique qu'elle n'affecte pas parce que la charge formellement exposée par l'entreprise est nulle. De même, en vertu de la neutralité, la TVA n'impacte pas le schéma organisationnel et fonctionnel de l'entreprise[333]. Cette expression de la neutralité de la TVA transparaît aussi au plan comptable.

La passation des écritures comptables relatives à l'accomplissement en amont d'une opération taxable par l'entreprise engendre l'inscription au débit d'un compte de TVA récupérable sur achats ou sur services. De même, la réalisation de vente ou de service vers un client conduit à l'inscription au crédit d'un compte de TVA collectée. Le solde des comptes «TVA collectée» et «TVA récupérable» sont intimement liés en ce sens que l'exercice du droit à déduction permet comptablement de diminuer à due concurrence le solde débiteur des comptes TVA récupérable sur biens et/ou sur services. De même, la présentation des supports comptables, notamment des factures en vertu des dispositions légales permet de mettre en exergue le montant de la taxe acquittée[334].

---

332 IREH ASSIM Thomas, *La TVA en Afrique centrale*, l'Harmattan, 2012, p 300.
333 Ibidem.
334 L'article 150(5) du CGI camerounais pose cette exigence s'agissant des obligations des assujettis à la TVA.

En somme, la neutralité de la TVA peut s'apprécier sur plusieurs domaines. De même, les expressions qui en constituent la matérialisation sont plurielles.

B. La matérialisation de la neutralité de la TVA

La neutralité de la TVA repose fondamentalement sur l'exercice systématique du droit à déduction de la TVA d'amont supportée sur les dépenses transférables par voie de répercussion sur le consommateur final (1). À côté de la déduction, la loi a établi, de manière complémentaire et alternative, le remboursement et la compensation des crédits TVA.

1. Le mécanisme normal: le droit à déduction de la TVA d'amont

La déduction est la prérogative reconnue à l'entreprise d'imputer la TVA d'amont acquittée lors de son approvisionnement chez son fournisseur ou de l'acquisition des intrants à la production sur la TVA d'aval qu'il aura collectée auprès de ses clients. La réalisation de cette opération au moment de la souscription de la déclaration auprès du fisc permet de déterminer la situation du contribuable. Celle-ci peut être un solde nul établissant une absence de dette fiscale, un solde positif matérialisant une dette fiscale vis-à-vis du Trésor public ou enfin, un solde négatif révélateur d'un crédit d'impôt. Le crédit d'impôt établi à la vérité une situation où le montant de la TVA collectée est inférieure de la TVA dite récupérable. En pratique, ce crédit peut résulter d'une situation économique ponctuelle de l'entreprise à un moment donné: c'est un crédit TVA conjoncturel. Ce type de crédit TVA a par nature vocation à se résorber sur la durée dès lors que la réalité économique s'améliore.

Parfois, le crédit TVA procède des investissements substantiels effectués par l'entreprise au titre d'une période donnée, des exportations ou même des retenues à la source[335]. Un tel crédit qualifié de structurel

335 Le système fiscal camerounais a en effet établi des retenues à la source des impôts notamment ceux à versements spontanés comme la TVA lors du règlements des factures pour les commandes publiques par les personnes morales de droit public et les entreprises parapubliques et privées dont la liste est fixée en début de chaque exercice par arrêté du Ministre des Finances. Sur la question, voir de très intéressants développements sur l'avènement de cette modalité de recouvrement dans le système fiscal camerounais, J.M. MEKONGO, *Les retenues à la source dans le système fiscal du Cameroun*, Presses Universitaires Libres, 2009, pp 43-143.

est inhérent à l'organisation fonctionnelle d'un secteur d'activités donné ou du circuit d'un bien ou d'un service. Le caractère structurel du crédit rend inopérant sa résorption par voie d'imputation dès lors que la TVA collectée est inexistante ou sans commune mesure avec la quotité de la TVA récupérable. Les crédits d'impôt générés par le mécanisme des déductions sont imputables sur la TVA due pour les périodes ultérieures jusqu'à épuisement, sans limitation de délai[336].Pour permettre l'expression de la neutralité de la TVA de jouer pour les entreprises concernées, la loi fiscale[337] a prévu comme alternative le remboursement ou la compensation.

2. Les mécanismes alternatifs: le remboursement et la compensation

Il faut reconnaître d'entrée de jeu que dans le système fiscal camerounais le remboursement et la compensation sont des ersatz pour la résorption des crédits TVA. Ainsi, lorsque l'imputation s'avère difficile voire impossible, ou lorsqu'elle risque de mettre en péril la situation financière du redevable, celui-ci peut bénéficier du remboursement des crédits de TVA. Cette procédure permet à une entreprise en crédit structurel d'obtenir restitution du montant correspondant par l'Etat. Encore faudrait-il qu'elle remplisse les conditions y afférentes limitativement énumérées par la loi et la doctrine administrative.

Outre le remboursement, il est loisible à l'entreprise en crédit structurel d'en solliciter la compensation avec les droits de douane. Cette nouvelle modalité de gestion du crédit TVA[338]correspond à la réalité à un paiement indirect dès lors que le montant compensé vient éteindre un dette douanière de l'entreprise. Tout bien considéré, le remboursement et la compensation permettent à l'entreprise en crédit structurel de résorber son crédit TVA, et, partant de tirer profit de la neutralité de cet impôt.

La neutralité de la TVA jouit d'une indéniable consécration juridique, économique et comptable. Celle-ci repose sur le droit à déduction d'une part, et sur le remboursement du crédit TVA et la compensation avec les droits de douane, d'autre part. Seulement, la mise en œuvre de la

336 Telle est l'économie de l'article 149 (3)§1 du CGI Camerounais.

337 Telle est la teneur de l'article 149 (3)§4 et 5 du CGI camerounais.

338Ce n'est que par la Circulaire n°001/MINFI/DGI/L du 30 janvier 2012 précisant les modalités d'application des dispositions fiscales de la loi n° 20011/020 du 14 décembre 2011 portant loi de finances de la République du Cameroun pour l'exercice 2012 que les modalités de la compensation ont été précisées.

neutralité de la TVA ci-avant présentée est bien souvent malaisée, voire édulcorée en raison d'entorses plurielles qui légitiment l'idée d'une certaine remise en cause pratique.

II. La neutralité de la Tva: un principe en proie à la déliquescence en droit fiscal camerounais

La neutralité de la TVA est édulcorée par un certain nombre de facteurs. Ceux-ci se rapportent aux éléments de politique fiscale, c'est-à-dire de la loi fiscale. En effet, l'examen du disposition légal permet de constater que le droit à déduction est parfois restreint restrictif et/ou marqué par du sceau de l'exclusion (A). Parallèlement, les mécanismes alternatifs de gestion de la neutralité, notamment les procédures de remboursement et compensation présentent des insuffisances fonctionnelles qui en amenuisent l'efficacité (B).

A. Un droit à déduction restrictif et discriminatoire

De prime abord, la neutralité de la TVA repose sur le droit à déduction en vertu duquel l'assujetti impute la TVA supportée sur ses achats sur celle collectée sur ses ventes et ne reverse que la différence au fisc[339].Seulement, ce droit à déduction est restreint par des considérations de segmentation fiscale, qui réserve cette prérogative certains contribuables (1).Ces restrictions procèdent aussi de l'exclusion du droit du droit à déduction de par leur nature (2) et des exonérations introduites dans le corpus fiscal (3).

1. Le droit à déduction: apanage exclusif des contribuables du régime du réel

En 2012, la législation fiscale camerounaise a procédé à une segmentation de la population fiscale. Celle-ci repose fondamentalement sur le critère du chiffre d'affaires. Le droit à déduction est reconnu exclusivement aux contribuables du régime du réel. Il s'agit des contribuables dont le chiffre d'affaires est supérieur ou égal à 50 millions FCFA. Ce choix de politique fiscale s'expliquer par le fait que ces contribuables sont astreints à la tenue d'une comptabilité élaborée[340]. Ce

---

339Dieudonné TONGA, Recherche sur la conformité du droit national au droit communautaire de la CEMAC: Le cas de la Taxe sur la Valeur Ajoutée, Mémoire de DEA en droit public, Janvier 2008, Université de Yaoundé 2-Soa, P 28.

340Selon les termes de l'article 73 du CGI camerounais, les entreprises dont le chiffre

qui rend plus aisée la traçabilité de leurs opérations au plan comptable, par l'exercice du droit de communication[341] ou du droit d'enquête[342].Il y a lieu de reconnaître que cet aménagement législatif exclut *de jure* les contribuables du régime simplifié[343].Ce qui conduit à les considérer *de facto* comme consommateur final du bien alors même qu'il n'en est pas toujours ainsi. Il s'en suit une rémanence de la TVA d'amont dès lors que ces entreprises ne sont pas légalement autorisées à collecter la taxe auprès de leur clientèle[344]. La TVA d'amont non déduite qui grève la trésorerie de l'entreprise par un accroissement des coûts commerciaux ou de production est pénalisante. Elle la rend moins compétitive par rapport à ses concurrents relevant du régime du réel. Cette situation se situe en opposition diamétrale avec la neutralité originelle et inhérente de la TVA[345].

Le caractère discriminatoire du droit à déduction d la TVA d'amont transparaît à travers l'exclusion de la déduction pour certaines opérations eu égard à leur nature. Les restrictions autres relatives et à la durée d'activité ininterrompue de l'entreprise demandeur de remboursement ou de compensation de crédit TVA se situe dans le même ordre d'idées.

2. Les autres restrictions: les exclusions du droit à déduction certaines opérations et l'exigence d'une activité ininterrompue du demandeur de remboursement ou de compensation de crédit TVA

Le droit fiscal camerounais[346] à la suite de la Directive CEMAC sur la TVA[347] exclut certaines opérations du droit à déduction. Il s'agit des dépenses de logement, de restauration, de réception, de spectacle et de

---

d'affaires est supérieur ou égal à 50 millions ont l'obligation de tenir une comptabilité selon le système normal prévu par le droit comptable OHADA

341 Voir dans ce sens les articles L42 à L46 du Livre des procédures fiscales (LPF) du CGI camerounais.

342Voir dans ce sens les articles L49 à L50 bis du LPF du CGI camerounais.

343Relèvent de ce régime les entreprises dont le chiffre d'affaires est supérieur à 10 millions et inférieur à 50 millions. Lire dans ce sens l' article du 73 du CGI camerounais.

344 Exceptionnellement, ces contribuables peuvent facturer la TVA lorsqu'ils réalisent les commandes publiques. Dans ce cas, la TVA est retenue à la source lors du règlement.

345 Maurice LAURE, *Science fiscale*, 1ère édition, PUF, Paris, 1993, P232; Martin Collet, *Droit Fiscal*, Collection Thémis, PUF, 2007, pp 402 et 403.

346 Article 144 du CGI camerounais.

347 Voir article 144 de la Directive CEMAC sur la TVA op cit.

location de véhicule de tourisme[348]. Ces dépenses sont fiscalement considérées comme ne concourant à l'objet de l'exploitation de l'entreprise. Cette position du législateur qui traduit une certaine méfiance du Fisc vis à vis desdites opérations est contestable. En effet, les dépenses précitées peuvent en effet concourir à la réalisation de l'objet social de l'entreprise, pour d'une négociation d'un contrat avec des partenaires étrangers invités à séjourner au Cameroun dans le cadre des pourparlers contractuels.

Dans ce cas, dire que la TVA grevant ces dépenses n'est pas déductible peut s'avérer inique, dès lors qu'elles sont engagées à des fins professionnelles et se rapportent aux charges fonctionnelles de l'entreprise relatives aux relations publiques dont l'utilité est indéniable pour l'entreprise moderne contemporaine. C'est sans doute pourquoi la jurisprudence communautaire européenne[349] a remis en cause cette position pourtant antérieurement affirmée par le Conseil d'État français par un arrêt du 28 juillet 1989. Fort de ce qui précède, une réécriture vers plus de flexibilité des dispositions communautaires et camerounaises sur les cas d'exclusion du droit à déduction serait bienvenue afin de conforter la neutralité de la TVA qu'elles mettent à mal.

Pour ce qui est de l'exigence activité ininterrompue de l'entreprise demandeur de remboursement ou de compensation de crédit TVA est problématique[350].Elle situe en effet aux antipodes des exigences d'amélioration du climat des affaires et de simplification des procédures. En effet, selon le dispositif légal en vigueur, une entreprise nouvelle exerçant depuis moins de deux ans qui se trouverait en crédit structurel ne serait pas éligible au remboursement encore moins de remboursement. Cette position légale peut être porteuse en elle-même des germes du mal-être financier des entreprises. Celles-ci, quoiqu'exerçant, peuvent en raison des retenues à la source ou du fait des exportations présenter un crédit TVA structurel substantiel. Avoir à attendre l'expiration du délai de 2 ans ininterrompue d'activités peut

---

348 Il y a lieu de rappeler que cette exclusion ne joue pas s'agissant des dépenses de cette nature engagées par les professionnels de ces secteurs d'activités dans le cadre de la réalisation de leur activité imposable.

349CJCE, 19 septembre 2000, affaire177/99, Ampafrance SA et Sanofi synthelabo, RJF, 11/00, N°1392, Dr. fisc,comm 812, Chron. J. TUROT, PP 1404 et s

350 Cette condition est posée par l'article 145(3)§3 du CGI camerounais et réitérée par la Circulaire n°001/MINFI/DGI/L du 30 janvier 2012 précisant les modalités d'application des dispositions fiscales de la loi n° 20011/020 du 14 décembre 2011 portant loi de finances de la République du Cameroun pour l'exercice 2012.

aboutir à condamner les PME soit à s'engager dans une spirale d'endettement pour assurer un minimum de cash flow, pour celles qui les peuvent, dans l'attente d'un remboursement futur du crédit TVA, soit à une mort certaine.

Dans un cas comme dans l'autre, la neutralité de la TVA est mise à mal et peut s'avérer être, sous ce rapport, une utopie ou, au mieux, un ordre en devenir. Cette remise en cause peut aussi s'observer dans les diverses mesures fiscales de faveur.

3. L'avènement des mesures fiscales de faveur

Les mesures fiscales de faveur en cause se rapportent aux exonérations fiscales de TVA ou des prises en charge de cet impôt par l'État dans le cadre de conventions particulières de financement extérieur de projet. Du point de vue de leur nature, les exonérations sont des dispenses de paiement d'impôt consacrées par la loi fiscale. Elles procèdent des considérations économiques, techniques, voire sociales. En pratique, pour l'essentiel elles matérialisent l'interventionnisme fiscal. Seulement, il arrive que des exonérations fiscales résultent des régimes fiscaux particuliers ou incitatifs ou même qu'elles soient de nature ponctuelle. Il s'en suit une rupture de la chaîne de déduction et par voie d'incidence la rémanence de la taxe pour un opérateur qui, matériellement, n'est pas le consommateur final du bien ou du service. Cette situation grève la trésorerie des entreprises et réduit leur marge de manœuvre et peut même en compromettre l'existence. Ainsi en a-t-il été de l'exonération de TVA sur les biens de première nécessité, suite aux émeutes de la faim[351], instituée par ordonnance présidentielle de mars 2008[352].

En ce qui concerne la prise en charge de la TVA, elle constitue un mécanisme par lequel l'État s'engage à supporter budgétairement la TVA inhérente à un projet donné. Cet aménagement participe des modalités de soutènement des politiques publiques dans la conduite des projets infrastructurels publics d'envergure et structurants. À titre illustratif, la loi fixant le régime général des contrats de partenariat prévoit la prise en charge de la TVA sur les importations et des achats locaux de matériels

---

351 Tel est le nom donné au soulèvement populaire contre la vie chère à Yaoundé et à Douala en février 2008 au Cameroun.

352Ces exonérations sont contenues dans l'Ordonnance N° 2008/002 du 7 mars 2008 portant suspension des droits et taxes de douane a l'importation de certains produits de première nécessité.

effectués durant la phase d'implantation par la personne publique cocontractante[353].

Les différentes attestations de prise en charge délivrées par le fisc entravent la collecte de TVA pour les entreprises locales qui fournissent des biens ou des services destinés au projet. Ce défaut de collecte rend inopérant le droit à déduction de la TVA déductible pour l'entreprise. Comme en matière d'exonération fiscale, il en résulte une rémanence de la TVA et donc un crédit d'impôt structurel.

Qu'il s'agisse des exonérations de TVA ou des prises en charge par l'État dudit impôt sur les marchés à financement extérieur, la neutralité de la TVA est édulcorée. La trésorerie de l'entreprise subit conséquemment un impact financier négatif et certain. Ceci est d'autant plus vrai que l'entreprise ne récupère pas les sommes y afférentes aisément. En effet, le système présente des défaillances fonctionnelles dans les aménagements alternatifs prévus pour rétablir de la neutralité de la TVA.

B. Les défaillances fonctionnelles inhérentes aux mécanismes alternatifs à l'exercice du droit à déduction

Les mécanismes alternatifs mis en place pour rétablir la neutralité de la TVA que sont le remboursement et la compensation présentent d'un point de vue fonctionnel des insuffisances. Celles-ci se rapportent à lenteur procédurale (1) et à son excessive centralisation (2).

1. La lenteur des procédures de remboursement et de compensation

Les procédures de remboursement ou de compensation de crédit TVA sont longues et lentes. Elles commencent par une requête de l'assujetti sollicitant la validation de son crédit TVA auprès de son centre de rattachement. Celui-ci désigne les agents chargés de conduire matériellement les investigations matérielles nécessaires au sein de l'entreprise et des tiers La procédure de contrôle est subséquemment déroulée. Un avis de vérification est servi au contribuable afin de l'informer de la descente de l'Inspecteur vérificateur et de lui permettre

---

353L'article 4 de la loi n° 2006/012 du 29 décembre 2006 fixant le régime général des contrats de partenariat prévoit la prise en charge de la TVA sur les importations et des achats locaux de matériels effectués durant la phase d'implantation par la personne publique cocontractante.

de préparer les documents comptables et/ou juridiques nécessaires pour l'examen de l'effectivité du crédit dans son principe et dans sa quotité. Au terme des diligences, un échange épistolaire s'établit dès lors entre les parties. Le Fisc notifie les redressements à l'assujetti. Celui-ci fait tenir ses observations au Fisc dans le délai imparti[354]. Une fois celle-ci reçues, elles sont examinées et la position finale de l'Administration lui est communiquée au moyen d'une lettre de réponse aux observations. Par la suite, il est loisible pour l'assujetti d'introduire une requête aux fins de remboursement ou de compensation. Il revient au Centre régional des impôts du ressort ou de la Direction des Grandes Entreprises d'instruire la dossier et si le crédit allégué s'avère éligible[355], de le transmettre pour compétence au Directeur Général des Impôts. Le dossier est par la suite instruit par la Cellule en charge restitution des crédits d'impôts. Celle-ci, une fois que le contrôle sur pièces effectué s'est avéré concluant, propose alors au Directeur Général des Impôts le remboursement du crédit de l'entreprise. Lorsqu'il agrée cette proposition, le compte bancaire logé à la BEAC est mouvementé par un virement bancaire vers le compte bancaire de l'entreprise.

Pour la procédure de compensation du crédit TVA avec les droits de douanes dès lors que la réalité du crédit TVA est établi dans son principe et dans son quantum, une fois la proposition de compensation de la Cellule en charge des restitution des crédits d'impôts et approuvé par le Directeur Général des Impôts, l'autorisation de compenser est portée à la connaissance du Directeur Général des Douanes[356].

La démarche procédurale afférente au remboursement et à la compensation est longue et lente. Elle ne peut être efficacement menée, dans une hypothèse optimiste, que dans un délai minimal de 6 mois. Ce délai peut compromettre irrémédiablement l'équilibre financier. Bien plus, pour les PME dont la surface financière est minime c'est leur existence même qui est remise en cause. Cette dure réalité tend à oblitérer l'idée de la neutralité même de la TVA. Il serait certainement

---

354 Conformément aux dispositions de l'article L25(2) du CGI, le contribuable vérifié dispose d'un délai de 30 jours pour compter de la notification de redressements pour faire parvenir ses observations.

355 Cette précision a tout son sens dans la mesure où les crédits de TVA conjoncturels ne sont pas éligibles à la procédure. Ils sont résorbés par voie d'imputation jusqu'à épuisement sans limitation de délai (Cf. article 146(1)du CGI camerounais).

356Telle est la démarche consacrée par la Circulaire n°001/MINFI/DGI/L du 30 janvier 2012 précisant les modalités d'application des dispositions fiscales de la loi n° 20011/020 du 14 décembre 2011 portant loi de finances de la République du Cameroun pour l'exercice 2012.

pertinent de fixer légalement, pour compter de l'introduction du dossier complet de demande de remboursement ou de compensation, un délai raisonnable et impératif dans lequel le remboursement ou la compensation doivent intervenir. Un telle approche pourrait aboutir à davantage de promptitude administrative et à accroître l'attractivité fiscale du Cameroun. Le moins que l'on puisse dire est que les procédures de remboursement et de compensation sont aussi marquées par leur centralisation excessive.

2. L'excessive centralisation des procédures de remboursement et de compensation

Le Directeur Général des Impôts connaît de l'ensemble des procédures de remboursement et de compensation. Il a donc une compétence nationale en la matière. L'ensemble des dossiers émanant des douze régions fiscales et de la Direction des Grandes Entreprises ressortissent de sa compétence exclusive. Ce choix managérial et juridique pourrait se justifier par un souci de suivi harmonisé des dossiers et d'unité de la doctrine en la matière. Seulement, ce modèle fonctionnel engendre un amoncèlement des dossiers au niveau de la Cellule en charge des crédits et des restitutions d'impôts. Bien plus, les délais de traitement qui constituent un pertinent indicateur de qualité de service de l'administration publique moderne sont longs. De la sorte, pour de nombreuses entreprises, la procédure de remboursement de crédit TVA s'apparente à un véritable parcours du combattant pour lesquelles elles doivent s'armer de patience et de persévérance.

D'autre part, l'insuffisance des allocations budgétaires destinées au remboursement des crédits TVA est problématique. En effet, une certaine tendance administrative tend à satisfaire, au moins partiellement, les entreprises de chaque région fiscale et de chaque secteur d'activités. Ce rationnement des ressources budgétaires destinées au remboursement ne repose sur aucun fondement juridique. Il relève davantage du pragmatisme administratif et révèle à suffire la gestion malaisée de ressources budgétaires étriquées.

Ce pis-aller s'apparente à une fuite vers l'avant dans la mesure où des solutions idoines et pérennes pourraient être implémentées. Ainsi, afin d'assurer une gestion fluide et efficace des crédits de TVA, il serait approprié de prévoir des allocations budgétaires suffisantes. Ladite allocation budgétaire au titre d'une l'année budgétaire donnée pourrait être égale au montant des demandes de remboursement fondées de l'exercice précédent majoré du taux prévisionnel de variation du PIB pour l'exercice à commencer.

L'indexation sur la variation du PIB serait indiqué en ce que cet indicateur macroéconomique est révélateur de la création de valeur ajoutée au sein d'une économie pour une année budgétaire donnée. D'autre part, une telle solution pourrait consister à reconnaître aux Chefs de Centres régionaux et au Directeur des Grandes Entreprises des impôts la compétence pour connaître des demandes des remboursements et de compensation dans la limite de leurs seuils compétence respectifs en matière contentieuse[357].Cela suppose la répartition pour partie de l'allocation budgétaire entre ces autorités et le Directeur Général des Impôts. Une telle approche permettrait à ces structures de gérer les remboursements et les compensations de valeur minime et réserverait au Directeur Général des impôts la connaissance et la gestion de crédits substantiels. Ce dispositif permettrait du reste d'assurer le recouvrement par compensation automatique des dettes fiscales éventuelles des demandeurs au jour de leur remboursement. Cette approche conduirait en outre au désengorgement de la Cellule en charge des restitutions et des crédits d'impôts, à la réduction significative des délais de traitement des dossiers et partant un regain de neutralité de la TVA pour les assujettis.

Au total, la neutralité de la TVA est un principe clé inhérent à l'essence même de cet impôt. Le Cameroun, comme tous les pays de la CEMAC, l'a adopté et établi dans son corpus fiscal. En droit fiscal camerounais, ce principe présente un visage contrasté. Il innerve les aspects juridiques, comptable, économique. L'expression de ce principe transparaît à travers le droit à déduction de la TVA d'amont reconnu aux assujettis. Ledit droit n'étant pas toujours d'exercice facile en raison de considérations structurelles ou des dépenses fiscales instituées dans le cadre des politiques publiques, les procédures de remboursement et de compensation ont été aménagées pour restaurer dans les faits la neutralité de la TVA.

Seulement, quoique consacrée, la neutralité de la TVA ne coule pas de source. En effet, un certain nombre d'entorses altèrent son expression dans toute sa plénitude. Il s'agit tout d'abord des hypothèques d'ordre

---

[357] Selon les dispositions de l'article L 116 du LPF du CGI camerounais, le Chef de Centre régional est compétent pour connaître des réclamations de montant inférieur ou égal à 50 millions de FCFA en principal. Le Directeur des Grandes Entreprises connaît des réclamations contentieuses d'un montant inférieur ou égal à 100 millions de FCFA.

juridique relatives au caractère discriminatoire et restrictif du droit à déduction d'une part, et aux effets induits par les mesures fiscales de faveur concédées dont l'impact conduit bien souvent à la rupture de la chaine des déductions. Il en résulte une rémanence de la TVA pour certaines entreprises dont la trésorerie est du reste obérée. Il s'agit ensuite des imperfections inhérentes à la gestion administrative des procédures alternatives au droit à déduction que sont le remboursement et la compensation.

Ces procédures sont longues et se caractérisent par une excessive centralité. De plus, les procédures de remboursement souffrent l'inconfort de l'insuffisance des allocations budgétaires insuffisantes. Cette situation impacte négativement sur le climat des affaires, met à mal l'équilibre financier des entreprises et compromet même leur existence.

Au demeurant, la question de protection des droits du contribuable, la problématique de l'amélioration du climat des affaires et de l'attractivité fiscale du Cameroun justifient que l'on soit enclin à faire des propositions pour permettre un meilleur essor de la neutralité de la TVA en droit fiscal camerounais. Ces mesures ont trait à une revue de mesures discriminatoires et restrictives du droit à déduction jugées non pertinentes eu égard à l'évolution contemporaine des systèmes fiscaux, à l'institution de délai de remboursement raisonnables et impératifs pour le Fisc et en une déconcentration des procédures de remboursement et de compensation, pour reconnaître une compétence en la matière aux autorités administratives opérationnelles inférieures. Cette dernière mesure conduirait à décongestionner la Cellule en charge desdites procédures. La mise en œuvre de ses aménagements juridiques et administratifs suggérés contribuerait à l'expression plénière la neutralité de la TVA, aboutirait à un système plus efficace et plus performant et conforterait la quiétude des entreprises, dans un contexte porté de plus en plus vers le respect des droits des usagers de l'Administration publique.

THE ROLE OF INTERNATIONAL TAX TREATIES IN CONTROL OF TRANSFER PRICING MANIPULATIONS

Par **Me HABIMANA Pie**

LL.M (Business Law), PGD (Legal Practice)
Assistant Lecturer - School of Law - University of Rwanda
Attorney - Rwanda Bar Association

I. Introduction

In present world, due to globalisation influences and effects of the development of science and technology, most of businesses are done worldwide and cross-border transactions evolved along the time. The ways of doing modern businesses have changed very substantially in the last twenty years[358] and today, the cross-border transactions have increased in all parts of the world, from developed countries to developing countries. Presently, the field of international transactions is no longer a playground of some selected multinational corporations (MNEs) and wealthy individuals, but rather even small and medium enterprises (SMEs) are widely engaged in such businesses.[359] For most effective cross-border transactions, multinational corporations set subsidiaries and branches in foreign countries, through which they easily conduct their business operations.

MNEs get different incomes from their businesses and are therefore subject to different tax regimes, depending on the source and residence regulations pertaining to their incomes. Thus, for the sake of maximising profits, MNEs sometimes prefer attributing profits or a part of profits to low tax jurisdictions, regardless of the real connecting factor pertaining to taxation of the concerned profits. This phenomenon results into

---

Me HABIMANA Pie, LL.M (Business Law) and PGD (Legal Practice), Assistant Lecturer at University of Rwanda - School of Law, Visiting Lecturer of Law at Kigali Independent University, Attorney – Rwanda Bar Association and member of East Africa Law Society.

358 Unilever Kenya Ltd v Commissioner of Income Tax [2005] eKLR, High Court of Kenya, Income Tax Appeal nº 753 of 2003, *eKLR Kenya Law Reports*, 2005, p. 13.

359 J. Li and D. Sandler (1997), "The Relationship between Domestic Anti-Avoidance Legislation and Tax Treaties", *Canadian Tax Journal*, 45 (5): 894.

fixing transfer prices on non-market basis, in order to increase the total profitability of the company and this phenomenon is commonly referred to as Transfer Pricing Manipulations. An overall consequence of transfer pricing manipulations is to shift profits or a part of profits from high tax jurisdiction to low tax jurisdiction. Meaning that with exacerbation of transfer pricing manipulations, high tax jurisdictions are under the risk of losing a big part of their tax revenues in favour of low tax jurisdictions.

If not properly dealt with, transfer pricing manipulations risk having adverse effects on countries' revenues and foreign direct investments allocations as MNEs will prefer investing in low tax jurisdictions while keeping their headquarters in high tax jurisdictions. Due to the principle of State sovereignty, particularly in tax matters, the tendency is that each state is trying to tackle transfer pricing manipulations using internal mechanisms like domestic legislations. However, considering the nature of transfer manipulations, which is a phenomenon occurring in transnational transactions, one of the better ways to deal with them is by way of international mechanisms. In this regard, international tax treaties seem to constitute a favourable way to deal with transfer pricing manipulations. This is because a simple logic dictates dealing with international issue by international mechanisms.

This paper highlights the role of international tax treaties in dealing with transfer pricing manipulations. After providing an image on transfer pricing, it describes different measures that have been so far taken to deal with transfer pricing manipulations. The nexus between international tax competition exacerbations as a consequence of transfer pricing is also explored before proving the need of international cooperation as effective way to deal with transfer pricing manipulations, and this international tax cooperation must be concretised through international tax treaties. At the end comes the conclusion.

II. Some key remarks on transfer pricing manipulations

Transfer pricing refers to fixing or determining the transfer price in case of related multinational enterprises. Transfer price is a price charged between related or controlled organisations like a parent company and a subsidiary company. The term transfer pricing is used to describe arrangements between related companies prices compared to unrelated companies pricing arrangements. It is worthy to hereby mention that the issue is not transfer pricing *per se* but rather the manipulations that occur while determining the transfer prices. In fact, a properly calculated transfer price allows an equitable share of profits to each tax jurisdiction, meaning that each tax jurisdiction gets a fair share of taxes while taxing the MNE a due amount of taxes. According to the UNCTAD, transfer pricing frameworks should promote reasonable tax revenues for all countries involved while assessing a fair tax liability on MNEs.[360] In our view, the concern would not be to promote reasonable tax revenues while assessing a fair tax liability but rather to promote fair tax revenues for each government while assessing due tax liability for MNEs.

In practice, the term transfer pricing is used to refer to transfer pricing manipulations. Transfer pricing manipulations are done by over-charging or under-charging products (goods and/or services) between related organisations. These manipulations are done in the way of attributing the total or a part of taxable profits to low tax jurisdictions, with an aim of maximising the overall profits for the whole related group. It is from this point that transfer pricing issues raise important and often contentious policy questions for the MNEs on one side and host and home government on the other side, as the transfer pricing directly affects the tax revenues of both host and home countries,[361] and play an important role on the overall profit of the MNE.

The transfer pricing situation involves three parties namely the multinational organization, the tax administration of country A and tax administration of the country B. The main issue in transfer pricing is about to know how much profit to attribute to jurisdiction of country A and how much profit to attribute to country B. The real person to know the truth is the multinational organisation but this has a great advantage to allocate the totality or a major part of the taxable profit to lower taxes jurisdiction.

III. Existing measures dealing with transfer pricing manipulations

Different measures have been taken to deal with transfer pricing manipulations. Some have been taken on international level whereas others have been taken on national levels. Internationally, the Organisation for Economic Cooperation and Development (OECD) is the major role player organisation in this field. The OECD standards basically refer to the arm's length principle supplemented by advance

360 UNCTAD (1999), "Transfer Pricing", *UN Publications*, UNCTAD/ITE/IIT/11 (vol. 1), New York & Geneva, IIA Issues Paper Series, p. 3.

361 *Idem*, p. 1.

pricing arrangements. With arm's length principle, prices on goods and services, in other words tangible and intangible products, supplied between related parties should be kept at their ordinary prices as if the products are supplied to unrelated parties. This principle is set forth by article 9 of the OECD Model Tax Convention, according to which, where

> "*Conditions are made or imposed between the two enterprises in their commercial or financial relations which differ from those which would, but for those conditions, have accrued to one of the enterprises, but, by reason of those conditions, have not so accrued, may be included in the profits of that enterprise and taxed accordingly*".[362]

OECD's arm's length principle is supplemented by development and promotion of advance pricing arrangements (APAs), which determine, in advance of controlled transactions, an appropriate set of criteria (like method, comparables and appropriate adjustments thereto, critical assumptions as to future events) for the determination of the transfer pricing for those transactions over a fixed period of time.[363] Like other agreements, APA may be unilateral involving one taxpayer and one tax administration or multilateral involving one taxpayer and two or more tax administrations.

A point to emphasise about APAs is that multilateral APA is preferable compared to unilateral APA in the sense that unilateral APA have a risk of leading to double taxation. This is because if a MNE sets APA with country A tax administration, the country B tax administration will also set its APA with MNE without taking into consideration what the MNE has agreed with country A tax administration. Meaning that in setting up APAs, country A and country B will look at their particular interests and MNE will have no other choice except simultaneously following the two arrangements, binding one person but set with two unrelated parties.

Some countries follow the OECD guidelines while dealing with transfer pricing, by using arm's length principle and advance pricing arrangements. However, the complexity of calculating arm's length price as well as the technicality of negotiating APAs, leads to difficulties in applying the OECD guidelines and this goes particularly to developing countries. In fact, some developing countries have adopted legislations

---

362 Article 9 of the OECD Model Tax Convention.
363 OECD, (2010), *OECD Transfer Pricing Guidelines for Multinational Enterprises and Tax Administrations*, Paris, p. 23.

on transfer pricing with reference to OECD guidelines but the applicability of such legislations constitutes a challenge.

For instance, under Rwandan law, article 30 of the law n° 16/2005 of 18/08/2005 on direct taxes on income as modified and complemented to date, reflects the provisions of article 9 of the OECD Model Tax Convention and reads that:

> "*Where conditions are made or imposed between related persons carrying out business in their commercial or financial relations which differ from those which would be made between independent persons, the [*Rwanda Revenue Authority*] Commissioner General, in accordance with regulations issued by the Minister [of finance and economic planning], may direct that the income of one or more of those related persons is to include profits which he/she of they would have made if he/she or they operated as independent persons*"[364]

The paragraph two of the same article provides for advance pricing arrangements and reads that in order to ensure efficient application, the [Rwanda Revenue Authority] Commissioner General may make arrangements in advance with persons carrying out business including money trading, subject to conditions if necessary, that related persons conclude their business in the same way as would be the case between independent persons.[365]

A careful reading of this article 30 of the 2005 law on direct taxes on income proves that there is no substantial distinction between it and article 9 of the OECD Model Tax Convention. The problem now comes on the enforcement and applicability of such provisions. Dealing with transfer pricing issues are still a challenge considering that Rwanda still lacks professionals specialising in transfer pricing issues and this affects both the government and the taxpayers. Rwanda Revenue Authority also recognises limited skills in some technical areas like transfer pricing and cross-border transactions as one of its weaknesses[366] and this might be the case for most developing countries.

As a result of OECD complexities in calculating arm's length price, some developing countries have adopted some methods and deliberately ignored some others. In fact, OECD Guidelines offers different methods classified into traditional transaction methods like Comparable

---

364 Article 30 paragraph one of the law n° 16/2005 of 18/08/2005 on direct taxes on income as modified and complemented to date.

365 Article 30 paragraph two of the above law.

366 RRA (2011), Rwanda Revenue Authority Business Plan 2011-2012, Kigali, p. 4.

uncontrolled price method (CUP)[367], Resale price (RP) method, Cost plus (CP) method and transactional profit methods like Profit split method (PSM) and Transactional net margin method (TNMM) and recommends selection of a transfer pricing method always aiming at finding the most appropriate method for a particular case.[368] Meaning that a country, particularly from developing countries, must select a method that is better fitting for it, reference made to its particularities.

Taking an example of Rwanda, among different methods provided for by OECD, Rwanda has adopted only three traditional transaction methods[369] namely comparable uncontrolled price method[370], resale price method[371] and cost plus method[372] and ignored other transactional profit methods like profit split method and transactional net margin method.

---

[367] CUP is considered as the first and the most direct method recommended by the OECD Guidelines for the determination of arm's length price. This method compares the price charged for gods or services transferred in a comparable uncontrolled transaction (like a transaction between independent enterprises) in comparable circumstances. If any difference is noticed between the two prices, the transaction is not deemed to be at arm's length. For more details, see Unilever Kenya Ltd vs Commissioner of Income Tax [2005] eKLR, High Court of Kenya, Income Tax Appeal n° 753 of 2003, *eKLR Kenya Law Reports*, 2005, p. 5.

[368] Egyptian Tax Authority, "Transfer Pricing Guidelines, A Guide to the Application of Article 30 of the Income Tax Law n° 91 of 2005", at pp. 38-39, available at www.us.kpmg.com/microsite/taxnewsflash/tp/2011/EnglishFinal.pdf, accessed on 20th September 2012.

[369] These methods are provided for by article 10 of the Ministerial Order n° 004/07 of 09/05/2007 governing the implementation of the law n° 16/2005 of 18/08/2005 on direct taxes on income as modified and complemented to date.

[370] Article 11 of the above mentioned Ministerial Order reads that the comparable uncontrolled price methods compares the price charged for property or services transferred in a controlled transaction to the price charged for property or services transferred in a comparable uncontrolled transaction in comparable circumstances. And if there is any difference between the two prices, this may indicate that the conditions of the commercial and financial relations of the related persons are not at arm's length, and that the price in the controlled transaction may need to be substituted by the price in the controlled transaction.

[371] Article 12 of the above mentioned Ministerial Order provides that the resale method begins with the price at which a product that has been purchased from a related person is resold to an independent person. This price is then reduced by an appropriate gross margin (the resale price margin) representing the amount out of which the reseller would seek to cover its selling and other operating expenses and, in the light of the function performed (taking into account out assets used and risks assumed), make an appropriate profit. What is left after subtracting the gross margin can be regarded after adjustment for other costs associated with the purchase of the product (e.g. customs duties), as an arm's length price for the original transfer of property between the related persons. The resale price margin of the reseller in the controlled transaction may be

It is from this complications perspective that the United Nations has adopted transfer pricing standards similar to those of OECD, intended to be used by developing countries. The UN transfer pricing standards takes into consideration the limited administrative capacity of tax administrations and taxpayers in developing countries compared to those of developed countries. Meaning that, one of the purposes of UN Guidelines on transfer pricing is to set up guiding principles, adapted to the low level capacity of tax administrations and taxpayers in developing countries to deal with transfer pricing manipulations.

With these UN Guidelines, developing countries will much benefit from them, considering that they take into account their particular situation. And even if the transfer pricing issue is a global challenge, this become exacerbated with developing countries considering their low level capacity to deal with them and bearing in mind the fact that developing countries are now important targeted markets for companies from developed countries. As a matter of evidence, over half of the combined exports of the European Union, Japan and the United States go to developing countries and the developed economies' trade with developing countries grows twice faster than trade between developed countries.[373]

Still on the point, as the MNEs flows in developing countries increases, the issue of effective transfer pricing regulation becomes more

---

determined by reference to the resale price margin that the same reseller earns on items purchased and sold in comparable uncontrolled transactions. Also, the resale price margin earned by an independent person in comparable uncontrolled transactions may serve as a guide.

372 Article 13 of the above mentioned ministerial order provides that the cost plus method begins with the costs incurred by the supplier of property or services in a controlled transaction for property transferred or services provided to a related purchaser. An appropriate cost plus mark up is then added to these costs, to make an appropriate profit in light of the functions performed and the market conditions. What is arrived at after adding the cost plus mark up to the above costs may be regarded as an arm's length price of the original controlled transaction. The cost plus mark up of the supplier in the controlled transaction should be established by reference to the cost plus mark up that the same supplier earns in comparable uncontrolled transactions. In addition, the cost plus mark up that would have been earned in comparable transactions by an independent person may serve as a guide.

373 "The New Titans, A Survey of the World Economy", The Economist, September 16, 2006 at 3, cited in E. Baistrocchi (2008), "The Use and Interpretation of Tax Treaties in the Emerging World: Theory and Implications", *British Tax Review*, London, Sweet & Maxwell Ltd, 4: 353.

pressing for developing countries too[374] and it becomes important to wonder the extent of benefit of having MNEs flows in developing countries considering the limited capacity of these countries to deal with transfer pricing issues. Meaning that, it falls within the interest of developing countries to take a leading role for the development of a simplified and effective way of controlling transfer pricing issues. By the same token, developing countries are called to step up with international cooperation in order to increase their capacity in dealing with transfer pricing issues. Unfortunately, the general level of tax treaty network is very low in developing countries[375] compared to developed countries[376], and this situation would pose a challenge on how developing countries would manage to enhance international cooperation in absence of a developed and efficient tax treaty network.

IV. The nexus between transfer pricing and international tax competition

Another issue to think with transfer pricing is exacerbation of international tax competition. This refers to attraction of foreign direct investments by manipulating domestic tax laws in favour of foreign investors, in addition to some other advantages that may be granted to them. In other words, international tax competition refers to a process between countries in which they attempt to attract capital or taxable profits by reducing taxes.[377] Considering that, the target in transfer pricing manipulations is to shift taxable profits from high tax jurisdictions to low tax jurisdictions, countries may struggle to transform their territories into low tax jurisdictions compared to other countries, so that MNEs operating on their land prefer shifting their profits to their tax jurisdictions. Ordinarily, countries engaged in tax competition design their tax system in the way that is preferential compared to other countries, basically compared to those countries that share the same comparative advantages. And, as the main target of businesses is to

---

374 UNCTAD, *op. cit.*, p. 1.

375 Examples of developing countries with few tax treaties include but not limited to Burundi with zero tax treaty, Rwanda with only three tax treaties, Kenya with nine tax treaties, Tanzania with 9 tax treaties and Uganda with ten tax treaties.

376 For instance, Canada has over 80 tax treaties (as mentioned in M. N. Kandev (2007), "Tax Treaty Interpretation: Determining Domestic Meaning under Article 3 (2) of the OECD Model", *Canadian Tax Journal*, 55 (1): 33.

377 This definition has been provided according to literature surveys by Wilson (1999) and Fuest, Huber and Mintz (2005), cited in A. Klemm (2009), *Causes, Benefits and Risks of Business Tax Incentives*, IMF Working Paper, WP/09/21, p. 7.

maximise the profit, if other conditions are the same, MNEs prefer investing in low tax jurisdictions. The philosophy of tax competition is that by lowering tax rates, the tax competitor country may compensate such loss from the global tax revenue considering that few paid taxes from one company will generate big overall tax revenue if collected from many companies. Even though, sometimes countries resort to tax competition targeting other benefits like employment, technology imports, increase in exports, etc; whose overall advantages turn into increase of the global tax revenues.

If the global tax revenues increase is considered as the main target with international tax competition, transfer pricing manipulations are likely to stimulate international tax competition bearing in mind that lowering tax liability in A country will result into shifting taxable profits of MNEs operating in A country from other jurisdictions proven having high tax liabilities. With this scenario, in addition to creating undue disequilibrium between countries' tax revenues, transfer pricing manipulations will lead to creation and exacerbation of tax havens, which are worldwide regarded as harmful practices and subject to eradication.

Tax havens are also known for having flexible rules on hiding financial information like banking secrecy. Considering the popularity of arm's length principle in dealing with transfer pricing manipulations, this principle would easily fail if some information are not revealed. And, with the consistent efforts of the tax haven jurisdictions, the applicability of arm's length principle will be limited in these jurisdictions. This may be very attractive for MNEs, who may prefer allocating a large part of their profits in tax havens, and this will generally hamper the control of transfer prices by non-tax havens jurisdictions due to lack of information that would be obtained from tax havens jurisdictions. To overcome this situation, proposing cooperation agreements seem to be one of the best solutions to pull tax havens jurisdictions.

V. Exploring the need of international cooperation to deal with transfer pricing manipulations

The first and simple logic as far as dealing with transfer pricing manipulations is concerned is to deal with an international problem using international ways. As mentioned above, transfer pricing manipulations scenario involves three parties: multinational organisation, host government and home government. First and foremost, it would be challengeable how and why host government and home government (two parties) disputing over the taxes from multinational organisation, would not cooperate to determine the real share attributable to host government and the real share attributable to home government? In other words, in transfer pricing disputes, the MNE is opposed to two governments, acting separately, and each trying its best to get as much as possible tax revenues from MNE. Wouldn't it be better if the two governments set or agree on some principles or methods to calculate tax amount allocable to host government and tax amount allocable to home government? This would be done considering that individual acting risks leading to unfair allocation of profits against one government in favour of another one and/or favour double taxation against MNE.

On this point, we quote the views of the OECD according to which,

> "*International aspects of transfer pricing are more difficult to deal with because they involve more than one tax jurisdiction and therefore any adjustment to the transfer price in one jurisdiction implies that a corresponding change in another jurisdiction is appropriate. However, if the other jurisdiction does not agree to make a corresponding adjustment the MNC group will be taxed twice on this part of its profits. In order to minimise the risk of such double taxation, an international consensus is required on how to establish for tax purposes transfer prices on cross-border transactions*".[378]

It is from this perspective that we emphasise the need for international cooperation to deal with transfer pricing issues so that none of the host and home government lose its tax revenues still protecting the MNE from double taxation and probable penalties and interests on overdue taxes.

International cooperation in dealing with transfer pricing manipulations would therefore play an important role in avoiding double taxation against MNEs and other consequences relating to it. Bearing in mind the transfer pricing scenario, each country, basing on the sovereignty powers, controls transfer pricing by setting up internal regulations focusing on protection of internal revenues, with a probable result that a MNE can be imposed twice by two countries for the same income. K. S. Mansori and A. J. Weichenrieder affirm that non-cooperative governments that control transfer prices to maximize national tax revenues lead to a double taxation of intra-firm trade, which

[378] OECD, *op. cit.*, pp. 19-20.

in turn has a depressing effect on the volume of trade,[379] considering that some corporations will pull off.

In such cases, the governments will lose even the small part that would be got by fairly sharing the tax revenues with reference to income attributable to a given permanent establishment depending on the connecting factor taken into consideration. In front of this, international cooperation appears again to be one of the most reliable ways to deal with transfer pricing manipulations. In fact, governments can potentially benefit from international cooperation by agreeing on a common allowable transfer price[380] instead of ending up taxing a wrong side of profits.

So far, each country makes its own sovereign efforts and decisions on transfer pricing matters but there is an increasing acceptance that governments need to work together more often and more deeply to ensure that such taken sovereign decisions are respected.[381] However, how this mutual support should be operationalized? This is still to be determined and subject to debates but the first choice of our view would be through international tax treaties.

International cooperation would also minimise efforts of each country acting separately in dealing with transfer pricing manipulations. In fact, dealing with transfer pricing is expensive and time-consuming[382], and the total cost of these activities would be reduced if there is cooperation among governments especially on providing needed information. For instance in case the used method to determine the arm's length price is comparable uncontrolled price, the government will need information from the other jurisdiction and these may be easily provided in case of cooperation agreement between the two governments.

VI. Concretising international network dealing with transfer pricing

Given the nature of transfer pricing, there is an obvious need to deal with it by adopting a framework of the same nature. As explained above,

---

379 K. S. Mansori & A. J. Weichenrieder (2001), "Tax Competition and Transfer Pricing Disputes", *Finanz Archiv: Public Finance Analysis*, 58 (1): 3.
380 *Ibidem.*
381 J. K. Sundaram (2012), "Transfer Pricing is a Financing for Development", *UN DESA Dialogue on Globalization*, Friedrich Ebert Stiftung, p. 3.
382 PWC (2010), International Transfer Pricing 2011, p. 14.

transfer pricing constitutes an international problem and one of the best ways to effectively deal with it is through international mechanisms. Such mechanisms should therefore be concretised by international tax treaty networks, either bilateral or multilateral. In other words, since transfer pricing is an international issue, measures in this framework must also be international measures.

In Unilever Kenya Ltd v Commissioner of Income Tax, the judge observed that: "transfer pricing arises, where as a result of a special relationship between two or more enterprises, transactions between them result to less taxable profits than those which would have been obtained or earned if the trading transactions were done with a non related enterprise".[383] This means that in a successful transfer pricing manipulation, a country in favour of which transfer pricing manipulations are done shall be subject to tax revenues increase while the other country shall suffer a loss in tax revenues. Rather, the principles of natural equity and justice would impose a fair attribution of taxable profits to a country deserving them, if no tax manipulation was done. In this regard, the best way to come with a fair attribution of taxable profits is through international tax treaties, to enhance countries' mutual tax relationship.

In the same vein, States are globally urged to strengthen their international tax relations through bilateral and multilateral international tax treaties. Especially this call goes to developing States that are still reluctant in conclusion of international tax treaties. Rather, developing countries seem to be the major victims of transfer pricing issues. Developing countries also need to strengthen international tax treaty network to enhance their internal capacities and abilities in dealing with transfer pricing manipulations. In this regard, they would preferably establish tax relationships with developed countries who have so far established strong mechanisms against transfer pricing manipulations.

By the same token, existence of tax treaty network is presented as one of the legal preconditions for implementing transfer pricing reform in developing countries.[384] This would even work as starting point to set up strong mechanisms against transfer pricing manipulations. The existence of international tax treaties is also very crucial as tax treaties provide taxpayers with mechanisms to question some issues like double taxation

383 Unilever Kenya Ltd v Commissioner of Income Tax [2005] eKLR, High Court of Kenya, Income Tax Appeal nº 753 of 2003, *eKLR Kenya Law Reports*, 2005, p. 10.
384 PWC, *op. cit.*, p. 14.

and help in putting in place some basic foundations for the exchange of information, which is beneficial for both the taxpayer and the tax administration.[385] This is of paramount importance bearing in mind the advert effect of personalised mechanisms against transfer pricing. In fact, non-collaborative mechanisms to tackle transfer pricing manipulations, taken by each government individually against one MNEs leads to the selfish maximization of tax revenues regardless of what has been or what is to be done in another jurisdiction. Meaning that the MNEs, with no capacity to challenge States tax sovereignty, have the risk of being taxed twice for the same tax base, i.e. double taxation.

International tax treaties would also play a role of laying down internationally accepted norms in area of transfer pricing, which are fair to countries involved in transfer pricing transaction but also to the involved taxpayer.[386] This is because, as correctly argued by J. K. Sundaram, "there is a risk that if one country adjusts the pricing of a transaction within a group so as to increase profits made and taxable in that country, another country will not decrease its calculation of the profits made (and tax payable) in that country by making an adjustment. In that case, some part of the profits may be taxed twice, with a possible discouragement of investment"[387]. Considering this scenario, one of the best approaches to this situation is the conclusion of international tax treaties on the matter since it cannot be possible for a single country to regulate the transfer pricing matters on its territory and outside its territory.

The concretisation of international tax cooperation against transfer pricing manipulations should also be done in a way that takes into consideration the particularities of the concerned State. For instance, developed countries may follow the OECD Guidelines on transfer pricing but it would not be recommended for developing countries to follow the same guidelines. These would better develop their tax treaties reference made to UN Guidelines on transfer pricing. A point to bear in mind while concluding international tax treaties, particularly for developing countries, is to look how simplified cooperation framework should be set, reference made to limited capacities and abilities of these countries in managing complex transfer pricing manipulations. Such

---

385 *Idem*, p. 21.

386 J. K. Sundaram, *op. cit.*, p. 4.

387 *Idem*, pp. 3-4.

complications should be assessed from both sides, i.e. from the side of the tax administrations and from the side of taxpayers.

These manipulations are mostly done by MNEs from developed countries, operating in developing and equipped with qualified professionals, sometimes more than developing countries can afford. According to J. K. Sundaram, one of the reasons why transfer pricing represents such a test of international cooperation on tax matters is because in many respects, developing countries, especially those with weak or poor administrative capacity, are especially disadvantaged by a variety of factors,[388] hampering them from a good dealing with transfer pricing compared to developed countries. It is therefore in the interest of developing countries to set up simplified tax treaty networks that are easy for these countries to manage. Such treaties must basically be established between developing countries and their major business partners, taking into account the preferred tax jurisdictions hosting either subsidiaries or parents. In this vein, developing countries would still consider simplification of tax treaties able to manage, bearing in mind that in addition of being challenged by MNE from developed countries, governments in developing countries may also be challenged by the partner governments from developed countries too.

All in all, establishing international tax treaty network as a mechanism to control transfer pricing manipulations would be structured in way that is manageable for each government, even if some model treaties may be designed.

VII. Conclusion

With globalisation, regionalisation and internet, the way of doing business has greatly changed and with the modern business system, the target for companies is to conduct their business worldwide. This is presently encouraged and facilitated by the three mentioned drivers, to the extent that a significant number of companies have subsidiaries or branches in separate jurisdictions other than their home jurisdictions. As a matter of States tax sovereignty, according to which, each state sets its

388 *Idem*, p. 4. Some of the factors mentioned by this author are the complexity of transfer pricing concepts and their practical application; the fuzziness of some of the concepts involved; the frequent lack of data needed to evaluate the correctness of the profit allocation and the cost of access to relevant data; the resource-hungry nature and long time-frame of transfer pricing cases, in terms of person-hours and costs; and the very large sums often involved.

tax system in the way that fits for it, MNEs operating in territories with significant different tax liability chose to allocate the totality or a part of their tax basis to a given tax jurisdiction, depending on where their overall profit may be maximised.

This phenomenon, known as transfer pricing manipulations, evolved from time to time and measures have been taken to control such manipulations. OECD, in its mission to enhance economic cooperation and development has designed some guidelines to manage the transfer pricing issues, with different methods globalised into arm's length principle. However, these guidelines have been criticised for being complex to the extent that some developing countries cannot afford them due to the limited capacities and abilities of developing countries governments and taxpayers in these countries.

Governments worldwide have also adopted different measures to manage transfer pricing manipulations and most of the taken measures are personalised to the adopting State without any cooperation link between the host and home governments. Such measures are sometimes working for the benefit of the government but in some instances, they have been the cause of double taxation or have exacerbated double taxation, with all consequences thereto attached.

It is from this perspective that this paper has been suggesting enhancement of international cooperation as one of the mechanisms to manage transfer pricing manipulations. One of the reasons behind is that since transfer pricing scenario involves three parties, the simple logic would dictate tackling an international issue through or using international mechanisms. Managing the transfer pricing manipulations also requires obtaining information, sometimes from the partner state and one of the effective ways to get such information is through international cooperation.

Such international cooperation would therefore be concretised by international tax treaties and governments are urged to conclude as many as possible, depending on their major business partners. However, a point to bear in mind is that such international tax treaties should be shaped in a way that is manageable by the concluding governments, considering that one of the challenges associated with the so proposed guidelines in controlling the transfer pricing is the complexity of such guidelines, to the extent that some tax administrations and taxpayers from developing countries cannot afford such guidelines.

VIII. References

1. Baistrocchi, E., "The Use and Interpretation of Tax Treaties in the Emerging World: Theory and Implications", *British Tax Review*, London, Sweet & Maxwell Ltd, Issue 4, 2008.
2. Egyptian Tax Authority, "Transfer Pricing Guidelines, A Guide to the Application of Article 30 of the Income Tax Law n° 91 of 2005", at pp. 38-39, available at www.us.kpmg.com/microsite/taxnewsflash/tp/2011/EnglishFinal.pdf, accessed on 20th September 2012.
3. Informal interview with a Rwanda Revenue Authority officer on 18th August 2012.
4. Kandev, M. N., "Tax Treaty Interpretation: Determining Domestic Meaning under Article 3 (2) of the OECD Model", *Canadian Tax Journal*, vol. 55, n° 1, 2007.
5. Klemm, A., *Causes, Benefits and Risks of Business Tax Incentives*, IMF Working Paper, WP/09/21, 2009.
6. Law n° 16/2005 of 18/08/2005 on direct taxes on income as modified and complemented to date (Rwanda).
7. Mansori, K. S. & Weichenrieder, A. J., "Tax Competition and Transfer Pricing Disputes", *Finanz Archiv: Public Finance Analysis*, vol. 58, n° 1, 2001.
8. Ministerial Order n° 004/07 of 09/05/2007 governing the implementation of the law n° 16/2005 of 18/08/2005 on direct taxes on income as modified and complemented to date (Rwanda).
9. Li, J. and Sandler, D., "The Relationship between Domestic Anti-Avoidance Legislation and Tax Treaties", *Canadian Tax Journal*, vol. 45, n° 5, 1997.
10. OECD, *OECD Transfer Pricing Guidelines for Multinational Enterprises and Tax Administrations*, July 2010.
11. OECD Model Tax Convention.
12. PWC, International Transfer Pricing 2011, March 2010.
13. RRA, Rwanda Revenue Authority Business Plan 2011-2012, Kigali, June 2011.
14. Sundaram, J. K., "Transfer Pricing is a Financing for Development", Friedrich Ebert Stiftung, UN DESA Dialogue on Globalization, February 2012.
15. UNCTAD, *Transfer Pricing*, UN Publications, UNCTAD/ITE/IIT/11 (vol. 1), IIA Issues Paper Series, New York & Geneva, 1999.
16. Unilever Kenya Ltd v Commissioner of Income Tax [2005] eKLR, High Court of Kenya, Income Tax Appeal n° 753 of 2003, *eKLR Kenya Law Reports*, 2005.

LE BUDGET PROGRAMME EN AFRIQUE : QUAND LES FAITS SUPPLANTENT LE REVE

Par **Dr Vivianne Ondoua Biwole**
Chargée de Cours à la FSEG
Université de Yaoundé II-Soa

I. Contexte et justification

Nous avons souhaité nous intéresser aux difficultés de la mise en œuvre du budget programme car, depuis plus de quinze ans qu'il est expérimenté en Afrique, il présente peu de succès. Et pourtant, la publicité faite pour lui, au sens de l'amplification de son évocation, donne l'impression que la rationalité qui le caractérise, en tant qu'outil de gestion, assure sa capacité à être un levier de la croissance des pays. S'il a été un succès aux États-Unis en 1961 à travers le Planning Programming Budgeting System (PPBS) dont l'objectif était de rationaliser la décision publique, en France en 1970 par la Rationalisation des Choix Budgétaires (RCB) et au début des années 80 en Nouvelle-Zélande, en Australie puis au Canada, au Royaume-Uni et aux Pays-Bas, il tarde à avoir la même réputation dans les pays africains où son implantation remonte pour certains, à une quinzaine d'années.

En effet, il est désormais admis que l'extrême pauvreté qui sévit dans les pays d'Afrique sub-saharienne est le fait combiné de la crise économique et des politiques d'ajustements que ces pays ont subi sous l'égide de la Banque Mondiale et du Fonds Monétaire International et de la difficulté des États à faire face à ces deux évènements. En conséquence, il y a des appels de plus en plus pressants pour des réformes tendant à renverser la situation. En réponse, les administrations publiques en Afrique connaissent, depuis la crise économique de la moitié des années 80, de nombreuses réformes ; la plus répandue depuis 1997 est celle du budget programme à travers la réforme des finances publiques. Le budget programme induit en effet une nouvelle ère dans la gestion économique et financière des pays. Il inaugure un nouveau cadre de gestion budgétaire caractérisée par une « logique responsabilisante des acteurs de la performance ». Il vise donc à introduire plus de rationalité dans les dépenses publiques.

Cette préoccupation de rationalité des dépenses publiques qui guide le choix du budget programme a plusieurs origines. Il est dans certains cas soutenu voire imposé par les Institutions de Breton Woods (Fonds Monétaire International et Banque Mondiale) dans le cadre des prêts. Pour d'autres pays, francophones pour la plupart, liés à la France par un passé colonial, le budget programme semble avoir été adopté par suivisme. Ils ont suivi le modèle institutionnel français (la LOLF) ou ceux pratiqués par les pays membres de l'OCDE en général. Mais il convient de relever qu'en plus de ces origines diverses, la CEMAC et l'UEMOA ont édicté des directives visant à harmoniser le système des finances publiques pour leurs États membres avec l'introduction de la budgétisation par programmes. Ce qui montre que l'initiative des réformes des finances publiques à travers le passage à une budgétisation axée sur la performance et enfin les budgets-programmes est presque essentiellement imposée, Gueye (2011). La situation économique difficile des pays africains et la poussée des populations qui revendiquent de plus en plus un service public de qualité et à coûts convenables ou raisonnables ne font qu'accroître cette pression.

Le budget programme semble alors véhiculer un espoir. Il est une obligation légale pour l'ensemble des administrations publiques (dans les pays où il est légiféré ou imposé par les bailleurs de fonds) et un outil de gestion qui permet de planifier la production de façon lisible et visible, garantissant ainsi l'atteinte des résultats (Bela, 2013). Le budget programme peut également être considéré comme un outil de politique publique. Il matérialise la volonté de l'Etat, de concert avec ses partenaires financiers extérieurs (Fonds Monétaire International, Banque Mondiale, Programme des Nations Unies pour le Développement), d'optimiser les performances de la dépense publique en aménageant un cadre de dépenses à moyen terme efficace et efficient. Le budget programme a finalement le mérite de présenter plus de lisibilité et de visibilité dans l'action de l'Etat et de constituer un relais à la réalisation des orientations stratégiques de l'Etat. Il est mis en œuvre dans le but de permettre aux administrations publiques d'être des moteurs pour la croissance économique, afin d'œuvrer à l'émergence économique au regard des objectifs des pays africains de devenir des pays émergents. Du fait de la pression des bailleurs et des attentes des populations, l'usage du budget programme ne semble plus être une option.

De ce qui précède, pour les administrations, la question n'est donc plus celle de savoir si oui ou non elles doivent s'approprier le budget programme, mais comment le faire pour que celui-ci soit un outil de gestion qui permette de booster la croissance.

II. Problématique

La question à laquelle la présente recherche tente de répondre est de savoir quelles sont les difficultés de mise en œuvre du budget programme dans les pays africains. Il amorce son implémentation en Afrique en 1997 avec le Mali, puis 1998 avec le Burkina Faso et 2003 avec le Bénin, soit une quinzaine d'années de mise en œuvre dans les pays d'Afrique francophone sans que cet instrument, porté en triomphe par les Institutions Financières Internationales (IFI), l'Organisation de Coopération et de Développement Economique (OCDE), et l'Union Européenne (UE), soit un véritable succès.

Il nous semble alors opportun de nous intéresser à cette problématique ce d'autant plus que la plupart des recherches menées sur le sujet (Mesple-somps, Raffinot, 2003 ; Raffinot ; Mede, 2012 ; Ouedroago, 2008; Ahowesso, 2010; Shall, 2010 ; Ba, 2010; Bio-Tchane, Y, (2010) ; Kone, (2011); Taiclet et Murara., 2011; Alta Filscher, 2012 ; Lawson, Chiche, et al., 2012) l'aborde sous un angle budgétaire. Dans ces cas, le budget programme est d'abord vu comme une réforme de droit budgétaire dont le but est de mettre en place des procédures rigoureuses assurant une meilleure gestion des finances publiques. En effet, les administrations publiques en Afrique subsaharienne souffrent de problèmes de transparence dans la gestion des finances publiques. Certains parlent de situation de "pagaille financière" pour décrire la trop grande liberté prise vis-à-vis des textes qui forment la constitution financière des Etats, et la "quasi-absence de régulation par le droit", Mede (2012). L'on observe alors une propension courante des gouvernants et des gestionnaires publics à s'affranchir des contraintes et balises du droit budgétaire et de la comptabilité publique.

Nous rejetons cette posture, nous retenons celle de gestion en considérant le budget programme comme un outil de gestion, un outil de politique publique dont l'objectif est d'être un levier à la croissance. Dans ce contexte, ce qui nous intéresse c'est moins les procédures et autres dispositions visant à contrôler la qualité de l'exécution du budget qui nous intéresse que la capacité du budget programme à atteindre les objectifs sociaux retenus.

III. Méthodologie

La méthodologie de notre recherche est intégrative en ce sens que son cadre d'analyse se base sur deux théories, à savoir : 1) la théorie néo-institutionnelle et ; 2) la théorie de l'agence. Les facteurs explicatifs sont basés sur ces deux dimensions et feront l'objet d'analyse plus poussées suite à la collecte des données comme le précise le tableau 1 ci-dessous.

Tableau 1: Modèle conceptuel proposé

Théories de base	Niveau contextuel	Niveau organisationnel
Théorie néo institutionnelle	Les facteurs exogènes: le transfert de modèle, les valeurs institutionnelles, la légitimité	Isomorphismes: les pressions d'ordre coercitif, mimétique, normatif
Théorie de l'agence	Objet de relation d'agence: prêt, modèle transféré	Les Pratiques managériales: formalisation, encadrements des bailleurs, comportements des gestionnaires publics africains

En ce qui concerne la théorie de l'agence de Jensen et Meckling (1976), à la suite des PAS et de l'initiative PPTE, le budget programme est parfois présenté comme conditionnalité par certains bailleurs de fonds pour l'obtention et le suivi de l'aide au développement. Il se crée de ce fait une relation d'agence d'un type particulier entre les États et les bailleurs de fonds. Le bailleur de fonds étant « le principal » et l'État l'agent, l'aide représente l'objet de l'échange. En effet, le bailleur de fonds qui engage son argent dans le cadre de l'aide au développement ou plus précisément du « prêt au développement » se retrouve dans une situation de dépendance vis-à-vis de l'Etat emprunteur. Ce lien de dépendance quasi durable qui se crée rend la transaction exposée à plusieurs problèmes qui exigent de prendre des mesures dont entre autres le contrôle du respect des engagements, la définition des règles de partage des résultats de la coopération, etc. De manière générale, en pareil cas, le principal mettra en place un système qui poussera l'agent à réaliser ce qui est attendu de lui tout en dévoilant la totalité des informations : ici, le budget programme est vu comme cet outil de contrôle du bailleur de fonds, assurant la bonne gestion des fonds prêtés à ces pays et donc la sécurité des fonds empruntés.

Abordant cette fois la théorie néo institutionnelle de DiMaggio et Powell (1983), la diffusion du budget programme dans les pays africains et surtout la conditionnalité qu'en font certains bailleurs de fonds pour l'obtention et le suivi de l'aide au développement rappelle fort bien la théorie néo institutionnelle. Le rôle des bailleurs de fonds et des agences techniques des organismes internationaux en rapport avec le transfert du budget de programme dans les pays africains laisse conclure que le transfert opéré se fait à travers un processus isomorphique et notamment l'isomorphisme normatif et coercitif soit par contrainte à travers les conditionnalités des bailleurs de fonds soit par imitation grâce aux agences techniques, aux directives régionales ou par la circulation des informations et des fonctionnaires entre les pays. Au plan régional, il existe deux grandes directives : directives de l'UEMOA et directives de la CEMAC. Ce processus mimétique fait observer que le transfert opéré accorde peu de place à la rationalité.

La recherche concerne huit pays africains : le Burkina Faso (1998), le Mali (1997), l'Ile Maurice (2002), le Maroc (2002), la République du Congo (2012), le Bénin (2001), le Togo (2013) et le Cameroun (2013)[389]. Il est représentatif des différentes communautés sous-régionales ayant entrepris des réformes de leur système de finances publiques, UEMOA (Burkina Faso, le Mali, Bénin, le Togo), CEMAC (le Cameroun, la République du Congo), les pays du Maghreb arabe (le Maroc) et la SADC[390](Ile Maurice).

IV. Résultats

Les difficultés de mise en œuvre du budget programme dans les pays africains, objet de la présente étude sont de deux types : les difficultés conceptuelles et opérationnelles.

A. Les problèmes conceptuels

Ceux-ci renvoient aux difficultés qu'on pourrait qualifier de congénitales. Celles inhérentes à la nature du budget programme. Deux principaux problèmes conceptuels découlent de notre analyse : le budget programme tel qu'implémenté accorde peu de place au processus

389 Etant donné la récente introduction du budget programme dans ce pays, une évaluation réelle peut être précoce. Cependant, le diagnostic des difficultés constatées dans la mise en œuvre du BP constitue la base du développement sur les limites du BP dans les pays de l'étude.

390 Communauté de développement d'Afrique Australe, SADC, c'est le sigle en anglais.

rationnel et se caractérise par une faiblesse juridique qui ne facilite pas son appropriation.

✓ *Peu de place accordée au processus rationnel dans la mise en place des budgets programmes.*

Le processus rationnel renvoie à une démarche qui consiste à faire un choix en connaissance de cause, à la suite d'une évaluation objective des options possibles et des conséquences de celles-ci. Le budget programme en Afrique ne semble pas résulter d'un choix rationnel pour deux raisons : il est importé d'ailleurs et est imposé dans certains cas comme conditionnalité de l'aide au développement.

▪ *Le budget programme importé d'ailleurs*

Le problème de la faible place accordée à la rationalité dans le cadre de la mise en œuvre du budget programme s'apprécie d'une part à travers son origine et, à travers le contexte de l'absence de capacités des administrations au moment de son implantation.

Parlant de l'origine du budget programme, parce qu'importé de l'extérieur, la transposition du budget programme dans les pays africains est vécue comme une commande exogène de l'action publique imposée par les évidences du contexte des administrations qui doivent être plus compétentes mais également par les bailleurs de fonds qui en font parfois une conditionnalité de l'aide au développement. Cette réforme est alors vécue simultanément comme une nécessité fonctionnelle liée à l'évolution du contexte dans lequel elle s'insère et comme une conditionnalité. Cet outil semble avoir fait ses preuves ailleurs et donc proposé aux pays africains comme modèle de gestion efficace de l'action publique à travers son transfert dans leurs administrations.

Une grande variété de notion est alors utilisée pour rendre compte de ce caractère exogène des politiques publiques. Certains préfèrent la notion de transfert qui se rapproche selon la métaphore biologique, de la greffe, la transplantation, la transposition, ou encore de la circulation. D'autres l'abordent sous un vocable moins tranché et emprunte donc la notion de convergence en rapport avec la préoccupation de la diffusion, la généralisation, l'imitation, l'isomorphisme. Quoi qu'il en soit, pour utile que puisse être l'exercice de la clarification notionnelle, son intérêt nous semble limité, car en fait toutes ces notions ont un trait commun : la réplique totale ou partielle d'un modèle considéré comme meilleur à celui qu'il est censé remplacer.

Pour nous, la transposition du budget programme dans les pays africains renvoie à toutes ces réalités de transfert qui consistent à transposer des connaissances propres à un modèle –passé ou présent - dans un nouvel environnement. Il ne découle pas d'une réflexion endogène, réfléchie et mûrie de l'intérieur.

En effet, le budget programme est adopté sous le contrôle des bailleurs de fonds et des partenaires au développement, institutions influentes de par leur positionnement institutionnel. La Banque Mondiale, le FMI et le Programme des Nations unies pour le développement (PNUD) du fait de leur puissance, exerce des pressions formelles et informelles pour amener les pays africains à s'aligner sur les prescriptions qui leur sont édictées.

En plus de leur positionnement international, ces institutions sont des bailleurs des pays et sont alors perçues comme des donneurs d'ordres à travers l'appât du financement. Ces donneurs d'ordre, pour s'assurer de la capacité de remboursement des crédits octroyés et protéger leurs intérêts pourraient alors proposer des modes de gestion permettant de garantir les résultats. Les budgets programmes ne participent donc pas de stratégies scientifiquement élaborées par les acteurs internes des pays. La preuve du peu de place accordée à la rationalité est apportée grâce à l'analyse de l'origine des budgets programmes.

C'est en 1997 au Mali et en 1998 au Burkina Faso que les premiers budgets programmes ont été introduits en Afrique à travers les conditionnalités de l'aide au développement. Les innovations budgétaires qui y ont été apportées se sont inspirées du modèle canadien. Le Canada a fourni un appui limité en termes de formation, Mesplé-Somps et Raffinot (2003). C'est le même processus suivi au Maroc en 2002. Il a été incité par les bailleurs de fonds. Au Cameroun, au Togo et à l'Ille Maurice le déclencheur reste toujours les bailleurs de fonds selon le processus mimétique ; un modèle est conçu et proposé au pays.

Au Cameroun, l'instauration du nouveau régime financier qui consacre l'utilisation du budget programme est l'aboutissement d'un processus. À la suite du constat relevant la nécessité de réformer la gestion des finances publiques au Cameroun, plusieurs responsables du ministère des finances (MINFI), ont été envoyés en formation et en mission en France pendant près de 5 ans pour s'approprier les fondements et le mécanisme de fonctionnement de la loi organique en France (la LOLF) afin adapter ce modèle au contexte camerounais. Ce travail a été fait avec l'appui des agences techniques qui continuent de mettre leurs expertises à la disposition du MINFI.

S'agissant des capacités des administrations, notons que non seulement cet outil ne relève pas d'un choix délibéré, mais en plus, il n'est pas fortement popularisé et internalisé dans les pays bénéficiaires. Et pourtant, il intervient dans un contexte où les administrations publiques sont fortement affaiblies par 30 ans d'ajustement et ainsi dépouillées des ressources humaines en capacité de s'approprier le budget programme. En effet, les politiques d'ajustement structurel ont contribué non seulement à affaiblir l'État avec l'exigence du « moins d'État », mais elles ont spécialement démantelé l'administration dans leur capacité à mener une réflexion endogène et à conduire les réformes. Les agents publics, pendant longtemps confinés à exécuter des réformes conçues de « Washington » sont subitement et sans préparation inviter à assumer la responsabilité de la mise en œuvre d'un processus participatif lourd et complexe qu'impose le budget programme.

Dans ce contexte fébrile, la solution est vite trouvée : l'implication des agences multinationales et les directives régionales. L'implication des agences a consisté à bénéficier de l'appui technique des experts mis à disposition ou de faciliter la circulation des hommes et des informations entre les pays. Les organisations régionales quant à elles organisent le mimétisme à travers les directives prises qui s'imposent par la suite à tous les pays membres moyennant un temps d'adaptation. Cette harmonisation consacre la prise de conscience au niveau régional ou global, du caractère transnational de certains problèmes. Elles manifestent la volonté de gérer les interdépendances entre les politiques publiques menées dans les différents pays d'un ensemble régional.

Cette réalité convoque le phénomène de voisinage dont la proximité peut créer la contagion. Il ne s'agit pas seulement du voisinage géographique car avec l'avènement des technologies de l'information et de la communication, qui permet un essor sans précédent de la circulation internationale des idées, le transfert des modèles se trouve facilité. Le voisinage ici renvoie entre autre à la proximité des contextes, des peuples, des contraintes politico administratives et sociales. Ainsi, la comparaison avec les homologues étrangers est facilitée par le fait que beaucoup d'organisations publiques exposent leurs statuts, missions, programmes d'action, rapports d'activité, etc. sur Internet.

Toutefois, le transfert du budget programme est diversement vécu dans les pays francophones et les pays anglophones de l'Afrique. Les pays africains anglophones ont une approche plus éclectique. Bien qu'ils puissent s'inspirer des modèles utilisés en Australie, Nouvelle-Zélande, Afrique du Sud, Suède et au Royaume-Uni, leurs systèmes de budget programme diffèrent et évoluent continuellement. Ils sont par ailleurs mieux adaptés aux dispositions nationales constitutionnelles, institutionnelles et organisationnelles (Lienert, 2012).

Pour conclure sur le point de la place accordée à la rationalité, le budget programme, modèle importé de l'extérieur, ne permet pas une réflexion stratégique au plan national, encore moins une réelle appropriation au-delà d'une petite équipe, experte comme on le dit dans le langage des institutions internationales. C'est le cas au Cameroun où deux ministères le MINFI et Ministère de l'Économie, de la Planification et de l'Aménagement du Territoire (MINEPAT) sont des acteurs spécialisés. Au MINFI, le responsable du programme de modernisation des finances publiques nous a dit disposer des formateurs « labellisés » en élaboration et exécution du budget programme. Les seuls à avoir suivi une véritables formation à ce sujet, à mieux comprendre le langage utilisé et à pouvoir transmettre les connaissances adéquates. Les autres sont simplement jugés d'imposteurs dans ce « territoire privé ». C'est dire la maîtrise du budget programme relève encore d'une certaine élite administrative. Dans d'autres cas, le caractère peu rationnel du budget programme des pays africains est justifié par son usage comme conditionnalité.

- *Le budget programme : une conditionnalité*

Que faire lorsque le budget programme est utilisé comme conditionnalité si ce n'est de l'implémenter tel que prescrit ? Un pays sous condition dispose de très peu de marge de manœuvre pour opposer une autre option. Il dispose également de peu d'enthousiasme à mener une réflexion rationnelle tant son statut d'« assujetti » ne le prédispose pas toujours à faire valoir son intelligence. Il est parfois plus préoccupé des actions de survie que des actions stratégiques. Cette situation s'observe dans les pays africains fortement dépendant de la dette extérieure.

Le Mali a été choisi comme pays test par les pays du Comité d'Aide au Développement (CAD) de l'OCDE pour une revue de l'aide en 1997. Il est à cette époque très lourdement dépendant de l'aide extérieure et ce jusqu'en 2001 où l'aide publique au développement représentait 13,2 % du PIB, le financement extérieur au Mali (dons et prêts nets) représentait à cette même date 42 % des dépenses publiques,

Mesplé-Somps et Raffinot (2003). L'inefficacité de l'aide a imposé de nouvelles façons de faire notamment au niveau de la coordination des bailleurs.

De même, une expérience pilote de réforme de la conditionnalité a été menée au Burkina Faso à partir de 1997 (Leandro, Shafer & Frontini, 1999), expérience qui a été ouvertement reprise dans le cadre de l'approche lutte contre la pauvreté » (FMI et AID, 1999, p. 8)[391]. En 2001 au Burkina Faso, l'aide publique au développement représentait 15,6 % du budget de l'État et plus de 26% du PIB est financé pour un tiers par des dons internationaux[392].

Au Bénin, la situation économique est tout aussi préoccupante. Sur la période 1996-2000, le taux de croissance économique réelle est en moyenne de 5,2 % avec un taux moyen de l'inflation mesurée à travers l'indice des prix à la consommation de 3,8 %. Parallèlement, le taux annuel moyen d'accroissement de la population évalué à 3,2 % au cours de la décennie passée. C'est dans ce contexte que la mise en place des budgets-programmes s'est effectuée avec l'appui d'un nouveau mécanisme de prêt de la Banque Mondiale, le Crédit d'Ajustement pour la Réforme des Dépenses Publiques (Public Expenditure Reform Adjustment Credit, PERAC).

Au-delà de l'absence de rationalité, l'implantation du budget programme se heurte à la faiblesse juridique liée à son encadrement.

✓ *Faiblesse juridique comme facteur d'échec du budget programme*

Sur ce point, l'on observe deux attitudes : celle des États qui ont choisi d'introduire le budget programme par une loi et celle des États l'ayant introduit par la conditionnalité. Dans les deux cas, il existe des faiblesses aux choix opérés.

Le budget programme institué par la loi présente a priori une force obligatoire supérieure à celle du budget programme résultant de la conditionnalité. Les deux exigences ne sont pour autant ni contradictoires ni exclusives. Encore que, dans la plupart des cas, c'est la contrainte extérieure qui conduit à la loi. La force supérieure est alors celle induite par les bailleurs de fonds couplée à la loi qui obligent les acteurs du budget programme à l'exécuter.

---

391 Cité par Mesplé-Somps et Raffinot (2003)

392 Mesplé-Somps et Raffinot , op cit.

Mais, cette hypothèse n'est vérifiée que lorsque les bailleurs de fonds maintiennent la pression parce que plusieurs pays Africains se caractérisent par un faible attachement à l'Etat de droit et au respect scrupuleux de la loi. Ce faible attachement explique pourquoi le budget programme institué par la loi a toujours du mal à s'imposer comme c'est le cas pour le Cameroun, la République du Congo et le Togo. Si l'on peut comprendre que du fait de leur implantation récente ces pays ne se soit pas encore véritablement appropriés le budget programme, il faut tout de même reconnaître que son encadrement juridique reste « mou ». Il n'est prévu aucune sanction en cas de non arrimage des administrations. Au point où en 2013, date de mise en œuvre du budget programme au Cameroun, la plupart des collectivités et des établissements publics administratifs n'étaient pas encore alignés sur cette réforme. Pour 2014, la situation risquerait de ne pas beaucoup évoluer. Même la loi ne suffit plus à elle seule pour constituer une force supérieure.

Trois raisons fondamentales peuvent expliquer ce fait : d'abord la faible conscience de l'Etat de droit, ensuite la faiblesse de la loi qui peut être violée et enfin, l'importance des institutions juridictionnelles chargées de faire respecter la loi : conseil constitutionnel, chambre ou cours des comptes, juridictions administratives, parlement, etc...De la sorte, même en excluant les difficultés techniques d'appropriation du budget programme, la pression des bailleurs de fonds s'avère indispensable qu'elle soit ou non accompagnée d'une institution législative.

Le Mali (1997), le Burkina Faso (1998) et le Benin (2001) sont des pays dans lesquels le budget programme n'a pas été légiféré. Si les Parlements y adoptent les budgets de leurs États sous la forme de programme, aucun texte juridique n'exige que le budget soit présenté sous cette forme. Exception faite du Burkina Faso qui a promulgué une circulaire introduisant la démarche d'élaboration des budgets programmes. Au Mali et au Burkina Faso, le document porte le nom de « recommandation » et au Bénin, c'est un document de travail.

L'absence d'encadrement juridique du budget programme induit des dysfonctionnements organisationnels. Au Burkina Faso, excepté les instructions sommaires de la circulaire budgétaire de 1999 et les informations recueillies par les ministères techniques lors de différentes formations. Il n'existe pas de document officiel sur la méthodologie d'élaboration des budgets- programmes. Cette situation a pour conséquence la production de documents assez hétéroclites (Mesple-Somps et Raffinot, 2011). Il est demeuré au stade de l'élaboration et ne fait pas l'objet d'examen ni de vote par l'Assemblée Nationale, du fait de l'absence d'un cadre juridique et règlementaire et de la pluralité des démarches utilisées par les différents acteurs.

De ce fait, plusieurs insuffisances sont relevées : la faible implication des structures déconcentrées à son élaboration, l'absence de structures de coordination, la faiblesse de l'évaluation, la non prise en compte du budget programme dans la gestion budgétaire, au caractère hétéroclite des budgets programmes des ministères et institutions, à la qualité inégale (manque de simplicité, de clarté et d'exhaustivité) des budgets-programmes et au manque de lisibilité des budgets programmes.

Le Mali a introduit pour la première fois le budget-programme en 1998. Comme au Burkina Faso, c'est un outil qui n'a pas été légiféré. Le budget- programme annuel y est présenté sous forme d'annexe à la loi de finances et les affectations sont toujours approuvées sous forme de budget- objet (Raffinot, Muguet et al. 2003). Dans ces conditions, les budgets programmes des différents ministères sont des documents assez hétéroclites. En l'absence d'un cadre juridique les acteurs ne se sentent pas obligés de respecter scrupuleusement les dispositions retenues. Celles-ci sont alors appliquées selon l'entendement de chacun ou pas du tout, induisant des documents différents d'un ministère à un autre.

Cette faiblesse juridique fragilise par ailleurs l'action des acteurs stratégiques notamment la représentation parlementaire responsable du contrôle de l'action du Gouvernement et garante des intérêts du peuple. Il en découle une implication insuffisante de l'ensemble des parties prenantes.

Pour conclure, l'action des bailleurs de fonds et de la législation sont deux contraintes indispensables dans la mise en œuvre du budget programme. Elles conditionnent dans une certaine mesure l'implication de l'ensemble des parties prenantes.

B. Problèmes opérationnels

En général, quand bien même les budgets programmes sont correctement élaborés, leur exécution est souvent un challenge difficile à surmonter. La question est alors de savoir comment passer des objectifs stratégiques aux résultats attendus ? Comment « cascader » ces objectifs et organiser l'activité de manière efficace et efficiente ? Tel est à notre sens le véritable enjeu opérationnel du budget programme.

En effet, loin d'être un simple outil, le budget programme véhicule une réforme dans la gestion. Celle-ci induit à son tour des réformes dans plusieurs autres domaines notamment le système informatique (enjeu de la maîtrise de l'outil informatique) et le système d'information de manière générale (sources d'accès à l'information et système de communication entre les acteurs). Une autre réforme conséquente est la réforme dans la gestion des institutions (procédures, organigrammes, systèmes incitatifs etc.). Une autre réforme encore, l'une des plus importantes concerne la gestion des ressources humaines. Sans être exhaustif, les difficultés organisationnelles de la mise en œuvre du budget programme dans les pays étudiées peuvent être regroupées en deux catégories :

- Problème d'appropriation;
- Facteurs organisationnels (complexité, gestion administrative…) ;

✓ *Difficultés liées à l'appropriation insuffisante de l'approche programme par les parties prenantes.*

L'appropriation est définie comme l'action de s'approprier, c'est-à-dire rendre adéquat à une situation, s'adapter. Les difficultés liées à l'adaptation des pays aux nouvelles exigences du budget programme concernent l'implication insuffisante des principales parties prenantes.

Les parties prenantes ici renvoient à l'ensemble des acteurs institutionnels, de la société civile et du secteur privé impliqués dans l'élaboration, la mise en œuvre et l'évaluation du budget programme. Le souci d'impliquer l'ensemble des parties prenantes relève de la problématique de la volonté nationale.

En effet la volonté nationale est essentielle dans la mise en œuvre du budget programme car elle suppose l'adhésion de toutes les parties prenantes. Et l'adhésion des parties prenantes suppose elle-même que toutes les parties prenantes sont convaincues des effets bienfaisants du budget programme. Elle appelle en conséquence la rupture avec les habitudes anciennes du fonctionnement selon la logique des moyens.

Au final, l'implication de l'ensemble des parties prenantes appelle l'acceptation d'une discipline nationale. Elle suppose des politiques ambitieuses, la détermination des autorités de l'Etat, laquelle détermination doit être au-dessus des priorités de politique politicienne. Et cette détermination doit se traduire par l'élaboration et la mise en œuvre des codes de conduite budgétaires et financières rigoureusement appliqués. Cela passe par des sanctions sans faiblesse de tous les écarts de comportement.

En effet, chacun des acteurs a un rôle à jouer. Les uns dans la phase de conception, les autres dans la phase de mise en œuvre ou d'évaluation. Dans les pays étudiés, il a été relevé une faible implication des élus et de la société civile dans le débat public sur les choix des dépenses publiques notamment au Mali et au Burkina Faso. Au Cameroun, il y a eu très peu de débats entre le législatif et l'exécutif. Les seconds se sont davantage chargés de les former et informer afin qu'ils comprennent cette réforme. A la place du débat l'on assiste plutôt à une relation d'entraide, les parlementaires étant pour la plupart ignorant de cette problématique. Dans ce contexte, il leur est difficile de contrôler l'action de l'Etat. Il est assez illusoire de vouloir mettre en place un système de gestion basée sur les résultats si les agents de l'Etat ne sont aucunement imprégnés des rôles qu'ils ont à jouer.

Au Burkina Faso précisément, les élus sont peu impliqués dans le processus d'évaluation et le ministère des finances y est le principal acteur. Comme au Burkina Faso, dans tous les pays, le ministère des finances est l'initiateur et le principal acteur de la réforme de la gestion budgétaire portée par le budget programme. Ce qui se comprend logiquement, sauf que, cette réforme induit d'autres réformes indispensables à l'implémentation d'une véritable démarche de la performance.

Ainsi au Cameroun, en plus du MINFI, le MINEPAT est un acteur au cœur du processus. Le MINEPAT l'est pour ce qui est de l'accompagnement à la planification stratégique des différents ministères. Il s'avère toutefois que certains ministères pourtant stratégiques pour la réussite de cette réforme sont insuffisamment impliqués notamment le ministère des marchés publics. Son rôle est d'assurer l'acquisition des biens et services dont les administrations ont besoin pour produire les résultats. Dans la même logique le ministère en charge du contrôle supérieur de l'Etat est très peu impliqué dans l'élaboration des budgets programme. Son implication au moment de l'évaluation pourrait alors être inefficace.

Au Mali, le système de contrôle assuré par la Chambre des comptes de la Cour Suprême est peu impliqué dans le processus d'évaluation du budget programme. Les arguments retenus pour justifier ces constats sont que le personnel est insuffisant en quantité et en qualité. Il n'y a pas longtemps, une grande partie des magistrats de la Cour Suprême a été licenciée. En conséquence, les lois de règlement ne sont présentées au Parlement qu'avec un retard très important. De même l'indépendance de cette structure par rapport à la Présidence est très relative en ce sens qu'une grande partie des moyens se trouve concentrée dans un Service de contrôle de l'Etat, qui dépend étroitement du Premier ministre. De plus, les responsables en charge du contrôle n'ont aucune formation (ni compétence) dans le domaine de l'analyse de la performance de la dépense publique. Ils sont formés, de manière classique, à vérifier que la dépense a respecté les procédures (Bio-Tchane, 2010).

Tous ces constats nous font dire que dans la plupart des pays, il existe certes une volonté politique, mais celle-ci est très faible au point où on pourrait dire qu'il existe plus de discours politiques favorables que de véritable volonté politique. Ces constats induisent inévitablement des difficultés organisationnelles.

✓ *Difficultés liées aux facteurs organisationnels*

Les difficultés relatives aux facteurs organisationnels se réfèrent à la complexité en rapport avec la présentation et le contenu du budget programme d'une part et, à sa gestion administrative (accès à l'information, mécanisme de suivi et évaluation de performance) peu maîtrisée, d'autre part.

V. La complexité du budget programme

La complexité se définit comme le caractère de ce qui est complexe c'est-à-dire un ensemble de plusieurs éléments différents, combinés d'une manière qui est difficilement saisissable. Cette définition décrit la réalité vécue dans la mise en œuvre du budget programme. A ce sujet au moins deux types de complexité sont relevés : complexité relative à sa nomenclature et celle concernant la gestion prévisionnelle.

Concernant la complexité liée à sa nomenclature, rappelons que le budget programme est conçu sur la base d'un programme qui est un ensemble d'actions. Il n'est pas seulement un ensemble d'actions mais un ensemble « cohérent » d'actions aux indicateurs objectivement vérifiables. Le budget programme tel que définit est alors complexe en ce sens qu'il est l'enchevêtrement de plusieurs éléments qui, mal agencés ou mal compris pourraient rendre les fonctions, les mécanismes et les résultats difficilement visibles et lisibles.

Et, aussi bizarre que cela puisse paraître, l'un des éléments de sa complexité est d'abord sa nomenclature, ses codes. Si on prend le cas du Cameroun, les administrations dispose d'au moins deux programmes et d'au plus quatre. Il existe un programme support dans toutes les administrations. Ce programme est dénommé pour la plupart « programme gouvernance ». La complexité de cette rubrique est qu'elle regroupe des activités de lutte contre la corruption, le renforcement des capacités, les études diverses, la logistique. Comment expliquer la cohérence entretenue par ces différents items ? En plus dans cette rubrique, on retrouve des activités relatives au fonctionnement des instances statutaires. Cette codification est alors très discutable et elle conduit à dénaturer la cohérence même du concept de gouvernance en ce sens qu'on y met des items qui n'ont pas forcément d'affinité fonctionnelle.

De même, d'après Lawson, Chiche et al (2012), le faible impact du budget-programme au Burkina Faso les dix premières années est dû au fait que la mise en œuvre initiale n'ait pas tenue compte de la complexité des budgets programmes et des difficultés qui seraient rencontrées en l'absence d'un cadre fiscal et d'une classification de programmes uniformes dans le plan de comptes. Ouedroago (2008) pointe du doigt le statut juridique des budgets programmes et un renforcement des capacités insuffisant comme autres facteurs ayant contribué au faible impact de la réforme jusqu'en 2008, en dépit de bons résultats enregistrés dans quelques ministères.

D'après une étude menée par Folsher (2012) sur l'expérience d'implémentation du budget programme dans 6 pays, la complexité du budget programme est entretenue par d'autres faits : une forte rotation du personnel chargé des budgets axés sur la performance dans les agences dépensières, des cibles mal formulées et un manque de données fiables pour contrôler la performance par rapport aux dépenses.

La complexité véhiculée par la nomenclature des programmes est doublée de celle de sa codification budgétaire. Au Bénin par exemple, il est relevé l'absence d'une codification par programme dans la nomenclature budgétaire, la coexistence des budgets-programmes et des budgets classiques, le manque de clarté et de précision de certains indicateurs, l'absence de valeurs cibles pour certains indicateurs, l'absence d'une disposition législative consacrant les budgets-programmes, la non atteinte des objectifs du budget-programme, la faible consommation des crédits budgétaires, la restriction sur l'utilisation des crédits en cours d'exécution budgétaire, l'élaboration tardive des rapports périodiques d'avancement, (Ahowesso, 2010).

Une autre difficulté rencontrée dans l'exécution du budget-programme au Bénin est liée à la restriction des crédits alloués aux

Ministères en cours d'année. En effet, en cas d'insuffisances financières, l'Etat restreint les montants initiaux des crédits destinés aux ministères. Ce qui fausse la programmation initiale des activités desdits ministères (Ahowesso, op. cit.). Cette difficulté rappelle la deuxième complexité relative à la gestion prévisionnelle.

La gestion prévisionnelle c'est-à-dire la projection dans le futur est un exercice très difficile dans le cadre du budget programme surtout pour des personnes qui n'y sont pas préparées. Au point où cela devient une affaire de spécialistes. Sa complexité vient de ce que le budget programme impose au moins deux exercices de prévision : la prévision des programmes et la prévision des budgets. Et avec un taux d'exécution des budgets (en recette et en dépenses) qui est déjà faible, il faut craindre que la réalisation du budget programme soit hypothéquée.

Bien plus, au Cameroun, les deux prévisions ci-dessus sont doublées d'une prévision en matière de passation de marchés. En effet, il existe un ministère des marchés publics spécialisé dans la passation des marchés de toutes les administrations dont la commande est supérieure à un milliard de francs CFA. Cette programmation est adossée non pas sur des fonds disponibles, mais sur des prévisions budgétaires qui peuvent s'avérer incertaines.

Fort de ce qui précède il convient de questionner les difficultés relatives à la gestion administrative des budgets programmes.

VI. Facteurs liés à une « culture managériale » peu adaptée

L'insuffisance de culture de résultat renvoie à la très lente mutation des habitudes et des comportements orientés performance.

À l'Île Maurice jusqu'en 2006, le budget programme n'avait conduit à aucun changement de la culture en matière de budget, qui était resté axé sur un budget par reconduction (SIPU 2007). Il était alors considéré comme un simple ajout ponctuel au processus budgétaire (de 2003 à 2006). Heureusement, dès 2006, des efforts se sont concentrés pour passer de la logique d'ajout ponctuel à une véritable orientation vers la performance dans le budget. Il s'agissait alors d'utiliser le budget programme comme instrument de politique publique pour rationaliser et hiérarchiser les ressources

L'expérience des budgets programmes montre que même une réforme largement endogène (mais très complexe) met de nombreuses années avant d'être réellement appropriée. Les agents publics en charge de la mise en œuvre du budget programme sont encore influencés par la culture de moyens et non de résultats. La structure la plus marquée est la culture hiérarchique et non transverse (fonctionnement en silos). L'on observe une insuffisance de délégation de responsabilités et moyens et une insuffisance de soutien à la prise d'initiative des parties prenantes face à l'incertitude inhérente à la gestion d'un programme complexe.

Dans tous les cas, l'appropriation de la réforme est difficile car elle induit de nombreux changements, surtout dans l'administration publique chez les fonctionnaires. Dans la plupart des cas, les ressources humaines n'ont pas la maitrise de l'élaboration, du pilotage et de l'évaluation des budgets programmes et l'administration est gangrenée par de nombreux maux.

Les expériences évoquées ici permettent de tirer des leçons. A ce sujet, Ba (2010) souligne qu'à l'Ile Maurice, la réforme a permis de changer l'état d'esprit, concernant en particulier l'importance de l'interaction entre la section financière et les personnes chargées de la mise en application du programme lors de la formulation du budget. La réforme a également permis d'identifier la nécessité de renforcer les capacités et d'élaborer un ensemble-type de modules de formation. Après avoir procédé à la formation des formateurs, le programme a été déployé et celui-ci couvrait, en 2010, 400 hauts responsables à travers l'ensemble du gouvernement.

Par ailleurs, les structures administratives ne sont pas toujours arrimées aux exigences du travail transversal imposé par les programmes. L'on assiste à une cohabitation de plusieurs structures organisationnelles (structure hiérarchiques et structures ad hoc plus flexibles). Le rôle du responsable de programme et son positionnement sont encore mal compris dans les pays qui amorcent le processus (Togo, Cameroun, République du Congo). Par ailleurs, pour dire des choses plus simplement la réforme du budget programme vient se superposer aux autres réformes sans qu'il n'y ait un changement de fond. On superpose les outils (pour le cas du Cameroun : le budget programme, la feuille de route, les contrats de performance) sans véritablement reformer les outils. L'absence de benchmarking sur cette réforme entre les pays africains ne facilite pas son succès.

VII. Conclusion

A la question de savoir quelles sont les difficultés de mise en œuvre des budgets-programmes dans les pays africains, le présent article révèle deux catégories de difficultés. Des difficultés conceptuelles relatives à la faible place accordée au rationnel dans le transfert du budget programme et à la faiblesse juridique qui l'entoure. Les difficultés opérationnelles rappellent quant à elles l'appropriation approximative par les parties prenantes et les problèmes organisationnels.

Il ressort de ce qui précède la nécessité d'engager un véritable dialogue autour du budget programme. Dialogue quant à son ajustement aux réalités des différents pays mais surtout dialogue en rapport avec la progression savamment rythmée du changement ainsi impulsé. En effet, le budget programme s'invite au moment où les administrations africaines sortent affaiblies de 30 ans d'ajustement dont l'une des principales conséquences a été le gel des recrutements et donc l'absence de renouvellement des ressources humaines. Il convient alors de s'investir massivement dans la formation intensive des ressources humaines et de financer des recherches et conférences autour du budget programme pour assurer une bonne appropriation et surtout un questionnement de fond permettant de penser de l'intérieur la manière dont l'implémentation peut être mieux réussie.

Le renforcement de la discipline, à tout point de vue et l'existence d'un état de droit garantissant une force juridique au budget programme s'avère également indispensable. Cette condition, combinée à la pression des bailleurs de fonds à travers l'appât du gain pourrait garantir une amélioration de la situation. Il faut pour terminer noter qu'une telle réforme prend du temps et que 10 ans ou 15 ans peuvent être insuffisants pour dire qu'il y a eu échec. Toutefois, il y a des signes qui ne trompent pas et les indicateurs de succès doivent être suivis avec beaucoup de rigueur.

VIII. Références bibliographiques

Ahowesso B. (2010), « Contribution à l'amélioration de la mise en œuvre du budget programme au Benin: cas du MCTIC », Université d'Abomey Calavi-Ecole Nationale d'Administration et de Magistrature (ENAM) - DTS en Administration des Finances et du Trésor.

Alta Folscher, (2012), « Expérience des pays en matière de réformes relatives aux budgets- programmes et aux budgets axés sur la performance: 6 mini-études de cas, Elaborer un budget basé sur les résultats ; vers une budgétisation axée sur les performances », *8ème Séminaire du CABRI.*

Ba H., 2010, «Programme-based Budgeting: Experience and lessons from Mauritius», *CABRI 6th Annual Seminar Publication*. Pretoria, CABRI.

Bela, L. (2013), Budget –Programme : Exigence pour le cadrage macroéconomique », In *Conférence annuelle des responsables des services centraux, déconcentrés et extérieurs du ministère des Finances.* (http://www.dgtcfm.cm/actualite/fr/information/actualite/569,conference-annuelle-2013-expose-dae.html)

Bio-Tchane Y. (2010), « Mali: A Francophone Perspective», *CABRI 5th Annual Seminar Publication.* Pretoria, CABRI.

DiMaggio et Powell (1983), «The Iron Cage Revisited: Institutional Isomorphism and Collective Rationality in Organizational Fields», *American Sociological Review*, vol. 48, n° 2, p. 147-160.

Folscher A. (2012), « Expérience des pays en matière de réformes relatives aux budgets- programmes et aux budgets axés sur la performance: 6 mini-études de cas, Elaborer un budget basé sur les résultats ; vers une budgétisation axée sur les performances », *8ème Séminaire du CABRI.*

GUEYE T. (2011), « *L'incidence de l'Union Economique et Monétaire Ouest Africaine (UEMOA) sur les finances publiques de ses Etats membres* ». Université Panthéon-Assas, école doctorale de Droit Public. Thèse de doctorat soutenue le 07/04/2011

Jensen M.C. et Meckling W.H., 1976, « Theory of The Firm : Managerial Behavior, Agency Costs and Ownership Structure », *Journal of Financial Economics*, vol. 3, October, p. 305-360.

Kone B. (2011), «The WAEMU Directives. The Public Finance Management Blog Retrieved» 16 March 2011, from http://blog-pfm.imf.org/pfmblog/2009/09/the-new-waemu-directives.html.

Lawson, A., M. Chiche, et al., (2012), «Evaluation of Public Financial Management Reform in Burkina Faso». *Oxford, Fiscus Public Finance* Consultants Limited and Mokoro Limited.

Lienert I., (2012), « Préalables nécessaires à la conduite d'une réforme budgétaire axée sur les programmes et les performances », in Élaborer un budget basé sur les résultats : Vers une budgétisation axée sur les performances. Publication du *8ème Séminaire Annuel de CABRI. Pretoria, CABRI.*

Mede N. (2004), « La nouvelle gestion budgétaire : l'expérience des budgets programmes au Bénin », *Afrilex n°4*, Université Bordeaux Montesquieu IV.

Mede N. (2012), « Réflexion sur le cadre harmonisé des finances publiques dans l'espace UEMOA ». http://afrilex.u-bordeaux4.fr/reflexion-sur-le-cadre-harmonise.html

Mesple-somps, S. et Raffinot, M., (2003), « Réforme budgétaire et gestion par les objectifs dans les pays à faible revenu : Burkina-Faso et Mali ». *Document de travail DIAL* / Unité de Recherche CIPRÉ
Meyer, J.W. et Rowan B. (1977), «Institutionalized Organizations: Formal Structure as Myth and Ceremony», *American Journal of Sociology*, vol. 83, p. 340-363.
Ouedroago, H, (2008), « Burkina Faso, Multi-year budgetign and Francophone Systems». CABRI 4th Annual Seminar Publication. Pretoria, *CABRI*.
Raffinot, M., J. Muguet, et al. (2003), «Results-oriented public expenditure: Mali Case Study». *ODI Working Paper 206*. Londres, Overseas Development Institute.
Shall A., (2010), «Programme-based Budgeting in Mauritius: A CABRI Joint Country Case Study», Pretoria, *CABRI*.
Stratégie de croissance accélérée et de développement durable (SCADD), 2011, « Mise en œuvre du Budget Programme au Burkina Faso : Etat des lieux et perspectives », *5ème Table ronde générale pour le financement de la SCADD*.
Taiclet, B. and L. Murara., 2011, «Burkina Faso and Mali: Developing program budgeting while getting the basics right». Retrieved 2 March 2012, from http://blog- pfm.imf.org/pfmblog/2011/11/burkina-faso-and-mali-developing-program-budgeting-while- getting-the-basics-right.html.

COMMENTAIRE DE DÉCISION

DÉCISION DCC 13-171 DU 30 DECEMBRE 2013 PORTANT ANNULATION DU REJET DE LA LOI DE FINANCES 2014

La Cour Constitutionnelle,
Saisie d'une requête du 20 décembre 2013 enregistrée à son Secrétariat le 23 décembre 2013 sous le numéro 2379/188/REC, par laquelle Messieurs Gilbert BANGANA, Emile TOSSOU et Moussou MONHOUSSOU, Députés à l'Assemblée Nationale, forment un « recours en annulation du vote de la loi de finances portant budget général de l'Etat, exercice 2014 » ;
VU la Constitution du 11 décembre 1990 ;
VU la Loi n° 91-009 du 04 mars 1991 portant loi organique sur la Cour Constitutionnelle modifiée par la Loi du 31 mai 2001 ;
VU le Règlement Intérieur de la Cour Constitutionnelle ;
Ensemble les pièces du dossier ;
Ouï Madame Marcelline-C. GBEHA AFOUDA en son rapport ;
Après en avoir délibéré,
.....

ANALYSE DU RECOURS

Considérant qu'aux termes de l'article 109 de la Constitution : « L'Assemblée Nationale vote le projet de loi de finances dans les conditions déterminées par la loi. ... » ; que les dispositions des articles 53 à 59, 94 à 97 du Règlement Intérieur de l'Assemblée Nationale concernent les modes de votation à l'Assemblée Nationale et la procédure relative aux lois de finances et constituent la mise en œuvre de celles de l'article 109 précité de la Constitution ; qu'il en résulte qu'elles font par conséquent partie intégrante du bloc de constitutionnalité ; que dès lors, la haute Juridiction est compétente pour connaître de leur violation ;

Considérant qu'il ressort des éléments du dossier que lors du processus devant conduire au vote de la loi de finances exercice 2014, après les débats et à l'étape des votes, deux groupes de Députés, se fondant sur les dispositions de l'article 57.2 du Règlement Intérieur de l'Assemblée

Nationale, ont proposé deux modes de votation différents, à savoir, le scrutin secret pour le premier groupe et le scrutin public ordinaire pour le second ; que face au blocage entraîné par la position irréductible des deux groupes, le Président de l'Assemblée Nationale a estimé y mettre fin en suggérant à la plénière « d'accepter l'utilisation du scrutin secret pour le vote du budget général de l'État, exercice 2014 » ; qu'à l'issue du scrutin secret ainsi mis en œuvre, la loi de finances exercice 2014 a été rejetée le jeudi 19 décembre 2013 par l'Assemblée Nationale par 44 voix contre et 39 pour ;
Sur la procédure suivie et le vote :
Considérant que l'article 55 du Règlement Intérieur de l'Assemblée Nationale, qui traite des "Différentes formes d'expression du vote", édicte en ses points 1 et 2 : « Les votes s'expriment soit à main levée, soit par assis et levé, soit au scrutin public ordinaire, soit au scrutin public à la tribune, soit au scrutin secret.
Toutefois, lorsque l'Assemblée doit procéder à des nominations personnelles, le scrutin est secret. » ;
Considérant que les points 1, 2 et 3 de l'article 56 relatif aux "Modes ordinaires de vote" énoncent : Article 56.1 : « L'Assemblée nationale vote normalement à main levée en toute matière, sauf pour les nominations personnelles. » ; Article 56.2 : « En cas de doute sur le résultat du vote à main levée, il est procédé au vote par assis et levé ; si le doute persiste, le vote par scrutin public ordinaire est de droit. » ; Article 56.3 : « Toutefois, lorsque la première épreuve à main levée est déclarée douteuse, le Président peut décider qu'il sera procédé par scrutin public ordinaire. » ;

Considérant que l'article 57 relatif au "Scrutin public et au scrutin secret" indique en ses points 1 et 2 : « Sans préjudice des dispositions de l'article 186 ci-dessous, il est procédé par scrutin public à la tribune ou par scrutin secret à la tribune dans tous les cas où la Constitution exige une majorité qualifiée.
En toute autre matière et à la demande de cinq (5) députés au moins, il est procédé par scrutin public ou par scrutin secret, sans préjudice des dispositions des articles 55 alinéa 2, 56 alinéa 3 et 64 alinéa 2. » ; que ces articles ainsi visés énoncent respectivement :
Article 55 alinéa 2 : « Toutefois, lorsque l'Assemblée doit procéder à des nominations personnelles, le scrutin est secret. » ;
Article 56 alinéa 3 : « Toutefois, lorsque la première épreuve à main levée est déclarée douteuse, le Président peut décider qu'il sera procédé par scrutin public ordinaire. » ;

Article 64 alinéa 2 : « La censure simple et la censure avec exclusion temporaire sont prononcées sur proposition du Président de séance, par l'Assemblée nationale, à la majorité des deux tiers des membres présents et au scrutin secret. » ;
Considérant qu'il résulte de la lecture combinée et croisée de ces dispositions que l'Assemblée Nationale vote normalement à main levée en toute matière, sauf dans les cas spécifiquement énumérés ci-dessus et à la demande de cinq députés au moins ; que s'il est généralement admis que le vote soit secret pour préserver la liberté de l'électeur et le soustraire à d'éventuelles pressions, le législateur a voulu, en matière de vote au Parlement, que les élus expriment leur vote publiquement, sauf pour les nominations personnelles et les cas de censure ; qu'en effet, bien que leur mandat ne soit pas impératif, cette procédure de scrutin public permet au Peuple, unique détenteur de la souveraineté, de connaître les choix effectués en son nom par ses Représentants et de s'assurer que ces choix sont conformes à l'intérêt général et ainsi pourrait-il leur renouveler ou non sa confiance à la fin de leur mandat ; que la pratique du scrutin public par l'Assemblée Nationale participe donc d'une exigence fondamentale de la démocratie et est en parfaite adéquation, non seulement avec celle des grandes démocraties, mais aussi avec la doctrine constante pour laquelle l'adoption du budget par le Parlement s'effectue par un vote public ;

Considérant qu'il est établi que la loi de finances ne relève pas des cas spécifiés par le législateur pour lesquels l'Assemblée Nationale peut procéder par un scrutin secret ; que le Parlement béninois l'a si bien compris que, depuis le Renouveau démocratique, les différentes législatures qui se sont succédées n'ont utilisé pour le vote de la loi de finances que le scrutin public, ainsi que l'a rappelé le Président de l'Assemblée Nationale lui-même lorsqu'il a déclaré lors des débats le jeudi 19 décembre 2013 : « …nous sommes arrivés à une situation inédite. Inédite parce que pour le vote des projets de loi et notamment des projets de loi de finances, le mode de votation utilisé était souvent, toujours, un vote à main levée… » (cf. compte rendu intégral des débats parlementaires de la séance du jeudi 19 décembre 2013, page 7) ; que par ailleurs, en affirmant dans sa réponse à la mesure d'instruction que « l'histoire retiendra qu'à la troisième législature de l'Assemblée nationale, pour la ratification des commissions permanentes par l'Assemblée nationale, le député Maxime HOUEDJISSIN et quatre autres ont sollicité l'application de l'article 57.2 du règlement intérieur (séances plénières des 17, 20 et 28 mai 1999) », le Président de l'Assemblée

Nationale confirme que le scrutin secret n'est utilisé que pour les nominations personnelles ; qu'en effet, dans le cas évoqué, il s'agissait bien de nominations personnelles faites conformément aux dispositions des alinéas 1 et 2 de l'article 31 du Règlement Intérieur de l'Assemblée nationale qui indiquent : « 31.1 : Chaque groupe parlementaire présente au bureau la liste de ses candidats aux différentes commissions en veillant à ce qu'elle soit proportionnelle à la représentativité du groupe au sein de l'Assemblée.
Les députés non- inscrits présentent leur candidature à la commission de leur choix… ; 31.2 : La liste ainsi établie est soumise à la ratification de l'Assemblée » ;

Considérant que dans le cas d'espèce, deux groupes de Députés ont fait l'option d'user de l'alternative proposée par les dispositions de l'article 57 alinéa 2 du Règlement Intérieur ; qu'un premier groupe composé des Députés Eric HOUNDETE et quatre autres a demandé, sur le fondement dudit article 57.2, un vote secret ; qu'un second, formé par les Députés Djibril MAMA DEBOUROU et quatre autres, a, sur le même fondement textuel, formulé la demande d'un scrutin public ordinaire ; que le Président de l'Assemblée Nationale, pour résoudre la difficulté ainsi créée par les deux positions, a suggéré à la plénière l'utilisation du scrutin secret ;

Considérant que l'article 57.2 du Règlement Intérieur ci-dessus cité dispose qu'en toute autre matière et à la demande de cinq (5) Députés au moins, il est procédé par scrutin public ou par scrutin secret, sans préjudice des dispositions des articles 55 alinéa 2, 56 alinéa 3 et 64 alinéa 2 ; que selon le dictionnaire Le Robert 2012, page 2002, le membre de phrase « sans préjudice de » signifie « sans porter atteinte à » ; que dans l'ouvrage "Le Vocabulaire Juridique" de Gérard CORNU, éditions PUF, Paris, juillet 2012, page 782, il est mentionné que « l'expression est couramment employée dans les textes de loi pour indiquer que la règle posée laisse intégralement subsister telle autre disposition ». ; que le Lexique des Termes Juridiques, 20ème édition 2013, Dalloz, Paris, page 830, définit l'expression « sans préjudice de » comme une « formule souvent employée dans des textes ou dans des conventions signifiant : "sans faire obstacle à" » ; que, de fait, pour la loi de finances, les modes de votation prévus par l'article 57.2 sur lesquels sont fondées les demandes des deux groupes ne sauraient être mis en œuvre que pour autant qu'ils sont cumulés avec ceux prévus à l'article 56.3 du même Règlement Intérieur ; qu'ainsi, le mode de votation de la loi de finances exercice 2014 doit incontestablement être celui prévu à l'article 56 du Règlement Intérieur, le scrutin secret n'étant réservé qu'aux cas prévus aux articles 55 alinéa 2 (nominations personnelles) et 64 alinéa 2 (censures de Député) ; qu'en conséquence, la procédure de vote de ladite loi, pour n'avoir pas suivi ces dispositions qui constituent la mise en œuvre de la Constitution, n'est pas conforme au Règlement Intérieur et par conséquent, viole la Constitution ; que, dès lors, le vote intervenu le jeudi 19 décembre 2013 doit être déclaré nul et de nul effet ;

Sur la demande de reprise du vote de la loi de finances

Considérant qu'aux termes des articles 96 et 99 alinéa 1 de la Constitution : « L'Assemblée Nationale vote la loi et consent l'impôt. » ; « Les lois de finances déterminent les recettes et les dépenses de l'Etat. » ; que selon l'article 114 de la même Constitution : « La Cour Constitutionnelle est la plus haute juridiction de l'Etat en matière constitutionnelle. Elle est juge de la constitutionnalité de la loi et elle garantit les droits fondamentaux de la personne humaine et les libertés publiques. Elle est l'organe régulateur du fonctionnement des institutions et de l'activité des pouvoirs publics. » ;

Considérant que le vote de la loi de finances exercice 2014 doit intervenir le 31 décembre 2013 au plus tard ; qu'il y a lieu pour la Cour, en vertu de l'article 114 de la Constitution précité qui consacre son rôle d'organe régulateur du fonctionnement des institutions et de l'activité des pouvoirs publics, de dire et juger, sans qu'il soit besoin de statuer sur les autres moyens invoqués par les requérants, que l'Assemblée Nationale doit prendre toutes les dispositions pour voter impérativement ladite loi dans le délai, et ce, conformément aux dispositions de l'article 56 du Règlement Intérieur de l'Institution ;

D E C I D E:

Article 1er.- La procédure suivie pour le vote de la loi de finances portant budget général de l'Etat, exercice 2014, par l'Assemblée Nationale le jeudi 19 décembre 2013, est contraire à la Constitution.

Article 2.- Le vote sur la loi de finances portant budget général de l'Etat, exercice 2014, intervenu à l'Assemblée Nationale le jeudi 19 décembre 2013, est nul et de nul effet.

Article 3.- L'Assemblée Nationale doit voter impérativement la loi de finances exercice 2014 le 31 décembre 2013 conformément aux dispositions de l'article 56 de son Règlement Intérieur.

Article 4.- La présente décision sera notifiée à Messieurs Gilbert BANGANA, Emile TOSSOU et Moussou MONHOUSSOU, Députés à l'Assemblée Nationale, à Monsieur le Président de l'Assemblée Nationale, à Monsieur le Président de la République et publiée au Journal Officiel.

Ont siégé à Cotonou, le trente décembre deux mille treize,
Messieurs Théodore
Zimé Yérima HOLO
KORA-YAROU Président
Vice-Président
Simplice C. DATO Membre
Bernard D. DEGBOE Membre
Madame Marcelline-C GBEHA AFOUDA Membre
Monsieur Akibou IBRAHIM G. Membre
Madame Lamatou NASSIROU Membre

Le Rapporteur,
Le Président

L'ANNULATION PAR LA COUR CONSTITUTIONNELLE DU BENIN DU REJET DU BUDGET 2014 PAR L'ASSEMBLEE NATIONALE : ESSAI D'ANALYSE D'UNE DECISION CONTROVERSEE

Par **Djibrihina OUEDRAOGO**
Assistant à l'Université de Ouaga II, ATER à l'Université de Bordeaux, Membre du CERDRADI.

La Cour constitutionnelle du Bénin apparaît aujourd'hui comme l'une des juridictions constitutionnelles les plus en vue dans l'espace africain francophone. Sa jurisprudence est riche, tant en raison des nombreuses décisions rendues qu'en raison des solutions que celles-ci dégagent[393]. La plupart des décisions de constitutionnalité sont intervenues dans le domaine de la protection des droits fondamentaux tels qu'ils sont garantis par la Constitution et dans le domaine de la régulation du fonctionnement des institutions et de l'activité des pouvoirs publics[394].

Or, s'il existe une jurisprudence constitutionnelle budgétaire et financière au Bénin, il faut bien admettre que celle-ci comporte très peu de décisions. De ce fait, sans être la plus importante dans sa table de

---

393 À ce propos, on peut relever :
-La déclaration d'inconstitutionnalité de la loi de révision constitutionnelle 2006-13 pour atteinte aux idéaux qui ont présidé à l'adoption de la Constitution, notamment le « consensus national », érigé en la circonstance au rang de principe à valeur constitutionnelle. V. DCC 06-074 du 8 juillet 2006, *Président de la République AHOSSI Jean Irené et consorts AHOSSI*; Luc SINDJOUN, *Les grandes décisions de la justice constitutionnelle africaine, Bruxelles*, Bruylant, 2009, pp.311-337.
-L'injonction faite à l'Assemblée nationale de siéger sans discontinuité pour achever la procédure d'élection des membres de son Bureau dans les 48 heures du prononcé de la décision (DCC 03-078 du 12 mai 2003) ou l'injonction faite au Conseil économique et social de siéger sans discontinuité pour l'élection des membres de son Bureau (DCC 04-065 du 29 juillet 2004). V. Gilles BADET, *Les attributions originales de la Cour constitutionnelle du Bénin*, Cotonou, FES, 2013, p.251 et s.

394 Gilles BADET, *Les attributions originales de la Cour constitutionnelle du Bénin*, Cotonou, FES, 2013, 481 p. ; Babacar KANTE, « Les juridictions constitutionnelles et la régulation des systèmes politiques en Afrique », in *Constitutions et pouvoirs*, Mélanges en l'honneur de Jean GICQUEL, Montchrestien, 2008, p.266 ; *Nicaise* MEDE, « La fonction de régulation des juridictions constitutionnelles en Afrique francophone », *A.I.J.C.*, 2007, pp.45-68.

jurisprudence, la décision du 30 décembre 2013 est inédite. Elle fera certainement date dans l'histoire de la justice constitutionnelle béninoise. Cela tient non seulement au fait qu'elle intervient dans le domaine budgétaire et précisément du vote de la loi de finances[395]. Mais également au fait que de juridique, le débat s'est fortement politisé[396], en suscitant des analyses parfois virulentes contre la Cour et amplifiées par le relais médiatique[397].

À bien des égards, cette décision rappelle la fameuse décision du 24 décembre 1979 du Conseil constitutionnel français sur le vote de la loi de finances pour l'année 1980[398]. En effet, comme son homologue français, le juge constitutionnel béninois en est venu, trois décennies plus tard, à annuler le vote parlementaire sur le budget. Dans les deux cas, la procédure budgétaire est en cause. Toutefois, les effets sont différents. Alors que le juge français annulait contre toute attente un vote positif du Parlement sur la loi de finances, le juge béninois annule plutôt un vote négatif des députés sur le projet de budget. Si ces deux décisions mettent en avant la question du respect des procédures budgétaires, elles posent inévitablement la question de l'étendue des pouvoirs budgétaires du Parlement. En ce sens, il est bien connu que la discussion du budget apparaît comme « l'acte fondamentalement majeur du Parlement »[399]. Historiquement d'ailleurs, le droit parlementaire trouve ses fondements

---

395 Deux décisions importantes en matière budgétaire et financière méritent d'être rappelées : la décision DCC n°10-144 du 4 décembre 2010, *Raphael Akotègnon*, relative à l'autonomie financière du Parlement ; et la décision DCC 27-94 du 24 Août 1994, *Président de l'Assemblée nationale*, Rec., 1994, p.111, relative à la mise en vigueur du budget par le recours aux pouvoirs exceptionnels du Président de la République.

396396 Fidèle Nanga, « La Commission des lois se dresse contre la Cour », publié le 18 janvier 2014 sur http://www.actubenin.com/?La-Commission-des-lois-se-dresse.

397 Pour une synthèse des commentaires virulents de la presse, V. Fidèle Nanga, « Juge de la Constitution: La Cour de Holo sème le doute », publié le 6 janvier 2014 sur http://www.journauxdubenin.com/article/juge-de-la-constitutionla-cour-de-holo-seme-le-doute

398 Sur cette décision n°79-110 DC, *Loi de finances pour 1980*, Rec., p.36 ; V. Louis FAVOREU, Loïc PHILIP, *Les grandes décisions du Conseil constitutionnel*, Paris, Dalloz, 16 éd., 2011, pp.114-121 ; Léo HAMON, « Note sous Décision n°79-110 du Conseil constitutionnel », *Dalloz*, 1980, Jur., pp.381-385 ; Loïc PHILIP, « Les décisions relatives au vote de la loi de finances pour 1980 », *RDP*, 1980, pp. 1373-1402 ; Claude FRANCK, « « Note sous les décisions n°79-110 du 24 décembre 1979 et n°79-111 du 30 décembre 1979 du du Conseil constitutionnel », *AJDA*, 1980, p.356 ; Jean-Yves FABERON, « Le vote du budget 1980 : l'imbroglio juridique », *Revue politique et parlementaire*, 1980, p.10.

399 Jean-Yves FABERON, « Le vote du budget 1980 : l'imbroglio juridique », Op.cit., p.12.

dans les préoccupations budgétaires qui ont donné lieu au sacro-saint principe du consentement du peuple à l'impôt. Ce principe énoncé dans la *Magna Carta* de 1215 a été repris, au moins dans son esprit, dans la plupart des Constitutions[400] et notamment à l'article 14 de la déclaration des droits de l'Homme et du citoyen de 1789[401].

Il découle de ce principe que le peuple doit, par la voix de ses représentants, autoriser par le vote de la loi de finances l'exécutif à percevoir les impôts et effectuer les dépenses nécessaires au fonctionnement de l'État. Dans la mesure où le budget préparé par l'exécutif est mis en discussion devant le Parlement, ce dernier a l'assurance de détenir le pouvoir budgétaire. Même si pour des raisons pratiques, il faut bien convenir qu'il s'agit de l'illusion de la détention d'un pouvoir de décision. Tant il est vrai qu'à ce niveau « le pouvoir de décision est ailleurs (puisque) le budget reste, malgré son passage devant les assemblées, l'œuvre du Gouvernement, qui aura éventuellement la responsabilité de le faire corriger et de rendre compte de ses médiocres effets »[402].

À ce propos, la présente décision est importante, puisque la Cour constitutionnelle du Bénin annule le rejet du budget par le Parlement pour vice de procédure. Par la suite, elle enjoint à l'Assemblée nationale de voter impérativement le budget le 31 décembre 2013. Qu'en est-il précisément des faits de la cause ?

Discuté devant l'Assemblée nationale, le projet de loi de finances portant budget général de l'État, exercice 2014 a été rejeté le 19 décembre à raison de 44 voix contre 39. Au moment de passer au vote du budget, un premier groupe de députés devait invoquer l'art.57.2[403] du

---

[400] En effet, le principe du consentement à l'impôt est présenté comme un élément de l'autorisation budgétaire du Parlement à l'exécutif. D'une part, il suppose que ceux qui supportent l'impôt doivent y consentir. D'autre part, ces derniers ont le droit de discuter la dépense à laquelle est affecté cet impôt. V. Vincent DUSSART et Philippe FOILLARD, *Finances publiques*, Paris, Larcier, Édition 2012, pp.3-8.

[401] « Tous les citoyens ont le droit de constater, par eux-mêmes ou par leurs représentants, la nécessité de la contribution publique, de la consentir librement, d'en suivre l'emploi ».

[402] Robert HERTZOG, « Les pouvoirs financiers du Parlement », *RDP*, n°1/2, 2002, p.303.

[403] « Art. 57.1 - Sans préjudice des dispositions de l'article 186 ci-dessous, il est procédé par scrutin public à la tribune ou par scrutin secret à la tribune dans tous les cas où la Constitution exige une majorité qualifiée.

Règlement intérieur (ci-après RI) de l'Assemblée afin que le vote du budget se déroule en secret, alors que ce vote a toujours eu lieu à main levée conformément à l'article 56 du RI[404].

À cette requête suivra une autre fondée sur le même article 57.2 RI et formulée par un autre groupe de députés proches du parti au pouvoir. Ces derniers souhaitaient que le vote du budget se fasse au scrutin public (plus précisément à main levée). Après les tractations infructueuses pour rapprocher les opinions, le Président de l'Assemblée nationale pris la résolution de soumettre le vote du budget au scrutin secret, considérant que la seconde requête avait un caractère plutôt dilatoire. Ainsi et contrairement à la pratique généralement observée pour le vote de la loi de finances, c'est le scrutin secret qui a été retenu. Vraisemblablement, ce scrutin secret a permis à certains députés de la majorité parlementaire de voter contre le projet de loi de finances[405]. Ce qui explique qu'il y ait eu plus de suffrages exprimés pour le rejet du budget 2014[406].

57.2 : En toute autre matière, et à la demande de cinq députés au moins, il est procédé par scrutin public ou par scrutin secret, sans préjudice des dispositions des articles 55 alinéa 2, 56 alinéa 3 et 64 alinéa 2 ».

404 Article 56.- Modes ordinaires de vote

56.1 - L'Assemblée nationale vote normalement à main levée en toute matière, sauf pour les nominations personnelles.

56.2 - En cas de doute sur le résultat du vote à main levée, il est procédé au vote par assis et levé; si le doute persiste, le vote par scrutin public ordinaire est de droit.

56.3 - Toutefois, lorsque la première épreuve à main levée est déclarée douteuse, le Président peut décider qu'il sera procédé par scrutin public ordinaire.

56.4 - Nul ne peut obtenir la parole entre les différentes épreuves du vote.

405 La mouvance présidentielle comportait 53 députés et 30 pour l'opposition. Au lendemain des élections législatives de 2011, la configuration de l'Assemblée se présente, sur un total de 83 députés, ainsi que suit : Forces Cauris pour un Bénin Emergent(FCBE) : 41 députés, Union fait la Nation(UN) : 30 députés, Union pour le Bénin(UB): 2 députés, Alliance Cauris2: 2 députés, Alliance Amana: 2 députés, Union Pour la Relève-Force-Espoir (UPR-FE): 2 députés, Alliance G13 Baobab : 2 députés, Alliance Force dans l'Unité (AFU): 2 députés.

406 Les raisons du vote négatif du projet de loi de finances ne sont bien connues. Il est permis toutefois de relever les conclusions du Parti du Renouveau Démocratique (PRD) avant l'examen du projet de budget 2014. Le PRD relevait de nombreuses irrégularités de forme et de fond.

En la forme, il est noté : l'absence dans les visas du projet de budget de la nouvelle loi organique portant loi de finances (LOLF) n°2013-14 du 8 juillet 2013 ; le non-respect des dispositions de la loi n° 2009-09 du 22 mai 2009 portant protection des données à caractère personnel au Bénin et de la loi n° 2011-20 du 30 août 2011 portant lutte contre la corruption et autres infractions connexes en République du Bénin.

Au fond, il est relevé : le caractère irréaliste des prévisions budgétaires retenues par le gouvernement pour 2014; la non prise en compte de la notion de déficit public;

C'est alors que certains députés proches du parti au pouvoir décident de saisir la Cour constitutionnelle pour voir annuler le vote ayant donné lieu au rejet du budget 2014, au motif que la procédure suivie était contraire aux articles 42 à 50 du RI de l'Assemblée, lesquels, estiment-ils, font partie du bloc de constitutionnalité.

Dans sa décision, la Cour annule le rejet du budget 2014 en ce que la procédure suivie est inconstitutionnelle. Le scrutin secret utilisé pour le vote de la loi de finances doit être considéré comme un détournement de procédure. Il faut entendre par là que le vote de loi de finances ne doit se dérouler qu'à main levée. Dans cette optique, elle considère que cette modalité de vote au vu et au su des électeurs n'est en rien contraire au principe de la prohibition du mandat impératif.

Comme la décision de la Cour intervenait 24 heures avant le début de l'exercice budgétaire en cause, elle décide d'enjoindre à l'Assemblée nationale de « voter impérativement le budget le 31 décembre 2013 ». Une telle décision peut se justifier par le souci de voir respecter le principe de l'antériorité du budget et surtout le principe constitutionnel de la continuité du service public. Car, la mise en vigueur du budget est indispensable pour donner une base légale à la perception des recettes et à l'exécution des dépenses nécessaires au fonctionnement de l'État.

Toutefois, si le pouvoir d'injonction trouve son fondement et sa légitimité dans la fonction régulatrice, reconnue à la Cour, du fonctionnement des institutions et de l'activité des pouvoirs publics, la difficulté tient à la teneur que celle-ci doit revêtir. Plus précisément que fallait-il entendre de l'obligation faite au Parlement de « voter impérativement ». S'agissait-il d'une simple obligation faite à l'Assemblée de reprendre le vote sur le projet de budget ? Ou, compte-tenu des délais qui étaient arrivés à terme, d'une obligation d'adoption du projet du budget ? Il semble qu'à travers cette injonction « voter impérativement », la Cour entendait obliger le Parlement à adopter le budget avant le début

l'institution d'une taxe radiophonique (1000 francs par an) et d'une taxe télévisuelle (3000 francs par an) au profit exclusif de l'Office de Radiodiffusion et de Télévision du Bénin (ORTB) à payer par toute personne assujettie à l'Impôt sur le Revenu des Personnes Physiques (IRPP) ou à l'Impôt sur les Sociétés (IS) ; l'augmentation non justifiée de certaines prévisions de recettes….V. « En prélude à l'étude de la loi de finances 2014: Le Prd relève les faux chiffres du budget », *Quotidien Le Matinal*, publié le 16 décembre 2013, consulté le 9 janvier 2013 sur http://www.actubenin.com/?En-prelude-a-l-etude-de-la-loi-de.

de l'année civile[407]. C'est ce qui pourrait être compris du communiqué du Secrétaire générale de la Cour suite à la décision. Celui-ci laissait entendre que l'injonction de « voter impérativement » se justifiait « en raison de l'absence de budget »[408].

N'y avait-il pas là une contradiction avec le principe du vote qui implique, outre la possibilité d'adoption, celle de rejet ? Si le Parlement est ainsi réduit à adopter le budget présenté par l'exécutif, avec, il est vrai, la possibilité de proposer des amendements, la Cour n'a-t-elle pas dans cette décision ignoré le pouvoir budgétaire du Parlement ?

Dans tous les cas, ce pouvoir d'injonction semble ne pas avoir été utilisé à bon escient. En effet, il paraissait irréaliste d'exiger du Parlement qu'il vote le budget 24 heures après la décision de la Cour. Du reste, n'aurait-il pas mieux valu que la Cour utilise ce pouvoir d'injonction pour trouver un expédient inspiré des dispositions constitutionnelle et organique[409], en attendant que le Parlement puisse se réunir au début de l'exercice.

Ces nombreuses interrogations que suscite cette décision et le tollé politico-médiatique auquel elle a donné lieu soulignent tout l'intérêt de tenter une analyse pour les clarifier. Deux principaux éléments qui se dégagent de la lecture de cette décision guideront l'analyse.

Il s'agit dans un premier temps d'examiner la déclaration d'inconstitutionnalité de la procédure de vote qui censure le rejet de la loi de finances portant budget général de l'État, exercice 2014.

Dans un second temps, en décidant que l'Assemblée nationale « doit voter impérativement le budget le 31 décembre 2013 », la Cour semble ne pas avoir fait un bon usage de son pouvoir d'injonction. Car, on pouvait douter qu'une telle injonction, malgré sa fermeté, puisse être matériellement exécutée, surtout qu'elle s'éloigne des règles constitutionnelles et traditionnelles qui commandent la procédure

---

407 Cette interprétation paraît s'imposer en raison des circonstances. En effet, on imagine difficilement que la Cour exige un nouveau vote au 31 décembre avec une possibilité de rejet !

408 « Communiqué du Secrétariat général de la Cour constitutionnelle suite à la décision DCC 13-171 du 30 décembre 2013 relative au rejet du budget général de l'Etat-exercice 2014 par l'Assemblée nationale», publié le 7 février 2014, consulté le 20 février 2014 sur http://www.actubenin.com/?Communique-du-Secretariat-general.

409 La Constitution prévoit en son article 110 l'hypothèse où le Parlement n'a pu se prononcer sur le projet de budget. La Cour aurait pu orienter sa décision dans ce sens. On y reviendra plus longuement dans la deuxième partie du commentaire.

budgétaire. Ces règlent prévoient non seulement l'hypothèse où le Parlement ne s'est pas prononcé sur le projet de budget, mais en plus, elle ne l'oblige pas à adopter le projet de loi de finances.

Ces idées conduiront à expliquer successivement la démarche jurisprudentielle qui conduit à la censure de la procédure de vote (I), et l'usage inopportun du pouvoir d'injonction par le juge constitutionnel (II).

I. L'inconstitutionnalité du vote secret du budget 2014 : la censure d'un détournement de procédure

Avant de déclarer inconstitutionnel le scrutin secret appliqué pour le vote du budget (B), la Cour est conduite à souligner la valeur constitutionnelle des articles du RI de l'Assemblée qui lui servent en l'occurrence de normes de référence pour opérer le contrôle de constitutionnalité de la procédure suivie pour le vote du projet du budget (A).

A. Une violation indirecte de la constitution

En décidant que la procédure de vote suivie était irrégulière en ce qu'elle était contraire aux modalités définies dans le RI de l'Assemblée nationale pour le vote de la loi de finances (2), la Cour constitutionnelle reconnaissait la valeur constitutionnelle de ces dispositions incriminées du RI. Ce qui lui permet d'étendre le bloc de constitutionnalité, dans la mesure où l'on sait que la Cour constitutionnelle béninoise n'attribue pas systématiquement une valeur constitutionnelle aux RI des institutions constitutionnelles (1).

1. La constitutionnalisation des dispositions du RI de l'Assemblée nationale relatives au vote du budget

Le contrôle de constitutionnalité des lois est cette opération qui permet au juge de vérifier la conformité des actes à la Constitution. Cette entreprise dans la pensée de KELSEN étant le seul moyen d'assurer dans l'ordre juridique interne la suprématie de la Constitution[410]. Elle induit pour principale conséquence que la loi, expression de la volonté générale,

---

410 Hans KELSEN, Théorie pure du droit, traduction française de la 2é éd. de la « Reine Rechtslehre » par Charles EISENMANN, Paris, Dalloz, 1977, p. 300 et s.

doit courber l'échine devant la Constitution qui devient la norme suprême dans l'ordre juridique étatique[411].

Puisque le contrôle vise à s'assurer de la conformité des actes à la Constitution, il se pose la question des normes constitutionnelles devant servir de référence dans l'opération de contrôle. Autrement dit, il s'agit de savoir quelles sont les normes qui, en raison de leur nature constitutionnelle, mériteraient une protection de la part du juge notamment constitutionnel.

Dans la décision sous commentaire, les requérants invoquent la violation de dispositions figurant dans le RI de l'Assemblée nationale. La décision d'inconstitutionnalité de la Cour qui s'ensuit y trouve son fondement. Cela conduit la Cour constitutionnelle béninoise à préciser la valeur constitutionnelle des articles incriminées du RI de l'Assemblée, et donc de leur appartenance au vivier qui lui sert à remplir son office de juge de la constitutionnalité des actes qui lui sont soumis.

Or, l'expérience de la justice constitutionnelle en Afrique francophone[412] inspirée de la pratique française a montré que la notion de normes constitutionnelles servant de référence au contrôle de constitutionnalité allait bien au-delà des règles énoncées dans le texte de la Constitution. Cette approche extensive a donné lieu à ce que le doyen FAVOREU a théorisé sous la notion de « bloc de constitutionnalité », employée pour la première fois par Claude EMERI[413]. En dépit du fait que le terme de bloc renvoie à une réalité homogène et compacte, il apparaît que le terme de bloc de constitutionnalité ramène à une réalité plutôt fluctuante. Il pose des difficultés quant à l'indentification de ses composantes. A ce propos, on a pu considérer que : « le bloc de constitutionnalité se caractérise par une remarquable capacité à évoluer et à se développer, à tel point qu'il évoque plutôt une masse gazeuse »[414].

Aussi la valeur constitutionnelle des RI des Assemblées, dont la conformité à la Constitution est généralement garantie par le contrôle de constitutionnalité obligatoire dont ils sont l'objet, n'est-elle pas reconnue

---

[411] CC, Décision n°85-197 DC du 23 août 1985, *Évolution de la Nouvelle-Calédonie*, § 27 : « La loi votée n'exprime la volonté générale que dans le respect de la Constitution », Rec., p.70.

[412] Marie-Madeleine MBORANTSUO, *La contribution des Cours constitutionnelles africaines à l'État de droit en Afrique*, Paris, Économica, 2007.

[413] Charlotte DENIZEAU, *Existe-t-il un bloc de constitutionnalité*, Paris, LGDJ, 1997, pp.9-13.

[414] Henry ROUSSILLON, Le *Conseil constitutionnel, Paris*, Dalloz, 5ème éd., 2004, p.50.

par toutes les juridictions constitutionnelles en Afrique francophone. C'est ainsi qu'au Sénégal, le Conseil constitutionnel refuse de connaître d'un recours dirigé contre une loi qui violerait le RI[415]. Il en est de même en France où le Conseil considère « que les règlements des assemblées parlementaires n'ont pas par eux-mêmes valeur constitutionnelle… »[416].

Au Bénin, le juge s'est pendant longtemps refusé de reconnaître la valeur constitutionnelle des RI de l'Assemblée, et plus généralement des institutions constitutionnelles. Il a depuis fait évoluer sa jurisprudence. Il admet la possibilité que les dispositions du RI de l'Assemblée et des institutions constitutionnelles puissent servir de référent au contrôle de constitutionnalité. Cette reconnaissance reste toutefois conditionnée. Ainsi, il a eu à préciser dans une décision de 2001 qu' « en tout état de cause, les articles du règlement intérieur (de l'Assemblée nationale) ne font partie du bloc de constitutionnalité que s'ils constituent la mise en œuvre d'une disposition constitutionnelle ou à valeur constitutionnelle »[417].

Dans la décision sous commentaire, la Cour devait donc préalablement déterminer si les dispositions du RI relatives au vote du budget font partie du bloc de constitutionnalité. Elle constate (considérant 12) que les dispositions du RI (art.53-59 et 94-97) « concernent les modes de vote devant l'Assemblée nationale et la procédure relative à la loi de finances et constituent la mise en œuvre de l'article 109 de la Constitution[418].

Étant donné que les articles en cause du RI sont une mise en œuvre d'une disposition constitutionnelle, la Cour déduit conformément à sa jurisprudence précitée de 2001 qu'ils : « font par conséquent partie intégrante du bloc de constitutionnalité » et qu'elle est par la suite compétente pour connaître de leur violation.

Il faut relever ici deux éléments. Dans un premier temps, la Cour pour juger de la recevabilité de la requête s'appuie sur d'autres dispositions du RI que celles sur lesquelles se fondent les requérants. En effet, les

---

415 CC, n°9-C-98 du 9 octobre 1998, V. El Hadji Omar DIOP, *La justice constitutionnelle au Sénégal*, DAKAR, CREDILA/OVIPA, 2013, p.176.

416 V. Décision n°2010-602 DC du 18 février 2010, *Loi ratifiant l'ordonnance n° 2009-935 du 29 juillet 2009 portant répartition des sièges et délimitation des circonscriptions pour l'élection des députés*, Rec., p.64. ; Décision n°2010-617 DC du 9 novembre 2010, *Loi portant réforme des retraites*, Rec., p.310.

417 Décision DCC 01-013 du 29 janvier 2001, *Sanny Babatoundé*, Rec. 2001, p. 69.

418 L'art.109 de la Constitution dispose : « l'Assemblée nationale vote le projet de loi de finances dans les conditions déterminées par la loi… ».

requérants invoquaient une violation des articles 40 à 52 du RI relatifs notamment aux prérogatives du Président de l'Assemblée nationale et à celles de la plénière. La Cour admet plutôt la recevabilité de la requête sur la base des articles 53-59 et 94-97. Cette démarche fait partie de ce que l'on pourrait appeler l'attitude libérale du juge constitutionnel béninois. Il s'agit là pour la Cour d'une modalité d'autosaisine partielle, suivant l'expression du Professeur Henry ROUSSILLON[419], qui lui permet de rechercher des motifs d'inconstitutionnalité qui viennent se substituer à ceux invoqués par les auteurs de la saisine.

Dans un second temps, l'appartenance des dispositions en cause du RI au bloc de constitutionnalité tient au fait qu'elles sont une mise en œuvre de l'article 109 précité de la Constitution. Dans ce sens, bien plus que la violation supposée du RI, c'est la violation indirecte de la Constitution qui est recherchée. Cette idée est exprimée dans le libellé des motifs de la présente décision (considérant 20), lorsque le juge précise « la procédure de vote de ladite loi pour n'avoir pas suivi ces dispositions qui constituent la mise en œuvre de la Constitution, n'est pas conforme au Règlement Intérieur et par conséquent, viole la Constitution … ».

En dépit de cette possibilité admise de voir ses dispositions figurées dans le bloc de constitutionnalité au Bénin, le RI ne constitue pas en lui-même une source autonome de constitutionnalité. Tout comme en France « il est donc clair que le RI, dès lors qu'il ne reproduit pas, pour la mettre en œuvre, une règle constitutionnelle ne relève pas du système de la légalité constitutionnelle ; il est autonome par rapport à celle-ci »[420].

Quoi qu'il en soit, dans la décision sous commentaire, le juge constitutionnel est amené à dire si le recours au scrutin secret, opéré sur la base du RI, pour le vote de la loi de finances est ou non constitutionnelle. Ce qui l'amène à arbitrer entre les articles du RI ou, du moins, à contrôler l'application des dispositions du RI.

---

419 Henry ROUSSILLON, *Le Conseil constitutionnel*, Op.cit., pp.29-30 ; Pour une vue générale sur l'extension des modalités de saisine, et notamment d'autosaisine en Afrique noire francophone, V. Seni M. OUEDRAOGO, « Contribution a la réflexion sur l'extension de la compétence du juge constitutionnel africain par le biais du droit », *Revue Politéia*, n°23, printemps 2013, pp.387-412.

420 Pierre AVRIL, « Droit parlementaire et droit constitutionnel », *RDP*, 1984, p.577.

2. Une utilisation irrégulière des dispositions incriminées du RI

Jugeant la requête recevable en raison de l'appartenance des dispositions du RI en cause au bloc de constitutionnalité, la Cour constitutionnelle est appelée à vérifier si la procédure ayant conduit au rejet du vote du budget 2014 est irrégulière. En d'autres termes, la Cour est amenée à effectuer un contrôle de constitutionnalité de la procédure législative suivie.

En pareille situation, les requérants contestaient le recours au scrutin secret prévu par l'article 57 al.2 précité du RI pour le vote du budget. Cela tient au fait qu'ordinairement le vote a lieu à main levée ou au scrutin public[421] conformément les prescriptions à l'article 56 précité. Autrement dit, la Cour devait juger si l'article 57 al.2 pouvait valablement justifier le recours au scrutin secret utilisé pour le vote du budget dès lors que l'article 56 (relatif au scrutin à main levée ou au scrutin public) se présentait comme la procédure ordinaire.

Pour répondre à la question, elle se livre à une opération d'interprétation qui la conduit notamment à discuter le sens du membre de phrase « sans préjudice des dispositions des articles 55 al.2, 56 al.3 et 64 al.2 » contenu dans l'alinéa 2 de l'article 57. L'opération d'interprétation permet à la Cour d'arriver à la considération que l'article 57 al.2 ne peut être appliqué dans les cas réglés par les articles 55 al.2 (pour les nominations personnelles), 56.3 (en cas de doute sur un premier vote à main levée à la suite duquel le président de l'Assemblée a décidé de recourir au scrutin public) et 64 al.2 (pour les censures de députés). À partir de cette analyse, la Cour estime que l'article 56 (non pas l'article 56 al.3 qui est précisément visé par l'art.57 al.2) relatif au mode de vote de la loi de finances ne doit donner lieu qu'à un scrutin à main levée ou à défaut à un scrutin public.

Il ne fait pas de doute que la Cour fait une bonne interprétation de l'expression « sans préjudice des… », en ayant recourt d'ailleurs au *Vocabulaire juridique* de Cornu et au dictionnaire Robert. Il est juste curieux que la Cour, au moment de tirer les conclusions de son

---

421 Les modalités du scrutin public sont précisées à l'art.58 du RI : « 58.1 - Pour le scrutin public, il est distribué à chaque député trois sortes de bulletins : vert – jaune-rouge. 58.2 - S'il s'agit d'un scrutin public ordinaire, chaque député dépose, dans l'urne qui lui est présentée, son bulletin de vote et, s'il y a lieu, celui de son délégant : vert s'il est pour l'adoption, rouge s'il est contre, jaune s'il désire s'abstenir ».

interprétation, ne fasse pas référence à l'al.3 de l'article 56 auquel renvoie l'article 57 al.2. Elle se contente de préciser que « le mode de votation de la loi de finances exercice 2014 doit incontestablement être celui prévu à l'article 56 du Règlement Intérieur ». Or, en procédant de la sorte, la Cour exclue tous les alinéas de l'article 56 du champ de l'article 57 al.2 alors même que cette dernière disposition ne vise que le seul al.3 de l'article 56.

Une telle approche aurait été acceptable si les différents alinéas de l'article 56 étaient inséparables. À l'évidence, ces différents alinéas sont séparables et décrivent des situations graduelles qui ne sont donc pas amenées à s'appliquer de manière systématique à toutes les procédures de vote. Ainsi, l'alinéa 3 de l'article 56 donne la possibilité au président de l'Assemblée nationale de procéder au scrutin public ordinaire (c'est-à-dire avec remise à chaque député des bulletins vert, jaune et rouge) lorsque l'opération de vote à main levée qui doit être appliquée en premier lieu est déclarée douteuse. Il s'ensuit que l'alinéa 3 de l'article 56 ne doit s'appliquer que lorsqu'il a déjà été opéré un premier vote à main levée déclaré douteux. C'est cette dernière hypothèse que vise l'art.57 al.2 qui empêche alors toute requête tendant à recourir au scrutin secret alors que le président de l'Assemblée nationale a déjà décidé d'un scrutin public ordinaire.

Or, dans le cas d'espèce, le vote à main levée n'a pas eu lieu dès lors qu'au moment de passer au scrutin, le président de l'Assemblée avait été saisi d'une requête réclamant un vote secret sur le fondement de l'art.57. al.2 qui, en notre sens, trouvait bien à s'appliquer, puisque l'hypothèse de l'art.56 al.3 n'avait pu alors se réaliser.

En décidant d'exclure tout l'article 56 et non le seul alinéa 3 de cet article qui est précisément visé par l'art.57 al.2, il nous semble que la Cour a fait une interprétation erronée des dispositions incriminées du RI. Une attention particulière permet de comprendre que cette interprétation vide l'article 57.2 de sa substance. En effet, l'art.56 régit la procédure de vote (public) normalement applicable pour les matières autres que les nominations personnelles et la censure des députés. Avec l'interprétation qu'elle fait, ces différentes matières ne peuvent plus faire l'objet d'une demande au scrutin secret ou public. Dans ce sens, il est permis de soutenir avec la principale formation politique de l'opposition à l'Assemblée que « la Cour a procédé à une révision du RI de l'Assemblée »[422]. En tout état de cause, il n'est pas exagéré de dire que la Haute juridiction a fait preuve d'excès dans l'opération d'interprétation du RI de l'Assemblée qui va bien au-delà de la pensée du législateur.

Il est possible de considérer qu'à travers cette interprétation, la Cour entendait arbitrer entre les deux requêtes présentées au président de l'Assemblée et qui exigeaient le recours au scrutin secret pour la première et le recours au scrutin public pour la seconde, sur le fondement du même article 57 al.2. Une situation qui avait amené le président de l'Assemblée nationale à recourir au scrutin secret, faisant ainsi droit à la première requête. La seconde requête ayant été écartée parce qu'il la jugea « tardive, impromptue, radicalement sans objet et donc irrecevable ; étant entendu qu'elle viole un principe acquis ». C'est sur la base d'ailleurs de ce dernier moyen qu'il demandait dans ses observations à la Cour de rejeter la requête en inconstitutionnalité des députés qui l'ont saisie.

On aurait pu imaginer que la Cour, suivant les moyens des députés requérants, recherche l'application irrégulière de ses prérogatives par le président de l'Assemblée nationale. En effet, les auteurs de la saisine estimaient que le président de l'Assemblée n'avait pas le pouvoir d'arbitrer entre les deux requêtes. Il devait pour eux s'en remettre à la décision de la plénière. En décidant d'écarter leur requête au profit de l'organisation d'un scrutin secret, ils estiment que le président de l'Assemblée a violé le RI dans la conduite des débats lors de l'examen du projet de loi de finances.

Dans ce sens, on sait que le juge constitutionnel béninois opère ce que certains auteurs n'hésitent pas à appeler un véritable « contrôle de constitutionnalité du comportement »[423], soit du président de l'Assemblée nationale[424], soit de l'Assemblée nationale et de ses membres[425], soit des membres du Conseil économique et social[426]. Ainsi, « le contrôle de constitutionnalité du comportement » conduirait le juge à constater « le non-respect des règles de procédures dans l'adoption d'un

---

422 V. « Suite à la décision DCC 13-171 de la Haute juridiction : L'Union fait la Nation dénonce un coup de force constitutionnel », *Quotiden Le Matinal,* http://www.actubenin.com/?Suite-a-la-decision-Dcc-13-171-de, consulté le 18/01/2014.

423 Gilles BADET, *Les attributions originales de la Cour constitutionnelle du Bénin,* Op.cit., p.249.

424 DCC 03-077 du 07 mai 2003 et DCC 03-078 du 12 mai 2003

425 DCC 08-072 du 25 juillet 2008.

426 DCC 04-065 du 29 juillet 2004.

comportement donné » tels que « le comportement consistant pour les députés à refuser d'aller au bout d'une procédure donnée » « ou l'absence des membres du Conseil économique et social qui ont ainsi mis délibérément en péril le fonctionnement normal de l'institution ». Le moyen d'inconstitutionnalité fondé sur le comportement n'est pas ici examiné par le juge, dès lors qu'il estime que seul le vote à main levée est requis pour le vote de la loi de finances. Il se trouve que le vote a eu lieu en secret. La procédure suivie était donc inconstitutionnelle. Ce motif d'inconstitutionnalité ne rend pas nécessaire l'examen des autres moyens formulés dans l'acte de saisine.

C'est donc le caractère secret du vote du budget que la Cour constitutionnelle sanctionne dans sa décision. La Cour procède ainsi à une constitutionnalisation du vote public du budget qui n'emporte pas forcement l'adhésion.

B. *Une constitutionnalisation discutable de la procédure de vote public du budget*

L'interprétation combinée qu'elle fait des articles 56 et 57 du RI permet à la Cour de considérer que le vote de la loi de finances « doit incontestablement » avoir lieu en public, notamment à main levée. Elle exclue par conséquent tout vote secret s'agissant du vote de la loi de finances. Elle justifie cette décision par le fait que le vote public, qui permet aux citoyens de suivre l'opinion de leurs représentants, est compatible avec le principe de la prohibition du mandat non impératif du député ; même si elle ne garantit pas la liberté de choix de ce dernier (2). Plus subtilement, elle tend à invoquer un argument fondé sur la pratique parlementaire, de sorte que l'on est amené à se demander si un argument de fait peut valablement servir d'obligation juridique (1)

1. L'étonnante invocation implicite d'une coutume parlementaire abrogative

Il résulte de la décision sous commentaire que le vote public de la loi de finances est une exigence de valeur constitutionnelle. En effet, la Cour estime que le vote de la loi de finances est l'un des actes majeurs du Parlement qui exige que les électeurs puissent être à même de connaître le choix opéré par les élus. Plus précisément, c'est un moyen qui leur permet de savoir si leurs représentants agissent dans le sens de l'intérêt général.

La Cour semble trouver un fondement coutumier à cette exigence, puisque selon les termes de sa décision « depuis le Renouveau démocratique, les différents législatures qui se sont succédés n'ont utilisés pour le vote de la loi de finances que le scrutin public » (considérant 19). Elle reprend même à son compte l'argumentation du Président de l'Assemblée qui faisait observer que le principe du vote public du budget est une situation inédite dans le fonctionnement de l'Assemblée nationale béninoise. La Cour invoque dans les motifs de la décision des éléments de droit comparé et « de doctrine constante » qui l'amènent à la conclusion que le vote public du budget est une exigence démocratique bien établie. Il y aurait donc en quelque sorte une tradition suivant laquelle le vote du budget doit avoir lieu au scrutin public dans les grandes démocraties, et qui commande (ou devrait commander) le parlementarisme béninois.

Même si elle n'évoque pas explicitement la notion de coutume, il apparaît bien que la Cour s'inspire de la pratique parlementaire. Toute la difficulté est celle de savoir si la tradition parlementaire peut servir d'argument d'autorité pour fonder une obligation juridique. L'interrogation ramène au jour la question de l'existence d'une coutume constitutionnelle[427]. On sait qu'en matière parlementaire, « la jurisprudence du Conseil constitutionnel français a délibérément rompu avec la tradition parlementaire comme source d'inspiration, et *a fortiori*, d'obligation, dès les décisions de juin 1959 sur les règlements des assemblées »[428].

Dans sa décision, le juge constitutionnel béninois invoque un argument de fait par rapport à l'application du RI de l'Assemblée. Ainsi considère-t-il « que, de fait, pour la loi de finances, les modes de votation...doit incontestablement être celui prévu à l'article 56 du RI ». Il reste à savoir si cette pratique était suffisante pour écarter les modalités de vote prévues à l'article 57.2 du même RI. Ce qui signifierait l'existence d'une norme coutumière abrogative.

Or, la coutume, sans compter les difficultés liées à la définition de ses éléments constitutifs (éléments objectif et subjectif ou éléments matériel et psychologique), ne saurait avoir un effet abrogatif, puisqu'il n'existe pas d'abrogation par désuétude. C'est cette idée qu'illustre clairement la

---

427 Stéphane RIALS, « Réflexions sur la notion de coutume constitutionnelle », Revue administrative, 1979, pp.265-273 ; Jacques CHEVALIER, « La coutume et le droit constitutionnel français », *RDP*, 1970, pp.1316-1416.

428 Pierre AVRIL, « Droit parlementaire et droit constitutionnel », *RDP*, 1984, p.579.

boutade formulée par Carré de MALBERG : « Toutes les fois que les auteurs en sont réduits à invoquer la coutume pour justifier un état de choses établi en fait, cela revient à dire que cet état de choses manque de base en droit »[429]. On ne saurait dire plus de l'attitude adoptée par la Cour Constitutionnelle du Bénin. Cette attitude est d'autant plus surprenante que la Cour tend à invoquer les arguments de « doctrine constante ». Faut-il alors considéré que la doctrine est un élément du bloc de constitutionnalité au Bénin ? On serait tenté de le dire d'autant que ce n'est pas la première fois que des arguments de doctrine sont invoqués dans les motifs d'une décision du juge béninois[430].

Cependant, la vraie question qui se trouve posée autour de cette modalité de vote public est celle de sa compatibilité avec le principe du mandat non impératif de l'élu qui est une exigence de la démocratie représentative sur laquelle est fondé le régime politique béninois.

2. La délicate conciliation entre le vote public et l'interdiction du mandat impératif

Certes, le vote public est de principe aujourd'hui dans plusieurs Parlements, et notamment dans les grandes démocraties. On lui trouve d'ailleurs un fondement dans le principe constitutionnel de la publicité des audiences parlementaires. Mais, ce principe ne va pas de soi, et certains Parlements l'ignorent. En France, c'est seulement en 1885, à la Chambre des députés et en 1887 au Sénat, que le vote public a été établi définitivement comme un principe. En Italie, le principe de l'indépendance du parlementaire a fait conserver le scrutin secret jusqu'en 1988[431].

Si les solutions sont controversées, c'est parce qu'en la matière il s'agit de mettre dans la balance deux principes apparemment contradictoires : la nécessité de préserver l'indépendance, et partant la liberté d'opinion de l'élu, et la nécessité de permettre aux électeurs de suivre le

---

429 Raymond Carré de MALBERG, Contribution à la théorie générale de l'État, Paris, CNRS, 1962, tome 1, p.683.

430 Ainsi dans une décision DCC 02-052 de mai 2002, la Cour précise que « Considérant qu'il ressort … de la doctrine et de la coutume internationale, que de tels préjudices subis par toute personne ouvrent droit à réparation ;… », DCC 02-052 du 31 mai 2002, Rec. 2002, pp.217-221.

431 Pierre AVRIL, Jean GICQUEL, *Droit parlementaire*, Paris, Montchrestien, 4e éd., 2010, p.147 ; V. aussi, Emile BLAMONT, « Essai comparatif sur les modes de votation en usage dans les principaux parlements », *RDP*, 1950, pp.820-832.

comportement de l'élu. Dans cette situation, le choix opéré n'est acceptable qu'à la lumière des arguments qui le fondent.

Or, les arguments avancés par les requérants, et repris à son compte par la Cour, ne nous semblent pas être en adéquation avec la situation politique et démocratique béninoise. En l'espèce, les requérants estiment que « le vote au scrutin public... oblige chaque Député à montrer au peuple son choix... C'est à cette occasion que chaque Député témoigne de sa fidélité à sa mission de Représentant du Peuple ». Cet argument des requérants est bien développé par le juge constitutionnel qui estime pour sa part que « cette procédure de scrutin public permet au Peuple, unique détenteur de la souveraineté, de connaître les choix effectués en son nom par ses Représentants et de s'assurer que ces choix sont conformes à l'intérêt général et ainsi pourrait-il leur renouveler ou non sa confiance à la fin de leur mandat ».

Ces opinions rappellent à bien des égards ceux de Duvergier de Hanane en 1845[432]. Ils expriment bien l'idée que « le parlementaire ne doit pas se réfugier dans l'anonymat »[433].

Cependant, ces opinions semblent aller dans le sens d'une négation du principe de l'interdiction du mandat impératif. En effet, l'interdiction du mandat impératif exprime la principale idée que l'élu n'est pas le représentant de la circonscription, encore moins de ses électeurs, dans la mesure où il ne représente que la Nation, entité abstraite. Or, en exigeant que le vote du budget soit effectué au vu et au su des électeurs, n'est-ce pas engager la responsabilité des élus devant ces derniers, qui ont alors un moyen de les contrôler ? En donnant ainsi le moyen aux citoyens de contrôler le choix opéré par les élus, on tend à rendre ceux-ci responsables devant le peuple. Alors que précisément, la prohibition du mandat impératif a pour principale conséquence que « le député est irresponsable »[434]. Même si la Cour juge que le vote public n'est en rien contraire au principe de la prohibition du mandat impératif, il reste que

---

432 « Si le député à son droit, l'électeur a le sien, et celui-ci n'est pas moins sacré. Le droit du député, c'est de voter comme il l'entend. Le droit de l'électeur, c'est de savoir comment le député vote, afin de lui retirer plus tard sa confiance en connaissance de cause ». Pierre AVRIL, Jean GICQUEL, *Droit parlementaire*, Paris, Montchrestien, 4e éd., 2010, p.147.

433 Michel DEBRE, « Trois Caractéristiques du Système Parlementaire Français », *RFSP*, 1955, p.35.

434 Francis HAMON et Michel TROPER, *Droit constitutionnel*, Paris, LGDJ, 2009, 31e éd., p.181.

cette décision comporte un risque certain d'affaiblissement de la liberté de choix du parlementaire béninois.

Si l'on s'intéresse de plus près à la vie politique béninoise, il n'est pas sûr d'ailleurs que la cristallisation par le juge constitutionnel du vote public pour les lois de finances soit judicieuse. Sans rentrer ici dans les considérations d'ordre purement politique, on sait qu'au Bénin les majorités politiques n'ont pas toujours été des plus stables dans les différentes législatures depuis 1990[435]. Le recours au scrutin secret se présentait comme un moyen pour garantir la liberté de choix des élus de la mouvance présidentielle qui, autrement, auraient pu choisir d'adopter le budget présenté par l'exécutif. Vraisemblablement dans le cas d'espèce, le scrutin secret a permis à des députés proches de la mouvance présidentielle de voter contre le projet de budget. Auraient-ils gardé la même attitude si le budget était voté en public ? Rien n'est sûr !

Dans ce sens, il est bien connu que la discipline de partis ne favorise pas toujours la liberté d'opinion et de décision. Et, elle s'impose le plus souvent comme une exigence pour éviter les remontrances des instances dirigeantes du parti, qui peuvent être conduites à exclure les indisciplinés du parti. Il faut admettre que le plus souvent « l'obéissance (de l'élu) vis-à-vis de son chef de groupe » prend malheureusement le dessus sur « la révérence à l'égard de ses électeurs »[436]. Dans ces circonstances où le vote public paraît bien offrir une possibilité aux « dirigeants des partis…d'exercer sans difficulté une grande puissance »[437], le vote secret peut être indiqué pour assurer une liberté de conscience aux parlementaires[438].

De ce point de vue, la Cour constitutionnelle qui a eu, à plusieurs reprises, à rendre des décisions pour favoriser la consolidation de la

---

435 A ce propos, le Professeur MEDE écrit que « les majorités politiques fondent comme neige au soleil des ambitions déçues, des espérances contrariées, et des calculs défaits…Dans une Assemblée introuvable, la majorité parlementaire cohérente et stable se transforme en majorité d'idées si ce n'est en majorité du porte-monnaie », V. Nicaise MEDE, *Les grandes décisions de la Cour constitutionnelle du Bénin*, Op.cit., p.227.

436 Michel DEBRE, « Trois Caractéristiques du Système Parlementaire Français », *RFSP*, 1955, p.42.

437 *Ibidem*, p.42.

438 A ce propos, on a pu relever, sous la IVe République, qu'avec le vote public pratiqué avec les boitiers « on voyait les spécialistes de chaque parti tailler les textes à leur guise et faire voter leurs collègues dans un sens que ceux-ci n'approuvaient pas toujours ». Travaux du Comité consultatif constitutionnel, Intervention de M. DEJEAN, Cité par Jean-Claude NEMERY, « Le principe du vote personnel dans la Constitution de la Ve République », *RDP*, 1987/1, p.1003.

démocratie et l'Etat de droit au Bénin, aurait dû, il nous semble, prendre une décision pour garantir au mieux la liberté de choix de l'élu vis-à-vis des partis et groupements politiques. Car en l'occurrence, le vote secret a permis à certains députés proches du parti au pouvoir de rejeter le budget, qui ne leur semblait pas être bien élaboré. Du reste, l'une des justifications politiques de la prohibition du mandat impératif tient dans la « la liberté des élus vis-à-vis des groupes et des partis »[439]. C'est cette idée de la liberté d'opinion et de décision de l'élu qu'implique la prohibition du mandat impératif qu'exprimait Condorcet à la Convention : « Mandataire du peuple, je ferai ce que je croirai le plus conforme à ses intérêts. Il m'a envoyé pour exposer mes idées, non les siennes ; l'indépendance absolue de mes idées est le premier de mes devoirs envers lui »[440].

En droit comparé africain, le juge constitutionnel malien a défini la portée du principe de la prohibition du mandat impératif dans un sens qui permette une meilleure protection de la liberté de l'élu aussi bien à l'égard de ses électeurs qu'à l'égard de son parti politique. Il a ainsi considéré que « la nullité du mandat impératif signifie que le député ne peut être contraint à voter dans tel ou tel sens fixé soit par les ou des électeurs de sa circonscription électorale, soit par un organisme sociale ou par un parti politique ou groupe de partis politiques »[441].

Dans ses observations sur cette décision, le Professeur SINDJOUN faisait remarquer que la Cour malienne élargissait ainsi « la marge de manœuvre des élus au sein du parlement en termes…de liberté de vote ». La présente décision de la Cour constitutionnelle du Bénin s'éloigne de cette dernière perspective. En écartant le scrutin secret pour le vote du budget, elle réduit la liberté de choix de l'élu dont il faut craindre qu'elle s'amenuise dans les exigences de la discipline de parti. A ce propos, comme le faisait remarquer le Professeur Jean WALINE, « l'existence des groupes (parlementaires) conduit à l'aliénation de l'élu qui se trouve placé dans une situation de dépendance certaine. Il est choquant de constater que bien souvent le parlementaire ne peut se déterminer en conscience »[442].

---

439 Francis HAMON et Michel TROPER, *Droit constitutionnel*, Op.cit., p.181.

440 *Ibidem*.

441 Cour constitutionnelle du Mali, Arrêt n°06-173 du 15 septembre 2006. V. Luc SINDJOUN, *Les grandes décisions de la justice constitutionnelle africaine*, Belgique, Bruylant, 2006, pp.126-132.

442 Jean WALINE, « Les groupes parlementaires », *RDP*, 1961, pp.1236-1237.

Or, il nous semble que la possibilité offerte par l'article 57.2 du RI de l'Assemblée de réclamer le vote secret en lieu et place du scrutin public devait permettre, lorsque les circonstances l'exigent, aux députés de préserver leur liberté de décision. Cette possibilité est définitivement écartée par la Cour dès lors qu'elle estime que le vote du budget ne peut avoir lieu qu'en public, puisqu'elle interprète la matière budgétaire comme étant exclue des exceptions prévues par l'art.57.2 du RI de l'Assemblée.

Il est permis de regretter cette option de la Cour, d'autant plus qu'elle tend à créer, ainsi que le fait observer le Professeur SINDJOUN relativement à la jurisprudence de la Cour constitutionnelle sud-africaine du *floor crossing*[443] « un mécanisme structurant de manière implicite le mandat impératif »[444]. Peut-être est-ce là une solution de la Cour constitutionnelle pour éviter les conséquences fâcheuses de l'effritement des majorités parlementaires qui fait que bien souvent au Bénin « l'Assemblée nationale n'est plus le lieu où s'exprime une opposition politique mais la nouvelle barricade institutionnelle contre laquelle vient échouer toute initiative gouvernementale »[445]. D'autant que « la loi de finances de l'année est un point majeur de cristallisation des ardeurs déstabilisatrices de l'opposition parlementaire »[446].

La constitutionnalisation par la Cour constitutionnelle du vote public du budget emporte l'irrégularité de la procédure suivie pour le vote ayant conduit au rejet du projet de loi de finances. Ce qui conduit tout logiquement la Cour a déclaré que le vote effectué par les députés est nul et de nul effet. Par suite, et suivant la demande des requérants, elle enjoint d'une manière critiquable les députés à « voter impérativement » le budget le 31 décembre 2013.

---

443 Selon le Professeur SINDJOUN, cette expression traduit le principe selon lequel « la Cour constitutionnelle (sud-africaine) n'envisage la liberté des députés que lorsque et en tant que ils partent d'un parti politique pour un autre », V. Luc SINDJOUN, *Les grandes décisions de la justice constitutionnelle africaine*, Op.cit., p.9.

444 *Ibidem*, p.134.

445 Nicaise MEDE, *Les grandes décisions de la Cour constitutionnelle du Bénin*, Op.cit., p.227.

446 *Ibidem.*

II. Une utilisation inopportune du pouvoir d'injonction par le juge constitutionnel : le risque d'une réduction des pouvoirs budgétaires du Parlement béninois

L'une des singularités de la justice constitutionnelle béninoise réside dans le pouvoir d'injonction aux différentes institutions que la Cour constitutionnelle a réussi à développer sur la base de sa fonction constitutionnelle de « régulateur du fonctionnement des institutions et de l'activité des pouvoirs publics »[447]. Pour les observateurs avertis de la jurisprudence de la Cour constitutionnelle du Bénin, ce pouvoir de régulation consiste « pour la Cour constitutionnelle, à intervenir, sur demande, par sa décision et les injonctions qu'elle comporte, pour faire échec à une situation de paralysie imminente ou réelle d'une ou de plusieurs institutions de la République »[448].

Ce pouvoir est utilisé pour enjoindre à l'Assemblée nationale de « voter impérativement le budget avant le 31 décembre ». Et, il est alors permis de se demander si une telle injonction n'ignore pas les pouvoirs budgétaires du Parlement (A). Par ailleurs, cette décision laisse en suspens certaines questions relatives à la mise en vigueur du budget que les textes actuels ne permettent pas de résoudre (B).

A. L'interprétation restrictive des pouvoirs budgétaires du Parlement

Dans la présente décision, la Cour fait une application, qui ne nous paraît pas adéquate, des règles constitutionnelles, puisqu'elle tend à imposer l'adoption du budget au Parlement (1) tout en ignorant que la Constitution prévoit une solution pour régler la situation où le Parlement ne s'est pas prononcé sur le projet de budget (2).

1. Une négation des pouvoirs budgétaires du Parlement

« L'Assemblée Nationale **doit voter impérativement** la loi de finances exercice 2014 le 31 décembre 2013 conformément aux dispositions de l'article 56 de son Règlement Intérieur ». Tel est le libellé de l'article 3 du dispositif de la décision sous commentaire. À travers cette injonction, la Cour entendait obliger l'Assemblée nationale à exercer ses attributions avant le début de l'exercice budgétaire. Si dans la

---

447 Nicaise MEDE, « La fonction de régulation des juridictions constitutionnelles en Afrique francophone », Op.cit., p.48.

448 Gilles BADET, *Les attributions originales de la Cour constitutionnelle du Bénin*, Op.cit., p.243

classe politique (notamment opposition), on s'est offusqué de ce pouvoir d'injonction, il faut souligner que la Cour a juridiquement compétence pour l'exercer. A ce propos, une partie de la classe politique a plutôt fait preuve d'une mauvaise foi dans la mesure où ce n'était pas la première fois que la Cour adressait des injonctions fermes aux pouvoirs publics. L'Assemblée nationale et le Conseil économique et social ont d'ailleurs, à plusieurs reprises, reçu des indications qu'il faut bien qualifier de directives de la part de la Cour constitutionnelle. Du reste, ce pouvoir d'injonction n'est d'ailleurs pas propre au seul juge béninois. La plupart des juridictions constitutionnelles africaines dispose d'un tel pouvoir, notamment dans le cadre de leur mission constitutionnelle de régulation du fonctionnement des pouvoirs publics. Aussi, en France, « malgré la traditionnelle réticence dont fait preuve la jurisprudence du Conseil constitutionnel vis-à-vis des injonctions au législateur »[449], il n'en demeure pas moins que depuis la mise en vigueur de la QPC « le législateur français se trouve désormais sous le coup d'une logique pressante de correction des décisions d'inconstitutionnalité »[450].

Toutefois ce pouvoir d'injonction doit être utilisé de manière à ne pas empiéter sur les prérogatives du Parlement notamment en matière législative. C'est ainsi que le Conseil constitutionnel français estime depuis longtemps qu'il « ne bénéficie pas d'un pouvoir identique au Parlement et donc qu'il ne lui appartient pas de substituer son appréciation à` celle du législateur »[451]

De ce point de vue, comment comprendre l'injonction faite à l'Assemblée nationale dans la présente décision « de voter impérativement la loi de finances » ? La Cour n'explicite pas ce qu'il faut entendre par la notion de vote. Dans ce sens, on sait que la décision du 24 décembre 1979 du Conseil constitutionnel français est demeurée historique en raison de l'acception qu'il a donné au terme « vote » contenu à l'article 40 de l'ordonnance organique du 2 janvier 1959[452]. Plus précisément, il était question de savoir si l'exigence « du vote de la première partie de la loi de finances avant la mise en discussion de la seconde partie devant les assemblées » se limitait à une simple mise aux

---

449 Mathieu DISANT, « Les effets dans le temps des décisions QPC », *Les Nouveaux cahiers du Conseil constitutionnel*, n°40, 2013, p.77.

450 *Ibidem.*

451 CC., Décision n°75-54 DC du 15 janvier 1975, *Loi relative à l'interruption volontaire de la grossesse*, Rec., p.19.

452 Cet article dispose que « la seconde partie de la loi de finances ne peut être mise en discussion devant une assemblée avant le vote de la première partie ».

voix de la première partie (avant la discussion de la seconde partie) ou d'une adoption (c'est-à-dire un vote positif) de la première partie avant la discussion de la seconde partie. Le Conseil constitutionnel a interprété le terme « vote » comme équivalant à une adoption. Aussi, la Loi organique relative aux lois d finances (ci-après LOLF) de 2001, abrogeant l'ordonnance organique de 1959, reprend cette interprétation et substitue le terme « d'adoption » à celui de vote[453]. Que faut-il entendre par l'impératif de vote imposé par la Cour constitutionnelle béninoise à l'Assemblée nationale ? Vraisemblablement, celle-ci invitait l'Assemblée nationale, non pas à une nouvelle mise aux voix du projet de loi de finances, mais à une adoption du budget avant le début de l'exercice. C'est ce qu'il faut comprendre du motif exprimé dans le dernier considérant de la décision, par lequel la Cour précise que « l'Assemblée Nationale doit prendre toutes les dispositions pour voter impérativement la dite loi dans le délai ». Le verbe « devoir » et l'adverbe « impérativement » viennent imprimer une conduite à tenir par l'Assemblée nationale et semblent bien vouloir lui ôter toute marge de manœuvre pour le vote définitif de la loi de finances. Ce glissement de la notion de « vote » vers celle d'adoption n'est pas sans conséquence sur le pouvoir budgétaire du Parlement.

Certes, la loi de finances étant un acte indispensable à la continuité et au fonctionnement de l'État, on peut comprendre que la Cour, usant de son fameux pouvoir de régulation du fonctionnement des institutions et de l'activité des pouvoirs publics, exige que l'Assemblée nationale adopte le budget avant le début de l'exercice, conformément au principe de l'antériorité budgétaire. Mais, il est toutefois possible de se demander si une telle injonction n'est pas en contradiction avec le droit budgétaire constitutionnel.

En effet, en décidant que « l'Assemblée nationale doit voter impérativement le budget », la Cour nie toute faculté à l'Assemblée de rejeter le projet de budget. Celle-ci n'a d'autre choix que d'adopter le projet de budget soumis par l'exécutif. Une telle interprétation n'est pas acceptable. Car, elle retire au Parlement son principal pouvoir, et partant sa raison d'être. Le principe du consentement à l'impôt qui est à l'origine du droit parlementaire ne saurait signifier que les représentants du peuple doivent obligatoirement accepter le projet de budget. Cela serait

---

453 Le nouvel article 42 de la LOLF dispose : « la seconde partie du projet de loi de finances de l'année…ne peut être mise en discussion devant une assemblée avant l'adoption de la première partie ».

beaucoup trop réducteur et ferait du vote du budget, non plus un acte d'autorisation et de contrôle, mais davantage un acte d'acquiescement. Dans cette dernière hypothèse, les effets de cette décision, qui semblent pratiquement ignorer les pouvoirs budgétaires de l'Assemblée nationale, ne sont pas sans rappeler la conception bismarckienne du budget qui nie tout pouvoir budgétaire au Parlement[454]. Aussi, il est possible de se demander si la sévérité de ce pouvoir d'injonction telle que exprimée par la Cour constitutionnelle n'est pas finalement contraire à la mission du juge constitutionnel, laquelle « n'est pas de dicter au Parlement ce qu'il doit faire »[455].

Les effets de cette décision sur le pouvoir budgétaire du Parlement rappellent également la décision de 2010 par laquelle la Cour donnait une définition restrictive de l'autonomie financière de l'Assemblée nationale. Elle avait considéré que l'autonomie financière de l'Assemblée nationale devait « s'analyser comme une autonomie de gestion de ses dépenses, à partir d'un budget propre »[456]. Par voie de conséquence, le budget propre, préparé par l'Assemblée et voté par sa plénière, devait être soumis au pouvoir d'arbitrage de l'exécutif qui a ainsi le pouvoir de le (budget) réduire à la baisse en fonction de la conjoncture économique.

En tout état de cause, cette injonction de la Cour constitutionnelle apparaît en définitive comme la ratification de cette idée que le Parlement ne détient aujourd'hui qu'un pouvoir illusoire en matière financière. Ceci est d'autant plus vrai que la Cour, pouvait trouver une solution bien meilleure en s'inspirant des dispositions budgétaires constitutionnelles relatives au vote du budget.

---

454 Sous Bismarck, pendant plusieurs années, l'Allemagne fonctionne sans budget voté par le Parlement. La raison étant que, selon Paul LABAND, il faut considérer le budget comme une loi au point de vue formel et non au pont de vue matériel. Ce faisant, en le votant, le Parlement se borne à exercer un contrôle administratif. Son assentiment n'est pas une autorisation, mais une simple approbation qui décharge le gouvernement de sa responsabilité. °ar conséquent, le gouvernement peut voter sans budget, sous sa seule responsabilité. V. Paul-Marie GAUDEMET, « Budget et gouvernement », in Loïc PHILIP, *Dictionnaire encyclopédique de finances publiques*, Paris, Economica, 1991, p.193.

455 Jacques ROBERT, « La protection des droits fondamentaux et le juge constitutionnel français », *RDP*, 1990/2, p.1265

456 DCC n°10-144 du 4 décembre 2010, *Raphael Akotègnon*. V. Nicaise MEDE, *Les grandes décisions de la jurisprudence constitutionnelle*, Op.cit., pp.98-111.

2. Une injonction éloignée des hypothèses constitutionnelles sanctionnant le délai de vote

L'irrégularité du vote opéré pour le rejet du projet de loi de finances est sanctionnée par la Cour comme étant « nul et de nul effet ». Or, la Cour ne tire pas toutes les conséquences de cette sanction quant aux différentes procédures prévues par la Constitution pour l'adoption de la loi de finances. Au lieu d'obliger l'Assemblée nationale à voter impérativement le budget avant le 31 décembre, ce qui n'était matériellement pas possible, la Cour aurait pu s'inspirer des solutions de sauvegarde prévues par la Constitution.

En effet, même si elle entendait permettre au Parlement d'exercer ses prérogatives pour l'adoption de la loi de finances, il apparaissait tout à fait évident que les délais n'étaient plus suffisants pour permettre un nouveau vote du Parlement dès l'instant que l'on se trouvait à 24 heures du début de l'exercice budgétaire 2014. A titre de comparaison, on peut noter qu'en France, à la suite de la décision du 24 décembre 1979 annulant le vote du budget 1980, le gouvernement a dû soumettre au vote du Parlement, réuni en session extraordinaire, un projet de loi spécial autorisant la perception des impôts. Le recours à cette procédure imprévue a été jugée conforme à la Constitution par le Conseil constitutionnel dans sa décision du 30 décembre 1979. Si la décision de constitutionnalité du Conseil était fort critiquable en ce qu'elle admettait une nouvelle catégorie de loi de finances non prévue par la Constitution[457], il n'en demeure pas moins qu'elle se justifiait par le fait qu'après sa première décision d'inconstitutionnalité du 24 décembre 1979, « il n'était pas possible de revoter le projet (de budget) entre le 24 décembre et le 31 décembre »[458].

Au vu de cette dernière circonstance, on peut bien s'étonner que le juge constitutionnel béninois ait fait le choix d'obliger l'Assemblée à voter le budget le 31 décembre. On comprend difficilement que là où le juge constitutionnel français juge que le délai d'une semaine (du 24 au 31 décembre) était insuffisant pour permettre au Parlement de revoter, son homologue béninois oblige plutôt l'Assemblée à voter dans un délai de 24 heures (31 décembre). Cette démarche de la Cour constitutionnelle béninoise paraît d'autant plus surprenante qu'elle ne tient pas compte des modalités pratiques de convocation des parlementaires et en définitive de

457 Loïc PHILIP, « Les décisions relatives au vote de la loi de finances pour 1986 », Op.cit., p.1396.
458 *Ibidem*, p.1394.

la possibilité de voir sa décision exécutée. D'ailleurs, on peut bien se demander si une telle décision n'affaiblit pas l'autorité des décisions de la Cour dès l'instant où les parlementaires n'ont pu se réunir à la date du 31 décembre[459].

Pourtant, si l'on accepte de justifier le choix opéré par la Cour par la nécessité d'assurer un fonctionnement continu de l'État, il apparaît que l'option prise ne s'inspire pas des mesures de sauvegarde prévues par la Constitution. Ce qui rend la décision juridiquement inopportune.

À ce propos, si la Constitution donne le pouvoir à l'Assemblée nationale de voter le budget, elle enferme non seulement cette dernière dans les délais, mais elle prévoit encore la sanction du non-respect de ces délais. Ainsi, la Constitution règlemente l'hypothèse où le Parlement ne s'est pas prononcé avant le début de l'exercice budgétaire[460]. En pareille situation, la sanction prévue par les dispositions constitutionnelles est que le Gouvernement peut décider d'adopter le budget par ordonnance, dont il demandera une ratification, au début de l'année civile, au Parlement convoqué en session extraordinaire.

Il est donc possible de se demander pourquoi la Cour constitutionnelle ne s'est pas inspirée de cette solution qui aurait pu rendre sa décision juridiquement acceptable. En effet, lorsqu'elle déclare le vote comme étant « nul et de nul effet », la Cour provoque du même coup une situation proche, sinon semblable, à celle prévue par la Constitution dans l'hypothèse où le Parlement ne s'est pas prononcé. Cette situation rappelle la principale conséquence attachée à l'inexistence

---

459 On peut notamment relever le mécontentement des parlementaires : « Cette décision doit être écartée et ne peut être respectée parce qu'elle viole notre Constitution…Accepter cette décision de la Cour, c'est mettre le Bénin en danger…Il nous reste à nous opposer au diktat de la Cour constitutionnelle. Il nous faut résister…. On ne peut pas demander aux députés d'aller impérativement voter à main levée. Ce n'est pas à la Cour de nous convoquer. C'est le président de l'Assemblée nationale qui le fait… », V. Thobias Gnansounou Rufino, « Opposition à la Décision Dcc 13-171 du 30 décembre 2013 : Les députés décapitent la Cour de Holo (Ils appellent à la résistance) », consulté le 18-1-2014, http://www.actubenin.com/?Opposition-a-la-Decision-Dcc-13 ; Fidèle Nanga, « La Commission des lois se dresse contre la Cour », consulté le 18-1-2014, http://www.actubenin.com/?La-Commission-des-lois-se-dresse.

460 L'art. 110 de la Constitution dispose : « L'Assemblée nationale vote le budget en équilibre. **Si l'Assemblée nationale ne s'est pas prononcée à la date du 31 décembre, les dispositions du projet de loi de finances peuvent être mises en vigueur par ordonnance**. Le Gouvernement saisit, pour ratification, l'Assemblée nationale convoquée en session extraordinaire dans un délai de quinze jours. Si l'Assemblée nationale n'a pas voté le budget à la fin de cette session extraordinaire, le budget est établi définitivement par ordonnance.

juridique en droit administratif. L'acte administratif inexistant est déclaré « nul et non avenu ». Ce qui a pour effet qu'il est censé n'avoir jamais existé dans l'ordre juridique[461].

De ce fait, déclare que le vote intervenu sur le budget est « nul et de nul effet », c'est finalement relever que le vote est censé n'avoir jamais eu lieu. Or, comme le vote est l'acte par lequel une assemblée s'exprime[462], cela revient à dire, en suivant le raisonnement de la Cour, que l'Assemblée nationale ne s'est pas prononcé sur le budget. À partir de ce constat, il aurait été bienvenu que la Cour rappelle dans sa décision la solution prévue par la Constitution lorsque l'Assemblée ne s'est pas prononcée sur le budget : celle de la mise en vigueur du budget par ordonnance avec la demande d'une ratification parlementaire. C'est du reste, cette solution qui a été finalement appliquée dès l'instant où le Parlement n'a pu se réunir à la date du 31 décembre[463].

Si cette décision pose des solutions qui ne sont pas juridiquement appropriées, c'est peut-être parce qu'en matière budgétaire, il y a une rareté des dispositions constitutionnelles dont l'imperfection ne facilite pas toujours la tâche du juge et des différents acteurs. Cette décision permet de mettre en évidence des situations latentes qui ne trouveraient pas de solutions si elles venaient à se produire.

B. La révélation d'un vide juridique en matière budgétaire

Lorsque l'on pousse l'analyse de la décision, il apparaît des questions que l'état actuel du droit budgétaire au Bénin, et plus généralement dans les États africains qui s'inspirent du système budgétaire français, ne permet pas de résoudre. Ainsi, de cette décision deux hypothèses, qui ne sont pas prises en compte pas les textes actuels, peuvent être au moins dégagées. D'une part, on peut se demander ce qui résulterait de la décision de la Cour si celle-ci n'avait pas invalidé le vote de rejet de la loi de finances. D'autre part, comment résoudre la situation où la loi de finances adoptée par le Parlement venait à être déclarée inconstitutionnelle par la Cour. Il n'existe aucune règle prenant en compte les hypothèses de rejet du budget par le Parlement (1) et de déclaration d'inconstitutionnalité de la loi de finances (2).

---

461 CE, 31 mai 1957, *Rosan Girard*, Rec. Lebon, p. 335.

462 Michel DEBRE, « Trois Caractéristiques du Système Parlementaire Français », Op.cit., p.34.

463 Le budget a été mis en vigueur par Ordonnance n°2014 - 01 du 02 janvier 2014 portant Loi de finances pour la gestion 2014.

1. L'absence de solutions textuelles en cas de rejet du budget

La Constitution et les lois organiques sur les lois de finances (ci-après LOLF) nationales relatives au droit budgétaire dans les pays africains francophones, comme le Bénin, ne prévoient pas l'hypothèse où le Parlement a rejeté le projet de loi de finances présenté par l'exécutif. Il y a, à ce niveau, un vide juridique qui mérite d'être comblé, au risque d'être confronté à une probable paralysie de l'État ou à un fonctionnement irrégulier des administrations.

Lorsque l'on se réfère aux dispositions de la Constitution et à la LOLF béninoises relatives au vote de la loi ne finances, aucune solution n'est prévue en cas de rejet du budget par l'Assemblée. L'article 110 de la Constitution béninoise et les articles correspondant de la LOLF prévoient seulement l'hypothèse où le Parlement « ne s'est pas prononcé ». Ce qui ne renvoie pas à l'hypothèse où le Parlement a rejeté le budget. Il ne saurait y avoir d'ambigüité à ce niveau, puisque il a été très tôt fixé le sens à accorder au terme « prononcé »[464]. De ce fait, l'hypothèse où le Parlement s'est prononcé ne vise pas celle où il a émis un vote négatif (un rejet) sur le budget. Dès l'instant où il y a eu une mise aux voix, quoique sanctionnée par un vote négatif, le Parlement s'est effectivement prononcé.

Dans ce cas, il n'est plus possible au gouvernement de mettre en vigueur le budget par ordonnance. Telle est l'interprétation que l'on donne à l'article 47.3 de la Constitution française qui a inspiré le Constituant béninois. Il y est admis que « si durant le délai de (discussion et de vote) le Parlement a exercé son pouvoir d'autorisation dans un sens négatif, c'est-à-dire s'il a rejeté le projet présenté par le Gouvernement, ce dernier ne saurait outrepasser ce refus d'approbation et donner effet au projet ainsi repoussé »[465].

Quelle attitude faudrait-t-il adopter, dans les différents États d'Afrique francophone, lorsque le Parlement viendrait à rejeter le budget ? Il y a bien un vide juridique qu'il faut impérativement combler,

---

[464] Au cours des débats au Comité consultatif constitutionnel relatif à la Constitution de 1958, le Commissaire du gouvernement M. Janot a précisé l'intention du constituant sur le terme « prononcé » : « Le mot « prononcé » n'a pas le sens d'une acceptation. Si le Parlement a rejeté le projet de budget, il s'est bel et bien prononcé et il n'est pas possible de procéder par voie d'ordonnance ». Travaux préparatoires de la Commission, Documentation française, 1960, p.56. Cité par Paul AMSELEK, *Le budget de l'État sous la Ve République*, Paris, LGDJ, 1966, p.509.

[465] Paul AMSELEK, *Le budget de l'État sous la Ve République*, Paris, LGDJ, 1966, p.509.

au risque d'entrainer une paralysie de l'État, dans la mesure où la loi de finances est indispensable pour assurer la continuité et le fonctionnement de la vie nationale. Il sera probablement encore fait recours aux pouvoirs exceptionnels du Président de la République[466], dont il est permis de douter de leur applicabilité en matière financière, surtout si cet usage tend à éviter les conséquences fâcheuses de l'exercice normal de ses prérogatives par le Parlement[467]. Il ne s'agit pas de simples hypothèses d'école puisque, à tort ou à raison, de nombreux budgets sont entrés en vigueur grâce au « recours hardi à des ordonnances budgétaires atypiques »[468]. Si l'urgence budgétaire a conduit à l'adoption de ces ordonnances, il n'en demeure pas moins qu'elles constituaient des mesures éloignées de la légalité constitutionnelle[469].

Un autre vide juridique reste aussi posé lorsque la loi de finances votée par le Parlement vient à être déclarée inconstitutionnelle par le juge constitutionnel.

---

466 Ainsi en 1994 au Bénin, opposé au budget amendé et voté par le Parlement, le président SOGLO usa de l'art.68 de la Constitution relatif aux pouvoirs exceptionnels du président pour mettre en vigueur par ordonnance un budget jugé plus compatible avec les engagements internationaux conclus avec les principaux partenaires techniques et financiers sur les politiques d'ajustement structurel. V. Stéphane BOLLE, « Le Bénin sous ordonnances », publié le dimanche 10 août 2008 sur http://www.la-constitution-en-afrique.org/article-21879121.html ; Moïse BOSSOU, « L'article 68, sa pratique et ses conséquences », in *Actes des journées de réflexion sur la Constitution du 11 décembre 1990*, Cotonou-Bénin, IDH, 7 et 8 août 2006, Les actes, séries « rencontres », n°5, p.117 ; Nicaise MEDE, *Les grandes décisions de la Cour constitutionnelle du Bénin*, Op.cit., p.227.
V. aussi Cour constitutionnelle du Bénin, DCC 27-94 du 24 août 1994, *Président de l'Assemblée nationale.*

467 Sur la régularité du recours aux pouvoirs exceptionnels du président pour établir le budget en lieu et place du Parlement en cas de circonstances exceptionnels, V. Paul AMSELEK, *Le budget de l'État sous la Ve République*, Op.cit., pp.509-510 ; Henry LESGUILLONS, « L'intervention du pouvoir exécutif dans la procédure de décision budgétaire en France », in *Le contrôle parlementaire sur la politique économique et budgétaire, Travaux de recherche de la faculté de droit de Paris*, n°1, PUF, 1964, p.239.

468 Félix TANO, « Constitutionnalisme et urgence budgétaire à l'épreuve des crises politiques », *RJP*, n°2, 2011, p.146. Ainsi en Côte d'Ivoire, le budget des exercices 2004 à 2011 a été mis en vigueur par ordonnance alors que l'Assemblée nationale fonctionnait et qu'aucun projet de budget ne lui a été par ailleurs soumis. V. République de Côte d'Ivoire, Cour suprême, Chambre des comptes, *Rapport définitif sur l'exécution du budget 2010*, p.7, 18 et19. Disponible sur www.courdescomptesci.com. V. notre thèse, *L'autonomisation des juridictions financières dans l'espace UEMOA*, Université Montesquieu-Bordeaux IV, 2013, p.544.

469 *Ibidem*, p.142 et s.

2. L'absence de solution en cas de déclaration d'inconstitutionnalité

Depuis le renouveau démocratique des années 90, l'accès au juge constitutionnel se démocratise et se généralise sur le continent. Certes, le recours direct du citoyen reste limité aux questions de droit de l'Homme, comme au Bénin, ou par la voie de l'exception d'inconstitutionnalité, comme au Niger, en Côte d'Ivoire ou au Burkina Faso. Mais, au Burkina Faso, le juge constitutionnel a une faculté d'auto saisine sur toutes les questions relevant de sa compétence. Cette compétence aurait pu être mise à profit pour opérer un contrôle de constitutionnalité de la loi de finances, qui reste un acte majeur du fonctionnement de l'État. Ce n'est malheureusement pas encore le cas. De même les autorités politiques qui ont un droit de saisine directe saisissent très rarement le juge à l'effet de voir contrôler la constitutionnalité de la loi de finances. Or, le contrôle systématique des lois de finances aurait pu être un facteur de progrès dans la gestion des finances publiques, comme on l'observe en France depuis l'extension du droit de saisine à au moins 60 députés ou 60 sénateurs,

Si le contrôle de constitutionnalité des lois de finances devenait systématique, dans le cadre du recours par voie d'action, il pourrait poser bien de difficultés quant à la conduite de la politique budgétaire et financière de la Nation. La raison principale en est qu'il n'existe aucune disposition constitutionnelle qui prévoit une solution dans l'hypothèse où la loi de finances adoptée par le Parlement venait à être déclarée inconstitutionnelle par le juge constitutionnel.

À supposer que la loi de finances soit déclarée inconstitutionnelle pour des raisons de procédure, comme dans la présente décision, la situation peut être assimilée à l'hypothèse dans laquelle le Parlement a rejeté le budget. Il pourrait procéder à un nouveau vote si les délais le permettent.

Par contre, la solution paraît moins évidente si la loi de finances est déclarée inconstitutionnelle pour des raisons de fond. Dans ce cas, seuls certains articles ont pu faire l'objet de griefs, sans qu'ils n'emportent forcement l'irrégularité de tout le texte. Il faut alors imaginer qu'il sera procédé à un nouveau vote de la loi de finances prenant en compte les critiques du Conseil constitutionnel. La difficulté tiendra aux délais. Étant donné que les lois de finances sont adoptées au plus tôt dans la seconde quinzaine de décembre, il n'est pas sûr qu'après la décision du juge, il y ait suffisamment de temps pour permettre à l'Assemblée de siéger en vue d'une adoption. En outre, il faut prendre en compte la possibilité que cette nouvelle délibération fasse l'objet d'un recours en inconstitutionnalité. À ce propos, il est donc nécessaire d'établir un calendrier budgétaire qui tienne compte des délais de saisine du juge constitutionnel et des conséquences éventuelles des décisions d'inconstitutionnalité.

À ce niveau, il est important de tirer les conséquences des difficultés soulevées par la déclaration d'inconstitutionnalité de la loi de finances pour 1980 par le Conseil constitutionnel français le 24 décembre 1979. Dans la mesure où la Constitution et l'ordonnance organique du 2 janvier 1959 n'avaient pas prévu la procédure à suivre en cas de déclaration d'inconstitutionnalité, le Conseil constitutionnel, pour « assurer la continuité de la vie nationale » a dû admettre le caractère de loi de finances (et, partant sa conformité à la Constitution) à la loi spéciale votée par le Parlement. Si la consécration de cette quatrième catégorie de loi de finances, que ne prévoyaient guère les dispositions de la Constitution et de l'ordonnance organique, était nécessaire pour éviter une paralysie de l'État, il n'en demeure pas moins que le justificatif avancé par le Conseil pouvait difficilement emporter la conviction. Il avait considéré que cette loi spéciale, en raison de son contenu, devait être considérée comme « un élément détachable, préalable et temporaire de la loi de finances pour 1980 »[470]. Or, comme l'avait bien fait remarquer le Pr. Loïc PHILIP, il était possible de se demander « comment peut-on reconnaître une valeur juridique à un élément détachable d'un texte qui n'existe pas encore ? »[471].

Pour éviter ces situations embarrassantes où le juge constitutionnel est obligé de s'éloigner d'une application stricte de la Constitution pour assurer la continuité de la vie nationale, il convient au constituant, ou tout au moins au législateur organique, d'envisager des solutions aux hypothèses où la loi de finances a été déclarée inconstitutionnelle ou a été rejetée par l'Assemblée nationale.

Tout compte fait, la décision commentée pose de réelles questions qui méritent une réponse adéquate, tant en ce qui concerne les délais et procédure d'adoption de la loi de finances que de l'adéquation des systèmes de vote à la liberté de choix de l'élu. Certes, l'attitude adoptée

---

470 Décision n°79-111 DC, du 30 décembre 1979, *Loi autorisant le Gouvernement à continuer à percevoir en 1980 les impôts et taxes existants*, Rec., p.39.

471 Loïc PHILIP, « Les décisions relatives au vote de la loi de finances pour 1986 », Op.cit., p.1396.

par le juge dans cette décision est critiquable à plusieurs égards. Mais, sans que cela ne l'excuse, il faut bien admettre que la rareté des règles budgétaires conjuguée à leur imperfection ne facilite pas toujours le traitement des questions qui peuvent survenir.

À ce propos, il ne faut pas surestimer le rôle du juge constitutionnel, fut-il du Bénin. Car, même « s'il est évidemment plus simple de s'en remettre au juge constitutionnel pour effectuer les adaptations nécessaires ; pour fixer le sens des articles obscurs ou équivoques, pour dire qu'elles sont les dispositions applicables et celles qui ne le sont pas ; pour inventer des solutions lorsque l'on se trouve dans une impasse juridique…C'est une solution dangereuse…Son rôle est de veiller au respect des textes constitutionnels et non de se substituer au constituant ou au législateur organique ou ordinaire. Ce rôle ne peut être correctement rempli que dans la mesure où les textes sont suffisamment clairs et adaptés ... Si ce n'est pas le cas, on accroît démesurément le pouvoir du juge constitutionnel, ce qui risque, un jour, de se retourner contre lui »[472].

---

472 *Ibidem*, pp.1399-1399.

L'Afrique
aux éditions L'Harmattan

Dernières parutions

SEXUALITÉ (LA) FÉMININE AFRICAINE EN MUTATION
L'exemple du Sénégal
Thiam Awa - Préface d'Amady Aly Dieng
Après *La parole aux négresses*, Awa Thiam aborde, dans ce nouvel ouvrage, la question de la reproduction sociale du côté des femmes, par le biais du marquage du corps, des scarifications, des mutilations sexuelles féminines, de l'habillement, de la coiffure, de la contraception, de l'avortement... et de la sexualité féminine.
(21.00 euros, 208 p.)
ISBN : 978-2-343-03998-5, ISBN EBOOK : 978-2-336-36494-0

SOUS-ESTIMATION DE SOI ET CONTRAINTES AU SUCCÈS
Un agenda d'action pour l'avancement africain
Mukendi Bruno T.
Cet ouvrage discute de la problématique de la sous-estimation de soi et de ses conséquences tant sur le plan de la vie privée que publique. Il examine ensuite des stratégies opérationnelles pour forger un mental de champion et réussir les projets de transformation socioéconomique. Il remet finalement en question les attitudes qui empêchent les Africains de répondre plus efficacement aux défis posés par la globalisation, la pauvreté, la marginalisation et le sous-développement persistant.
(Coll. Points de vue, 32.00 euros, 314 p.)
ISBN : 978-2-343-03314-3, ISBN EBOOK : 978-2-336-36529-9

QUE NE FERAIT-ON PAS POUR DU POGNON !
Essai
Abo Fodjo Kadjo
Que ne ferait-on pas pour du pognon ! est un pamphlet contre une société qui a fait de la quête d'argent un style de vie. Cet outil d'échanges semble aujourd'hui justifier à lui seul les crimes les plus crapuleux et toutes sortes de bassesses. Pour étayer cette thèse, l'auteur organise son essai autour de cinq thématiques : la vie, la dignité, la morale, le pouvoir et la religion. Il veut ainsi montrer que l'argent a corrompu la société jusque dans ses fondements.
(Coll. Harmattan Côte-d'Ivoire, 23.00 euros, 232 p.)
ISBN : 978-2-343-04343-2, ISBN EBOOK : 978-2-336-36652-4

MICRO-ENTREPRISES (LES) EN AFRIQUE DE L'OUEST
Ou le développement par la petite porte
Haïdara Hammou
En Afrique subsaharienne, le développement des micro-entreprises, qui constituent la norme des économies, comme base de croissance, de création de richesses et d'emplois décents, apparaît comme une alternative crédible de développement économique et social. Cela nécessite de sortir des sentiers battus dans les approches du développement et suppose une stratégie globale permettant de faire du secteur privé le vrai moteur de la croissance et du développement.
(Coll. Études africaines, 21.00 euros, 218 p.)
ISBN : 978-2-343-03851-3, ISBN EBOOK : 978-2-336-36814-6

TRANSITIONS DÉMOCRATIQUES EN AFRIQUE DE L'OUEST
Processus constitutionnels, société civile et institutions démocratiques
Sous la direction d'Augustin Loada et Jonathan Wheathey
Cet ouvrage est le fruit d'une recherche comparative portant sur les processus démocratiques en cours au Bénin, au Burkina Faso, au Mali, au Togo, au Niger, au Sénégal et au Ghana. Elle vise à comprendre pourquoi ces sept États d'Afrique de l'Ouest présentent autant de différences en termes de types de régimes alors qu'ils reposent sur des niveaux de développement socio-économique similaires ainsi que sur des processus d'ouverture démocratique et de changement constitutionnel comparables.
(Coll. Études africaines, 28.00 euros, 284 p.)
ISBN : 978-2-343-04865-9, ISBN EBOOK : 978-2-336-36696-8

COOPÉRATION CHINE-AFRIQUE
Impact sur les infrastructures du Cameroun
Tedié Joachim - Préface de Laurent Zang
L'auteur de cet ouvrage tente de mettre en relief les éléments d'une coopération Sud-Sud mutuellement bénéfique entre la Chine et l'Afrique sous le prisme des infrastructures. En s'intéressant de plus près aux facteurs et aux acteurs de la coopération entre la Chine et le Cameroun, sa conclusion semble être que leur dix ans de coopération dans le domaine des infrastructures ont été très fructueux et suscitent plein d'espérance pour l'avenir.
(Coll. Harmattan Cameroun, 19.50 euros, 196 p.)
ISBN : 978-2-343-05102-4, ISBN EBOOK : 978-2-336-36744-6

DE L'ANTÉRIORITÉ DES IDÉES ET INSTITUTIONS POLITIQUES DE L'AFRIQUE PRÉCOLONIALE
Les paradoxes sociopolitiques
Nkoyok Jacqueline
Cet ouvrage met en exergue la nécessité de la prise en compte de l'Afrique dans la fondation et l'évolution de la pensée politique contemporaine. Pour renforcer la citoyenneté africaine, il faut une capacité d'organisation qui associe les idées panafricanistes de la négritude rénovée, c'est-à-dire une négritude qui s'éloigne des approches de victimisation et qui se fonde sur des thèmes mobilisateurs.
(Coll. Harmattan Cameroun, 26.00 euros, 260 p.)
ISBN : 978-2-343-04475-0, ISBN EBOOK : 978-2-336-36708-8

COLONISATIONS ET SOCIÉTÉ CIVILE EN AFRIQUE
Kouassi Yao-Edmond - Préface d'Abou Karamoko
L'étude de l'Afrique a sans nul doute partie liée à la reconstruction entreprise par Habermas pour expliquer, par la métaphore de la colonisation du monde vécu, l'érosion de la culture, de la société et de la personnalité, les trois composantes cardinales du monde quotidien. Parce qu'une telle colonisation renvoie au modèle colonialiste historique et classique, le défi politique majeur pour l'Afrique est la décolonisation systémique. Pareille décolonisation est à organiser sur les cendres de la colonisation historique.
(Coll. Études africaines, 17.00 euros, 176 p.)
ISBN : 978-2-343-04787-4, ISBN EBOOK : 978-2-336-36559-6

L'AFRIQUE FACE AUX ACCORDS DE PARTENARIAT AVEC L'EUROPE
Mbita Joseph
Les Accords de Partenariat Économique (APE) initiés par l'Union Européenne tendent à reconduire le modèle de développement extraverti de l'Afrique, qui a montré toutes ses limites au cours des cinquante dernières années. L'auteur démontre que les théories économiques, le droit international, le bilan des précédents accords de coopération avec l'Occident et le plan à long terme d'intégration et de développement de l'Afrique sont défavorables à la signature par les pays africains des APE proposés par l'UE, considérés comme de « véritables marchés de dupe ».
(Coll. Harmattan Cameroun, 13.50 euros, 118 p.)
ISBN : 978-2-343-04055-4, ISBN EBOOK : 978-2-336-36560-2

AFRIQUE (L') DANS LA MONDIALISATION
Les défis de la participation, de la démocratie et de la gouvernance mondiale
Nkoyok Jacqueline
Dans le processus actuel de mondialisation des économies, l'indépendance socioéconomique, dans le contexte africain, est une renaissance, une reconstruction, qui nécessite un véritable plaidoyer et appelle un réajustement dans la structure de pensée des jeunes Africains. La souveraineté économique dont nous parlons doit être une construction émanant d'un peuple, d'un Etat ou d'un continent.
(Coll. Harmattan Cameroun, 23.00 euros, 234 p.)
ISBN : 978-2-343-04486-6, ISBN EBOOK : 978-2-336-36707-1

GESTION DURABLE DES EAUX PLUVIALES DANS LES VILLES AFRICAINES
Un enjeu de développement de masse
Dasylva Sylvestre
Voici une approche de gestion développante des eaux pluviales en milieu urbanisé. Par une intelligence de développement inclusif, ce concept innovant mise sur l'essor rapide des villes et le ruissellement généré pour impulser une dynamique socioéconomique durable de large échelle. Il s'agit d'un plaidoyer sur la nécessité de contextualiser les pratiques en les centrant sur des objectifs d'eau agricole, d'emploi des jeunes, de santé publique et de gouvernance partagée.
(36.00 euros, 354 p.)
ISBN : 978-2-343-05383-7, ISBN EBOOK : 978-2-336-36836-8

RATIONALITÉ (LA) DE LA MÉDECINE TRADITIONNELLE EN AFRIQUE
Mvone Ndong Simon-Pierre E.
L'objet de cet ouvrage est, non seulement d'entrevoir un dialogue entre la médecine moderniste, scientiste et technoscientifique avec la médecine traditionnelle et ses représentations, mais surtout de parvenir à l'élaboration d'une médecine interculturelle qui présente un système de santé incorporant : médecine moderne et médecine traditionnelle africaine (la phytothérapie).
(Coll. Études africaines, 20.00 euros, 206 p.)
ISBN : 978-2-343-05235-9, ISBN EBOOK : 978-2-336-36570-1

MÉDECINE TRADITIONNELLE ET MÉDECINE SCIENTIFIQUE
Pour une médecine interculturelle en Afrique
Mvone Ndong Simon-Pierre E.
Voici une confrontation entre une médecine occidentale scientifique et un ensemble de pratiques de soins dites médecine traditionnelle. Comment envisager un système de soins dans lequel collaborent deux traditions médicales, occidentales et africaines : quelles sont les conditions permettant d'établir une collaboration entre toutes ces pratiques soignantes pour avoir un système de soins qui tienne compte de l'histoire sociale et culturelle des peuples d'Afrique ?
(Coll. Études africaines, 20.00 euros, 196 p.)
ISBN : 978-2-343-05252-6, ISBN EBOOK : 978-2-336-36571-8

ZONES (LES) MONÉTAIRES D'AFRIQUE DE L'OUEST
Touré Manga Fodé
L'Afrique de l'Ouest comprend deux zones monétaires distinctes : la première de huit pays regroupés au sein de l'UEMOA, avec pour monnaie le franc CFA en parité avec l'euro, la seconde comporte six pays (République de Guinée, Nigeria, Sierra Leone, Ghana, Gambie, Liberia) autour d'un projet de création de monnaie commune : la zone monétaire d'Afrique de l'Ouest (ZMAO). Si les économies de l'UEMOA affichent une faible convergence macroéconomique et un faible niveau d'inflation, celles de la ZMAO, avec un taux d'inflation plus fort, ne convergent sans doute pas en raison de la position dominante du Nigéria.
(Coll. Harmattan Guinée, 30.00 euros, 292 p.)
ISBN : 978-2-343-04977-9, ISBN EBOOK : 978-2-336-36342-4

INTÉGRATION ET COOPÉRATION EN AFRIQUE
La difficile rencontre possible entre les théories et les faits
Mvelle Guy
Cet ouvrage examine l'intégration africaine à partir de théories générales élaborées dans le cadre de la construction européenne. L'auteur y expose les idées politiques et philosophiques purement africaines pouvant donner lieu à un début de théorisation et conclut que, malgré l'ingéniosité dont font preuve les Africains en matière d'intégration et de coopération, la nécessité d'une identité africaine s'impose, tout comme se pose le problème de la pensée africaine dans ce domaine.
(Coll. Harmattan Cameroun, 16.50 euros, 268 p.)
ISBN : 978-2-343-04766-9, ISBN EBOOK : 978-2-336-36290-8

ÉDUCATION À L'ENVIRONNEMENT EN AFRIQUE
Le rôle des médias
Edjangue Jean-Célestin
Où en est l'éducation à l'environnement en Afrique depuis le premier Sommet sur le développement durable à Stockholm, en 1972, et celui de Rio, en 1992 ? Le dynamisme démographique de l'Afrique et la venue de nouveaux consommateurs sur le marché imposent plusieurs défis au continent, à commencer par la maîtrise de la gestion des ordures ménagères. Mais le continent a-t-il les moyens de relever le défi de la préservation de la planète, qui passe nécessairement par l'éducation à l'environnement ?
(Coll. Harmattan Guinée, 17.00 euros, 166 p.)
ISBN : 978-2-343-03386-0, ISBN EBOOK : 978-2-336-36361-5

BAOBAB (LE) ET SON DOUBLE OU DEUX REGARDS SUR UN MÊME ARBRE
Louvel Roland
Le baobab ne laisse personne indifférent. Son profil atypique nourrit des sentiments d'autant plus contrastés que les cavités dont il se creuse abritent des génies, bons ou mauvais, qu'il s'agit de ménager. D'où l'ambivalence de cet arbre légendaire, très présent dans les mythes, les contes et la littérature. Souvent considéré comme une personne, le baobab exerce une fascination sur les hommes qui profitent de ses nombreux bienfaits tout en s'efforçant d'intégrer sa forte personnalité dans leurs imaginaires.
(13.50 euros, 124 p.)
ISBN : 978-2-343-05021-8, ISBN EBOOK : 978-2-336-36397-4

QUÊTE AFRICAINE DE L'ORDRE MONDIAL
Portée et limites des voies d'insertion au système international du monde bipolaire
Biyoya Makutu Kahandja Philippe - Préface de Kä Mana
Philippe Biyoya Makutu analyse ici la position du Congo et de l'Afrique dans le monde, depuis la guerre froide jusqu'aux structures de la mondialisation actuelle. Il fait entrer le lecteur dans l'univers d'une pensée géostratégique où le Congo, comme l'Afrique, est dévoilé comme enjeu crucial dans les rapports de force mondiaux entre les grandes puissances, les nations riches et les peuples ambitieux...
(Coll. Dossiers, Études et Documents, 35.00 euros, 340 p.)
ISBN : 978-2-343-04067-7, ISBN EBOOK : 978-2-336-36176-5

PROTECTION (LA) INTERNATIONALE DES DROITS DE L'HOMME DANS LES SITUATIONS DE CRISE EN AFRIQUE
Le droit à l'épreuve des faits
Thiaw Thiaca - Préface de Maître Sidiki Kaba
Plusieurs pays d'Afrique subsaharienne sont, depuis de nombreuses années, déchirés par des instabilités chroniques qui ont fait le lit de violations massives des droits de l'homme. Après une étude des facteurs de ces instabilités, l'ouvrage présente la physionomie des violations des droits fondamentaux des populations civiles. Dans un deuxième temps, il aborde la question des solutions pratiques, institutionnelles, juridiques que la communauté internationale met en œuvre.
(Coll. Études africaines, 44.00 euros, 442 p.)
ISBN : 978-2-296-99895-7, ISBN EBOOK : 978-2-336-36180-2

L'HARMATTAN ITALIA
Via Degli Artisti 15; 10124 Torino

L'HARMATTAN HONGRIE
Könyvesbolt ; Kossuth L. u. 14-16
1053 Budapest

L'HARMATTAN KINSHASA
185, avenue Nyangwe
Commune de Lingwala
Kinshasa, R.D. Congo
(00243) 998697603 ou (00243) 999229662

L'HARMATTAN CONGO
67, av. E. P. Lumumba
Bât. – Congo Pharmacie (Bib. Nat.)
BP2874 Brazzaville
harmattan.congo@yahoo.fr

L'HARMATTAN GUINÉE
Almamya Rue KA 028, en face
du restaurant Le Cèdre
OKB agency BP 3470 Conakry
(00224) 657 20 85 08 / 664 28 91 96
harmattanguinee@yahoo.fr

L'HARMATTAN MALI
Rue 73, Porte 536, Niamakoro,
Cité Unicef, Bamako
Tél. 00 (223) 20205724 / +(223) 76378082
poudiougopaul@yahoo.fr
pp.harmattan@gmail.com

L'HARMATTAN CAMEROUN
BP 11486
Face à la SNI, immeuble Don Bosco
Yaoundé
(00237) 99 76 61 66
harmattancam@yahoo.fr

L'HARMATTAN CÔTE D'IVOIRE
Résidence Karl / cité des arts
Abidjan-Cocody 03 BP 1588 Abidjan 03
(00225) 05 77 87 31
etien_nda@yahoo.fr

L'HARMATTAN BURKINA
Penou Achille Some
Ouagadougou
(+226) 70 26 88 27

L'HARMATTAN SÉNÉGAL
10 VDN en face Mermoz, après le pont de Fann
BP 45034 Dakar Fann
33 825 98 58 / 33 860 9858
senharmattan@gmail.com / senlibraire@gmail.com
www.harmattansenegal.com

L'HARMATTAN BÉNIN
ISOR-BENIN
01 BP 359 COTONOU-RP
Quartier Gbèdjromèdé,
Rue Agbélenco, Lot 1247 I
Tél : 00 229 21 32 53 79
christian_dablaka123@yahoo.fr

Achevé d'imprimer par Corlet Numérique - 14110 Condé-sur-Noireau
N° d'Imprimeur : 120207 - Dépôt légal : juillet 2015 - *Imprimé en France*